闽西乡村振兴路径创新研究

RESEARCH ON THE PATH INNOVATION OF
RURAL REVITALIZATION IN WESTERN FUJIAN

郑国诜◎著

经济管理出版社
ECONOMY & MANAGEMENT PUBLISHING HOUSE

图书在版编目（CIP）数据

闽西乡村振兴路径创新研究 / 郑国诜著 . -- 北京：
经济管理出版社，2024. -- ISBN 978-7-5243-0118-9

Ⅰ. F327.57

中国国家版本馆 CIP 数据核字第 20244QS746 号

组稿编辑：赵亚荣

责任编辑：赵亚荣

责任印制：许　艳

责任校对：王淑卿

出版发行：经济管理出版社

　　　　　（北京市海淀区北蜂窝 8 号中雅大厦 A 座 11 层　　100038）

网　　　址：www.E-mp.com.cn

电　　　话：（010）51915602

印　　　刷：唐山昊达印刷有限公司

经　　　销：新华书店

开　　　本：720mm×1000mm/16

印　　　张：15.25

字　　　数：291 千字

版　　　次：2025 年 3 月第 1 版　2025 年 3 月第 1 次印刷

书　　　号：ISBN 978-7-5243-0118-9

定　　　价：78.00 元

前　言

　　20世纪80年代初期，很多农村还是以煤油灯或燃竹篾来照明，笔者老家隔壁尤溪县坂面镇一个名叫丁昌的自然村，因较早通电，设有碾米厂和木料加工厂，生意不错，村庄一片繁忙景象；村里有低年级小学和简易小卖部，不时放映电影，村民安居乐业。90年代以来，随着社会主义市场经济的不断发展，越来越多的村民外出上学、就业或者搬到交通更为便利的地方，村里的常住人口越来越少，直到2003年左右最后一个村民离开，丁昌村彻底成为无人村，但还偶有原住民回来开展林下经济活动。

　　笔者老家德化县葛坑镇大岭村毛鹅（自然村）在20世纪80年代后期至90年代初期，人口有近百人，现在只剩5个老年人留守；大岭村曾有2所完全小学，21世纪初全被撤并了；葛坑镇曾有一所初级中学，其所辖的每个行政村都有完全小学，现在初中已被撤并，全镇只留有一所不成规模的完全小学。德化县从1978年到目前，县城常住人口从不足1万人增加到26.8万人，建成区面积从不足1平方千米扩大到30.8平方千米，常住人口城镇化率已高达79.1%[1]；先后开发了8个总面积近万亩的工业园区，现有陶瓷企业4800多家、电商企业7000多家，为进城农民提供10多万个就业岗位，实现以城聚产、以产兴城、产城联动，城区集中全县2/3以上的劳动力、经济总量、税收和95%的中小学生[2]，是全国为数不多的县域城镇化的样板，入选全国县城新型城镇化建设示范县；城区以外的16个乡镇则分为东部片、西南片和西北片3个片区，促进资源共享、优势互

---

　　① 德化：打造以县域城镇化推动共同富裕的"德化样板"［EB/OL］. http://qz.fjsen.com/2024-05-28/content_31651948.htm.

　　② 泉州市德化县：推动城乡融合　实现共同富裕［EB/OL］. http://nynct.fujian.gov.cn/xxgk/gzdt/qsnyxxlb/qz/202310/t20231008_6269521.htm.

补，集中打造 11 个全国名特优新农产品，形成乡村振兴发展合力①。

改革开放以来，闽西已先后经历了摆脱贫困、追求温饱、总体小康、相对富裕、全面小康的阶段，现在正处于巩固脱贫攻坚成果与乡村振兴有机衔接、致力于共同富裕的阶段。闽西乡村已实现了全面小康，随之而来的是进行中国式现代化建设，历史发展阶段不同，振兴发展路径也需要与时俱进地进行创新。

龙岩市正在进行的闽西革命老区高质量发展示范区建设，最大的短板在乡村。缩小城乡差距、增加乡村要素供给、建设数字乡村和革命老区高质量发展示范区，闽西农业、农村和农民需要实现现代化，旧的发展路径适应不了现实需求，也不能够迎接未来的挑战，应对挑战必须大力创新乡村振兴的发展路径。

创新乡村振兴路径，促进闽西乡村振兴，需要在优化闽西乡村布局与人居环境的过程中，在数量上推动闽西农民减少、在素质上推动闽西农民能力提升、在目标上推动闽西农民共同富裕。

闽西乡村人口会进一步减少，有些村庄甚至会消亡，优化调整乡村布局、改善人居环境是必要的。2020 年第七次全国人口普查数据显示，龙岩市共有 113 个行政村（生活区）常住人口不足 100 人，与 10 年前第六次全国人口普查的数据相比，常住人口不足 100 人的行政村数量增加了 1 倍多。闽西要致力于巩固内源吸引型乡村（N>W）的发展成效，提升通道型乡村（N=W）的集聚能力，助推外源吸引型乡村（N<W）"居业分离"。②

闽西以约占龙岩全市总就业人数 20% 的农业就业人数创造出占 GDP 比重不到 10% 的农业增加值。要提高闽西农民收入，必须提升农民的边际产值。一要加快新型城镇化进程，加强公共基础设施和现代产业园区建设，提升公共服务水平，增加就业岗位，提高县城（市区）的人口承载能力；二要优化农民市民化公共成本分担机制，开展县域农民工市民化增量提质行动，探索旧村复垦和城乡建设用地增减有效挂钩并把相关收益反哺农村，推动更多农村转移人口市民化；三要促进农业产业链延伸和三产融合，优化物流与商贸组织，通过加快城乡融合发展步伐，增加闽西村民在乡村进行非农就业的机会。

要通过组织农民和培育农民提升闽西农民的素质。一方面要围绕农业产业链

---

① 全省唯一！全国试点！德化怎么做到的？［EB/OL］. https://mp.weixin.qq.com/s?__biz=MjM5NTc1MDMwMQ==&mid=2649843761&idx=1&sn=87ea7c429bbbc3afd9189d205d2999fd&chksm=bef600c3898189d586c0b51bfd3cc20d044e023aa3bdde88ab9c536e413081fd069a4ddfab4f&scene=27.

② "N" 指内部或内源吸引力，"W" 指外部或外源吸引力。

延伸和拓展来组织农民。增加闽西农民接受现代社会化服务的机会，培育新型职业农民，推动传统农户向现代农户转变，通过"村党组织＋农业龙头企业＋农户""产业党支部＋基地＋公司＋联合社＋农户"等方式把闽西农民组织起来，完善农户与现代新型农业组织的利益联结机制，促进各类"土特产"从田间地头不断变成产品和商品，通过产业链延伸和拓展提高"土特产"价值，让有组织的农民在产业链中发力并分享农业产业化的红利。另一方面要围绕生产效率效益提升来培育农民。要以县域现代农业示范区建设作为提升农业生产效率效益的重要抓手，进一步立足当地资源特色，开发适应闽西山区发展特点的现代农业应用技术，大量培育新型职业农民，大力发展农业新质生产力，向农业多种功能要潜力，向现代化农业要效率，向现代服务业与现代农业深度融合要效益。

要通过内外合力在目标上推动闽西农民实现共同富裕。一是调动外部力量不断支援闽西乡村。要推动有为政府、有效市场和友爱社会共同发挥作用。在改善和优化公共基础设施、乡村布局等影响交易成本和集聚经济的外部环境方面，市场的作用难以有效发挥，需要政府因势利导积极作为，要以乡镇作为乡村振兴单元有规划地撤并居民点，提高乡镇人民政府驻地和生产生活较便利的中心村的聚居程度，避免因村庄规模过小造成公共基础设施投入与公共服务运行成本太高，进而导致市场主体无法或不愿参与；政府要引导社区、非营利组织等社会主体参与教育、医疗、公共卫生和社会保障等乡村公共服务的均等化供给，但在社会未能履行供给职能的领域要主动承担责任；政府既要重视对市场、社会能力的培育和发展，也要重视强化制度建设，避免市场、社会失灵；政府的有效作为也要限制边界，目的是支持生产性企业家而不是非生产性企业家，推动传统农民向现代农民、职业农民发展，让农民有能力和发展动力，提高市场的有效程度和社会的友爱程度。二是促使闽西乡村振兴的内部动能持续生成。一方面要更好地利用市场化逻辑和行政化逻辑，推动更多要素协调有序进入乡村。构建政府有为、市场有效、农民有力、集体有能、社会有爱的"五位一体"协同推进机制，促进内源吸引型乡村更有魅力、通道型乡村更有集聚力，发挥这两类乡村承载发展要素的主体作用，成为乡村振兴的典范和主要载体。针对外源吸引型的偏远乡村，需要政府、市场、农民、集体、社会组织协力助推村民搬迁到具有要素集聚能力的地区（内源吸引型乡村、通道型乡村或城镇），对于那些无法或不愿搬离的弱势群体，要利用数字技术手段，及时了解他们的困难，进一步打好"大爱龙岩"牌，通过社会公益组织或采取保底的方式给予他们更多关爱和人文关怀，体现社会有爱。另一方面要提高区域与非区域要素的适宜程度，推动要素禀赋类型与发展模式匹配。充分利用闽西红色资源，创新红色旅游发展模式，激发红色旅游的富民效应；充分利用闽西生态资源，加快构建和完善生态产品价值实现机制，通过争取更多财政纵向补偿和地区间横向补偿等方式强化生态补偿，推动生态农业、低碳循环工业、生态服务业等绿色产业发展，建设"森林生态银行""文化生态银行"等各种类型的"生态银行"（杜健勋、卿悦，2023），拓展生态产品价值实现路径；组织更强大的力量深入挖掘优秀的生态文明建设实践成果，总结提炼经验，树立更多可供学习借鉴的典型，讲好生态文明建设"龙岩实践"的真实故事，向世人展示龙岩生态文明建设过程中感人的优秀成果，促进更多无形的生态资源和精神财富向有形的载体和产品转化，把龙岩的生态财富与精神财富更多地转化为经济财富与物质财富，从而带动村民致富、村财增收、乡村共富。

本书是福建省社会科学研究基地重大项目（FJ2021MJDZ033）的结项成果，获得龙岩学院中央苏区研究中心（福建省社科研究基地）资助，得到笔者单位的领导、同事和"一院三中心"（龙岩新时代革命老区振兴发展研究院、龙岩粤港澳大湾区产业合作研究中心、龙岩乡村振兴研究中心、龙岩民营经济研究中心）、奇迈乡村振兴科研创新团队的大力支持，也得到不少专家学者、学术同仁以及经济管理出版社赵亚荣编辑的大力支持。在此，一并表示衷心的感谢！

目　录

第一章

绪　论

第一节　研究背景与进展

一、研究背景

实施乡村振兴战略是党的十九大提出的重大战略，是中国特色社会主义进入新时代的新命题。党的十九届五中全会和中央农村工作会议对新发展阶段优先发展农业农村、全面推进乡村振兴作出总体部署。《中华人民共和国国民经济和社会发展第十四个五年规划和 2035 年远景目标纲要》专篇对"坚持农业农村优先发展、全面推进乡村振兴"进行规划。党的二十大报告强调"全面推进乡村振兴""加快建设农业强国，扎实推动乡村产业、人才、文化、生态、组织振兴"。2023 年中央一号文件《关于做好 2023 年全面推进乡村振兴重点工作的意见》和2024 年中央一号文件《中共中央　国务院关于学习运用"千村示范、万村整治"工程经验有力有效推进乡村全面振兴的意见》对全面推进乡村振兴进行再部署。2020 年 12 月，习近平总书记在中央农村工作会议上指出："全面建设社会主义现代化国家，实现中华民族伟大复兴，最艰巨最繁重的任务依然在农村，最广泛最深厚的基础依然在农村""从中华民族伟大复兴战略全局看，民族要复兴，乡村必振兴"。中共福建省委十届十一次全会对优先发展农业农村、走符合福建特点的乡村振兴之路作出全面安排，中共福建省委十一届三次全会审议通过了《中共福建省委关于深入学习宣传贯彻党的二十大精神，奋力谱写全面建设社会主义现代化国家福建篇章的决定》。《2021 年福建省人民政府工作报告》中共 7 次提到"乡村振兴"、《2022 年福建省人民政府工作报告》中共 3 次提到"乡村振兴"、《2023 年福建省人民政府工作报告》中共 9 次提到"乡村振兴"、《2024 年福建省人民政府工作报告》中共 9 次提到"乡村振兴",持续强调"全面推进乡村振兴",《2023 年福建省人民政府工作报告》中提出"突出加快乡村振兴、老区苏区发展",《2024 年福建省人民政府工作报告》中提出"推进中国式现代化是最大的政治,推进中国式现代化福建实践必须坚持高质量发展""全方位推进高质量发展,奋力谱写中国式现代化福建篇章"。中共龙岩市第六次代表大会要求全力突破革命老区高质量发展关键工作,全面推进乡村振兴。中共龙岩市委六届五次全会审议通过了《中共龙岩市委关于深入学习宣传贯彻党的二十大精神 奋力谱写全面建设社会主义现代化国家龙岩篇章的决定》,明确发展目标,到 2035 年,基本建成闽西革命老区高质量发展示范区,与全省同步基本实现社会主义现代化。《2021 年龙岩市政府工作报告》中共 8 次提到"乡村振兴",强调"努力走出一条龙岩特色的乡村振兴之路";《2022 年龙岩市政府工作报告》中共 3 次提到"乡村振兴";《2023 年龙岩市政府工作报告》中共 4 次提到"乡村振兴",并提出"加快建设闽西革命老区高质量发展示范区,努力在推进中国式现代化中展现龙岩作为";《2024 年龙岩市政府工作报告》中共 5 次提到"乡村振兴",并提出"打造乡村振兴样板;扎实开展城市和乡村振兴标准化行动,加快打造宜居韧性智慧城市、宜居宜业和美乡村"。

闽西革命老区虽地处我国沿海发达省份,但长期以来偏居一隅,总体发展特别是乡村发展比较滞后,创新路径、加快闽西乡村振兴,是闽西革命老区高质量发展示范区建设的必然要求,也是福建省全面推进乡村振兴、全方位推动高质量发展的重要课题。

二、研究进展

(一)乡村要素过度流失造成乡村衰落或衰败

乡村振兴战略是政府在乡村衰败背景下提出来的一场振兴运动和正面回应(陈丹、张越,2019)。二元经济结构理论认为,劳动生产率和收入水平较低的传统农业部门的劳动力,会流向劳动生产率和收入水平更高的城市非农业部门。推—拉理论从宏观的外部环境视角解释了人口迁移的原因,认为人口迁移是迁出地的推力因素和迁入地的拉力因素相互作用而导致的结果，其中推力主要指迁出地中不利于生产生活的消极因素，拉力主要指迁入地中可以改善生产生活的积极因素。托达罗提出的预期收入理论认为，城乡预期收入差异是农村人口迁移的决定性因素，决定劳动力迁移的不是实际收入水平，而是以实际收入乘以就业概率衡量的预期收入水平。新经济迁移理论认为，家庭是迁移决策的主体，人口流动不仅受个人因素影响，还受家庭因素影响；迁移既是为了提高预期收入，也是为了规避风险，为转移风险，家庭会根据成员的比较优势，让部分劳动力外出；家庭会依靠部分劳动力的外出收入或汇款来解决农业生产中融资困难、资金短缺的问题；与周围人群比较，自家的收入或生活水平表现出的"相对贫困"也是人口流动的原因之一。我国乡村的衰落，是历史积淀形成二元经济社会结构的问题，是国家在发展战略方面过分偏重工业和城市的结果，也是市场经济运行的结果（姜德波、彭程，2018）。侧重于工业和城市的资源配置与工业化发展战略，导致我国国民收入再分配不利于"三农"的发展；市场经济体制的作用，使大量的农村资源和资本通过各种渠道流出乡村，转向盈利机会更多、利润率也更高的非农产业和城市；与城市相比，农村发展滞后、农业基础不稳、农民收入较低；长期系统性的城乡分割造成城乡发展的巨大差距，农民"逃离"乡村的愿望强烈，市场化和城镇化让广大农民有机会主动或被动地选择进入城市，没有"人气"的乡村社会必然走向衰败（邓遂，2020）。改革开放以来，随着城镇建成区的扩大，部分乡村特别是城市周边的乡村逐渐城市化，而多数郊区和边远乡村则面临衰败的境地（汪锦军、丁丁，2017）。进入 21 世纪后，城市与乡村之间、工业与农业之间、市民与农民之间，发展差距呈现扩大趋势，原因在于流出农村进入城市的人口集中在青壮年，他们更有能力和动力到城市打拼，提高收入水平，追求更好的生活方式（姜德波、彭程，2018）。随着城市人口数量不断上升，农村人口数量则迅速衰减，乡村优质发展要素不断单向流往城镇导致城乡差距扩大、乡村快速衰败，也产生了老弱妇孺留守问题（王勇、李广斌，2016）。城乡二元体制和农业收益不佳，城乡收入差距大，生产资料逐渐聚集在城镇，农村基础设施落后、公共服务体系不全，多方面原因造成乡村衰落；以城乡收入差距（城市居民人均可支配收入/农村居民人均可支配收入）来衡量乡村衰落系数，大于1则乡村走向衰落，小于1则乡村向好发展，但考虑到前期基础，系数小于1乡村不见得就已复兴，而我国目前乡村衰落系数大于2（纪情，2018）。乡村人口特别是青壮年大量外迁，造成农业生产规模缩小、民俗文化传承中断、村级组织去功能化，进而导致教育、医疗、文化等公共服务难以下沉到乡村，来自市场的服务也因难以盈利而无法在乡村开展，乡村人口过疏化又会造成政治、经济、文化、社会资源低效配置，使乡村逐渐走向衰落甚至消失；乡村衰落的诱因是多方面的，但人口迁移是乡村衰落的重要原因（陈方，2018）。总之，乡村衰败的原因首先在于二元城乡结构与单向城镇化，其次在于乡村就业难和收入低，最后是乡村基础设施建设和公共服务提供严重滞后。

（二）乡村特有的功能决定了乡村不可能消亡

乡村具有城镇不具备的特有功能（陈锡文，2023）。乡村是城市乃至整个国家经济与社会结构的支撑，乡村的农业价值、家园价值、生态价值无以替代（何建宁，2018）。乡村不仅具有经济功能，还具有维护生态供给、粮食安全、文化传承和社会稳定的功能（高帆，2021）。城市和乡村是命运共同体，乡村具有城市所无法替代的三大功能：一是保证重要农产品的供给和国家粮食安全；二是为整个国家提供良好的生态屏障、环境保护和绿色产品；三是传承一个国家、一个民族、一个地方的优秀传统文化（陈锡文，2019）。城市离不开广大乡村绿色空间的生态支撑与生态服务以及多功能农产品的供给（张强、张怀超、刘占芳，2018）。正如习近平总书记所说，"将来即使城镇化目标实现了，城镇化率达到了70%，全国仍将有四五亿人生活在农村"（陈锡文、罗丹、张征，2018）；无论我国工业化与城镇化进展到什么程度，乡村都不可能消亡，城乡将长期共生共存（宋洪远，2023）。作为社会大系统的一个子系统，乡村系统的衰落不利于社会系统的稳定运行（谈慧娟、罗家为，2018）。但是，中国行政村总数为69.2万个左右、自然村约261.7万个（曹宗平、李宗悦，2020）、乡村居民点300多万个（陈明，2021），体量如此庞大，让中国数十万的乡村都振兴是不可能的（刘守英、龙婷玉，2020），让300多万个乡村居民点都实现振兴是不现实的（陈明，2021）；部分村庄消失是不可避免的，要循序渐进地撤并一批地处边远的衰退村庄（韩俊，2018），但也要注意，人为强行干预式的乡村发展会造成适得其反的社会经济后果（钟钰，2018）。不是所有的乡村都有望振兴，能够振兴的乡村必须实现内外部良性互动，发挥自身的独特优势，对资源禀赋、人力资本和包容性制度等进行创造性组合（张丙宣、王怡宁，2022）。

（三）中国式现代化的短板在乡村

以中国式现代化全面推进中华民族伟大复兴已成为中国共产党的中心任务。

中国式现代化的短板在乡村，希望也在乡村[①]。全面推进乡村振兴是实现中国式现代化的关键所在，只有把"三农"这块短板补齐了，国家现代化才是完整的[②]。乡村振兴战略的本质和根本目标是实现农业农村的现代化（李长学，2018），乡村振兴战略是推动实现农业农村现代化进而实现社会主义现代化的重大战略，但乡村还存在不少短板：农村生产性和生活性基础设施仍然较为薄弱，乡村产业体系的构建尚不完善，产业结构调整在人才、资金、制度、信息流通、思想观念等多个方面存在障碍，农村在人口、劳动力结构层面面临比较突出的问题，城乡居民收入差距仍然较大（李小云，2022），乡村发展的民生供给与村民需求错位（李慧敏，2024）；存在乡村脱贫基础不牢固、城乡收入与区域发展差距明显、城乡资源配置不均与要素流动不畅、乡村产业优化升级不足等问题（余封亮、郑冬芳，2024）。

（四）乡村振兴的基本单元是县域

县域是我国国家治理的基本单元，在地域空间的基本条件和统筹城乡的施政能力方面，能够满足推进乡村振兴的实际需要和基本要求，以县域为基本单元载体推进乡村振兴，理应成为未来全面推进乡村振兴的重要切入点和着力点（黄振华，2022）。"乡村"是以县域为范畴的综合性的全域概念，"乡村振兴"以县域为基本单元，是指都市之外的包括县城、中心镇、集镇、中心村及村庄在内的全方位振兴（杨华，2019），要把实施乡村振兴战略、推进农业农村现代化的主战场放在城市与乡村结合的"县域"，而不是村或者乡镇（郭冠清，2020）。县城作为城市和乡村的融合单元，也是最有利于构建城乡融合发展的实践单元，以县城为载体的城镇化对于乡村振兴的意义，关键是要落实在县域范围的乡村振兴（李小云、马阳，2022）。我们要做的是以县域为单元，前瞻性地规划好村镇体系，在推进城镇化的同时，把今后将长期存在下去的村庄建设好（叶兴庆，2018）。

（五）产业振兴是乡村振兴的重中之重

乡村振兴战略的实施重点是实现乡村产业振兴（周立、李彦岩、王彩虹，

---

① 以文化守正创新赋能中国式乡村现代化［EB/OL］. http://views.ce.cn/view/ent/202311/10/t20231110_38786017.shtml.

② 秋水. 加快补齐农业农村现代化这块短板［EB/OL］. http://www.yznews.com.cn/yzwzt/2022–10/30/content_7470937.htm.

2018）；产业是乡村发展的核心内容，产业兴旺是乡村振兴的基础支撑（郭远智、刘彦随，2021）。正如习近平总书记所强调的，"产业振兴是乡村振兴的重中之重，要落实产业帮扶政策，做好'土特产'文章"。乡村产业振兴需要一二三产融合，三产融合具有必然性（陈学云、程长明，2018），因为仅靠农业，农民难以致富，也就很难有农业的产业兴旺（贺雪峰，2018）。三产融合发展已经成为当前及今后一段时期内乡村振兴战略实施的政策重点（孔祥利、夏金梅，2019）。乡村产业大体有四种发展类型：一是延伸式发展；二是嵌入式发展；三是替代式发展；四是溢出式发展，即发展旅游产业，但并不是所有乡村都具备发展旅游业的条件（陈锡文，2024）。

（六）乡村振兴需要遵循一定的逻辑并寻求可行路径

实施乡村振兴战略是实现中华民族伟大复兴的中国梦和"两个一百年"奋斗目标的必然历史逻辑，必须沿着实现共同富裕的社会主义现代化强国的历史责任脉络来认识乡村振兴战略（潘建屯、李子君、徐强，2024）；从理论逻辑来看，实施乡村振兴战略遵循着马克思主义城乡关系与乡村发展的思想，是马克思主义城乡融合与乡村发展思想中国化的最新成果（刘儒、刘江，2020），必须站在"两个结合"的理论高度来理性认识乡村振兴战略（潘建屯、李子君、徐强，2024）；从实践逻辑来看，实施乡村振兴战略是对农业农村在发展过程中展现出来的现实复杂问题做出的时代回应（王元聪，2020）。乡村振兴需要遵循一定的逻辑并从制度、主体、组织、科技等方面探寻其实现路径。一是制度创新。乡村振兴战略的施行需以制度为根本，把事关乡村能否振兴的核心要素——"地、钱、法、人"作为制度改革创新的关键（李长学，2018）；要积极完善城乡融合的体制机制和政策体系，支持农业农村优先发展的要素分配方式（张强、张怀超、刘占芳，2017）。通过创新制度供给，重塑城乡关系，优化城乡空间布局，推动城乡融合发展，是我国实施乡村振兴战略的基本路径和基本逻辑（何仁伟，2018）。二是培育新型经营主体。传统农民适应不了乡村现代产业经营发展的需求，实施乡村振兴战略需要培育具有企业家精神的新型经营主体（刘碧、王国敏，2019）。三是加强组织建设。组织是构建合作关系的基础，有组织才有源源不断的发展动力。组织发展是乡村振兴的必要前提，小农户与现代农业有机衔接离不开对农民的有效组织（方帅、党亚飞，2020）。只有将分散的小农有组织地整合为现代农业经营户，将分散的市民有组织地结成需求群体，乡村供给与城市需求才能实现良好对接；要进一步夯实基层组织建设，促进城乡组织互嵌，形成发展合力（马威，2020）。四是强化科技供给。技术短板是长期以来制约我国乡村可持续发展的障碍，强化科技供给是国内外乡村建设的普遍选择，要强化适合区域发展需求的科技精准供给，驱动乡村全面振兴（柴国生，2021）。

（七）革命老区乡村振兴值得深入研究

革命老区是党和人民军队的根，走好新时代革命老区乡村振兴之路具有重要意义（曹银忠，2024）。张加辉（2018）探讨了如何开发乌山革命老区基点村的红色文化资源，助力乡村振兴战略的实施；刘长江（2019）认为，美丽乡村建设是乡村振兴战略的一个重要维度，以四川革命老区 D 市为例探讨了美丽乡村建设的对策；傅忠贤和易江莹（2020）以达州市为例，探讨了如何推进川陕革命老区乡村振兴；李平和吴陈舒（2021）以江西沿背村为例探讨了革命老区乡村振兴的实现路径；赵杰（2022）探讨了如何利用大别山革命老区的红色文化资源推动乡村振兴；张登霞（2022）探讨了红色文化推动革命老区乡村振兴的重要价值、现存问题及有效路径；郑瑞强和瞿硕（2023）以赣州革命老区为例探讨了革命老区构建乡村振兴新格局的实践进路；胡学英和罗海平（2023）以川陕、陕甘宁、左右江、大别山、赣闽粤五个跨省革命老区为例探讨了全面推进乡村振兴视域下的革命老区高质量发展路径；黄建红（2023）对衡山县一镇、一乡、一村的乡村振兴实践进行考察，探讨了"红三角"如何实现内源式发展；晏虹（2023）以井冈山革命老区的长富桥村、茅坪村、神山村三个村作为案例，探讨了旅游发展助力乡村振兴的问题；康虹雯（2023）对闽西革命老区红色资源推动乡村振兴的实践困境进行了分析并提出优化对策；李华旭（2024）探讨了数字农业赋能革命老区乡村振兴的机理和路径。针对革命老区乡村振兴的研究大多是以案例分析的形式，成果还较少，革命老区如何创新路径实现乡村振兴值得深入研究（郑国诜，2023）。

第二节　研究目的与意义

目前国内学术界关于乡村振兴的研究主要集中在宏观的战略分析及现实路径分析（郭倩楠、林少敏，2020），结合具体操作实际开展内在机理及具体推进路径的研究还有不足（牛坤玉、钟钰、普蓂喆，2020），对哪些必备要件实际支撑着乡村振兴的梳理研究还比较缺乏（王文彬，2021）。虽然在乡村为什么会衰落、乡村为什么要振兴、乡村振兴遵循什么逻辑、乡村如何振兴等方面研究成果颇丰，但乡村在什么条件下才能振兴以及乡村振兴为什么要进行路径创新、朝什么方向进行路径创新、遵循什么逻辑进行路径创新、如何进行路径创新的问题还鲜有人分析，乡村振兴的路径创新研究亟须加强。关于革命老区乡村振兴的研究成果还较少，且主要是案例分析，闽西革命老区乡村振兴的研究更是一块短板。闽西是原中央苏区，对党的发展、人民军队建设和新中国的成立具有特殊重要贡献。研究闽西乡村振兴路径创新，推动闽西乡村全面振兴，是落实闽西革命老区高质量发展示范区建设的现实选择，也是推动闽西革命老区与全国同步基本实现社会主义现代化的必然要求。《闽西革命老区高质量发展示范区建设方案》要求，闽西"促进城乡协调发展，在健全城乡融合发展机制上发挥示范作用"，到2035年，"乡村振兴和新型城镇化建设取得明显成效"，"闽西革命老区与全国同步基本实现社会主义现代化"。目标已经明确，如何实现目标需要深入思考并落实到具体的行动中。本书所研究的闽西专指福建省龙岩市管辖的地域[①]，通过研究闽西乡村振兴为何要创新路径、如何创新路径，以探讨适应龙岩发展实际和需要的乡村振兴路径，从而更好地促进龙岩乡村全面振兴，在促进城乡协调发展和健全城乡融合发展机制上作示范，确保闽西革命老区乡村振兴和新型城镇化建设卓有成效，能够与全国同步基本实现社会主义现代化。

第三节　研究内容与结构

本书共八章。第一章介绍了本书的研究背景，进行了相关文献综述，指出本书的研究目的与意义以及研究内容与结构。第二章从主要做法、总体成效、难点问题三个方面对闽西乡村振兴实践进展进行了总结分析。第三章是闽西乡村振兴面临的态势分析，包括闽西乡村振兴在开放环境下、在福建老区苏区、在闽粤赣边区的竞争态势。第四章从历史发展的必然推演、应对现实的必然要求、迎接未来的必然选择三个方面分析了闽西乡村振兴路径创新的必要性。第五章是闽西乡村振兴路径创新的案例借鉴，主要对超大城市带动型、特色小镇带动型、三产融合带动型、生态农业带动型、旅游产业带动型五种典型类型乡村振兴的实践模式

---

① 闽西，地处福建西部，闽西地区1997年5月撤地设龙岩市（地级市），现辖新罗区、永定区（2015年之前为永定县）、漳平市、长汀县、上杭县、武平县、连城县7个县（市、区），如果没有特别说明，下文的闽西一般专指龙岩。

进行分析。第六章分析闽西乡村振兴路径创新应遵循的历史逻辑、理论逻辑和现实逻辑，并构建了闽西乡村振兴路径创新的逻辑分析框架。第七章从城乡等值化视角探讨闽西乡村振兴路径创新，指出要优化闽西乡村布局与人居环境、提高闽西乡村有效投入和产出、促进更多的收益留在闽西乡村、致力推动闽西城乡等值化发展。第八章是主要结论和政策建议。

本书在指明乡村振兴研究背景并进行研究综述的基础上，提出了本书研究的目的与意义，探讨了闽西乡村振兴实践进展情况、闽西乡村振兴面临什么样的发展环境，以及闽西乡村振兴为什么要进行路径创新、遵循什么逻辑进行路径创新、如何进行路径创新和路径创新可以借鉴哪些实践经验等问题，最后进行了总结并提出推动闽西乡村振兴路径创新的政策建议。本书的框架结构如图 1-1 所示。

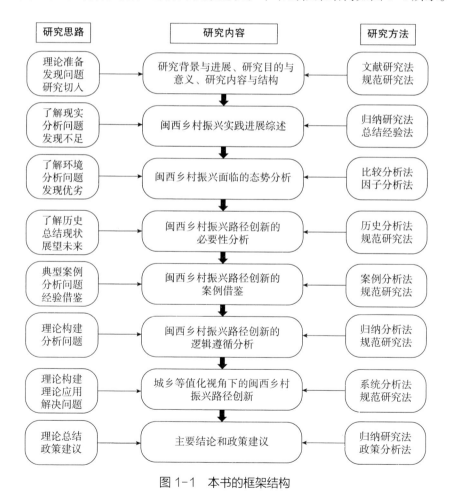

图 1-1　本书的框架结构

第二章

闽西乡村振兴实践进展综述

闽西龙岩深入贯彻落实党中央、福建省委关于实施乡村振兴战略的决策部署，采取一系列措施推进乡村振兴，取得了明显成效，但在乡村振兴实践中也面临一些难题。

第一节　闽西乡村振兴实践的主要做法

闽西龙岩强化党政一把手在实施乡村振兴战略中的领导作用，通过组织建设、要素保障、规划管理、社会参与、政策配套等举措促使乡村振兴工作持续推进，同时以试点示范的形式带动乡村振兴总体水平提升。

一、党政领导统筹推动乡村振兴战略工作落实

闽西龙岩把乡村振兴作为"一把手工程"，强化党政领导在实施乡村振兴战略中的统筹协调作用，在组织安排、要素支撑、规划实施、社会参与等方面推动乡村振兴战略工作有效落实。

（一）加强组织建设，强化要素保障

闽西龙岩深入贯彻落实党中央、福建省委关于实施乡村振兴战略的决策部署，成立由市委书记任组长、市长任第一副组长、市委和市政府分管领导任副组长、市直相关单位主要领导为成员的市委实施乡村振兴战略领导小组以及市委扶贫开发成果巩固与乡村振兴工作领导小组，下设办公室，建立年度工作报告

制度和实绩考核等工作机制，统筹推动乡村振兴战略工作实施。将乡村振兴工作纳入全委会、常委会、专题会等重要议题内容，"两会"期间的政府工作报告都把乡村振兴作为重要内容进行总结和部署，确保乡村振兴的举措做到与时俱进。龙岩市的辖区也相应成立县（市、区）委实施乡村振兴战略领导小组以及县（市、区）委扶贫开发成果巩固与乡村振兴工作领导小组，进一步贯彻落实乡村振兴战略领导责任制，确保从中央到地方的五级书记抓乡村振兴的工作机制衔接有序、运转协调。利用中央国家机关及有关单位对口支援闽西革命老区的机会，在全省第一个成立正处级的龙岩市苏区振兴服务中心，各县（市、区）均设立苏区振兴发展服务中心，确保对口支援工作有机构、有人员、有经费，为对口支援工作开展提供有力保障，以便通过对口支援促进闽西乡村振兴、城乡高质量发展。深入推进新时代科技特派员和乡村振兴指导员制度，加强村主干后备人才队伍和农业农村专业技术人才队伍建设，积极培育新型农民。以产业需求为导向，2019~2023 年，共选认省市县个人科技特派员 2964 名、团队科技特派员459 个和法人科技特派员 28 个，实现省、市、县三级科技特派员创业和技术服务一二三产全覆盖。龙岩市人民政府办公室 2022 年印发《深入推进科技特派员制度服务乡村振兴的若干措施》，明确指出加强对科技特派员的政治引领、完善科技特派员选派或选认服务管理机制、落实科技特派员利益共同体支持政策、建立健全让科技特派员"把论文写在田野大地上"的激励机制、为创新科技特派员精准对接工作机制、加强科技特派员工作保障。开展乡村振兴特派员选聘工作，每个县（市、区）选聘不超过 15 名、全市合计不超过 105 名的乡村振兴特派员，按程序兼任村党组织书记、第一书记或村委会主任助理等职务，做到有职有权有责，为乡村发展提供指导服务或项目、技术、资金等支持。

（二）强化规划管理，确保实施质量

中共龙岩市委实施乡村振兴战略领导小组办公室印发《〈龙岩市实施乡村振兴战略规划（2018–2022 年）〉主要任务分工方案》，要求各部门围绕《龙岩市实施乡村振兴战略规划（2018–2022 年）》（以下简称《规划》）确定的重点任务和政策举措，以 26 项主要指标为指引，以 70 项重大工程、重大计划、重大行动为抓手，明确主体责任、实施时间表和路线图，加大推进力度确保实施质量和效果；各部门按照职责分工，在工作中加强协同配合，牵头部门对工作任务负总责，其他部门根据各自职能分工，全力配合，从 2019 年起，牵头部门要在每年11 月底将各自牵头的任务落实情况报送市委乡村振兴办，市委乡村振兴办建立

《规划》实施协调推进机制，及时跟踪和督促检查各项分解任务的落实情况，并于每年 12 月底前向市委实施乡村振兴战略领导小组和市委、市政府报告。龙岩市委、市政府强调，全市各级各部门要认真贯彻落实《规划》，对任意改变规划、不落实规划的，要严肃追究责任；对因客观原因确需改变规划的，要经过严格程序和严格论证，确保一任接着一任干、一张蓝图干到底。《规划》实施期满之后，《龙岩市推进乡村建设行动实施方案（2023-2025 年）》和《龙岩市新型基础设施建设三年行动计划（2023-2025 年）》相继印发。

（三）引导社会力量，投入乡村振兴

一是实施"才聚龙岩"行动计划，引导更多人才返乡就业创业。加大乡村振兴领域事业单位专业技术人才招聘力度。实施农村创业带头人培育行动，积极举办农村创业大赛，营造农村创业氛围，培育农村创业带头人。2022 年，龙岩市搭建乡村振兴网上人才超市，梳理全市 1100 多名各类人才的服务专长和项目信息，提供给乡村基层在线下单对接，举办第一届乡村振兴暨服务业职业技能大赛。持续开展农村实用人才培育，建立以实绩、贡献为导向，以品德、知识、能力等要素构成的农村实用人才选拔、评价机制。大力发展面向乡村振兴的职业教育，深化产教融合和校企合作，开展高素质农民和农村创新创业带头人培育行动，实施乡村产业振兴带头人培育"头雁"项目。龙岩市深入实施"紫金山英才""岩籍人才回引""选优生""柔性引才"四大专项行动，创历史佳绩，2023 年度省对市人才工作目标责任制考评位居全省第四。

二是引导社会组织服务乡村振兴。支持农业相关行业组织协助开展、参与组织农业领域学习培训、交流推广、专题调研、农业产业化龙头企业监测，制定团体标准、行业标准、地方标准，充分发挥社会组织在巩固拓展脱贫攻坚成果与乡村振兴有效衔接方面的积极作用。2019 年 4 月，由农业产业化龙头企业负责人、高素质职业农民、家庭农场主、合作社成员、乡土网红、农产品电商、乡村民宿业主等会员力量组成的龙岩市新农人协会成立，自此，龙岩市多了一个服务乡村振兴发展的平台，新型农业经营主体得到加速培育。2024 年初，龙岩市首个着力探索"新农人"在乡村振兴工作中的示范引领作用的"新农人共享职工之家"挂牌成立，"新农人"队伍正成为闽西乡村振兴的生力军。李新炎慈善基金会响应党和政府号召，以慈善公益力量主动参与乡村振兴，2021 年首期拨出 300 万元助力乡村振兴。多年来，李新炎慈善基金会弘扬中华民族传统美德，积极行动参与扶贫济困，在助困助医助学助教、改善贫困乡村基础设施条件、扶持贫困群众发展生产、增加收入等方面做了大量的工作，多次受到省、市政府的表彰。2022 年 7 月，聚焦四大主要任务的《龙岩市动员引导社会组织参与乡村振兴实施方案》（以下简称《实施方案》）印发实施：聚焦党建引领，激发内生动力；聚焦服务乡村，优化支持体系；聚焦精准服务，搭建对接平台；聚焦分类指导，科学精准参与。《实施方案》推动将社会组织参与乡村振兴列入社会组织等级评估指标，作为慈善评选、评先评优依据，多措并举引导社会组织在发展壮大脱贫产业、加强农村低收入人口常态化帮扶、促进脱贫人口稳定就业和加大技能培训力度等方面发挥积极作用。

二、出台一系列政策促使乡村振兴工作持续推进

闽西龙岩根据国家、部委及省级乡村振兴政策，结合本地实际，围绕产业、人才、文化、生态、组织五大振兴任务，出台一系列政策促使乡村振兴工作持续推进；通过强化政策制度保障，让实施乡村振兴战略成为全市上下的共同行动。这些政策既有总体推动乡村振兴的政策，也有分部门分行业分领域等的政策。

（一）出台总体推动乡村振兴的政策

总体上推动乡村振兴的政策主要包括：龙岩市委、市政府 2018 年出台《龙岩市推进乡村振兴十条措施》，从农村人才支撑、发展现代特色农业、乡村发展资金保障、新村规划建设管理、农村环境综合整治、医疗扶贫和政府兜底保障、提升农村公共服务水平、农村思想文化和法治平安建设、社会力量支持农村发展、组织领导保障 10 个方面共 47 条措施全面推动乡村振兴；龙岩市人民政府办公室 2021 年 2 月印发《2021 年龙岩市城乡建设品质提升实施方案》，从居住品质提升、交通品质提升、水环境品质提升、风貌品质提升、管理品质提升及试点示范工程建设六个方面进行工作安排和任务分解，确保项目顺利实施；中共龙岩市委扶贫开发成果巩固与乡村振兴工作领导小组 2021 年 6 月印发《龙岩市落实 2021 年福建省实施乡村振兴战略十大行动重点任务分解表》，对特色产业发展行动、人居环境提升行动、乡村生态保护行动、文明乡风塑造行动、乡村治理提升行动、乡村民生改善行动、脱贫成果巩固行动、人才科技支撑行动、农村改革创新行动、农村党建引领行动"十大行动"的重点任务进行了分解，要求各牵头单位积极履职、细化工作措施、强化政策保障，各相关单位要协同配合、积极作为，确保"十大行动"取得实效；龙岩市委办、市政府办 2023 年 9 月印发《关

于推行"156"乡村建设工作机制 促进乡村全面振兴的实施意见》，围绕"一个理念"（坚持"原生态、低成本、有特色"理念）、"五项机制"（实施"一把手"推进机制、规划先导机制、农房建设管控机制、共建共享机制、党建引领机制）、"六种模式"（建设文化传承型美丽乡村、产业融合型美丽乡村、休闲旅游型美丽乡村、生态保护型美丽乡村、整村迁建型美丽乡村、保护开发型美丽乡村）提出具体意见，围绕乡村生活、生产、生态领域实施"八大工程"（实施农村道路畅通工程、农村供水保障工程、农房质量安全提升工程、农村教育提升工程、基层服务能力提升工程、数字乡村建设发展工程、农村建设品质提升工程、特色现代农业高质量发展工程），着力促进乡村全面振兴；中共龙岩市委、市政府2024年4月印发《关于学习运用"千村示范、万村整治"工程经验有力有效推进乡村全面振兴的实施意见》，从切实保障粮食安全、加快特色现代农业建设、提升农业生产科技水平、加快美丽乡村建设、促进农民增收致富、提高城乡融合发展水平、加强和改进乡村治理、加强党对"三农"工作的全面领导等方面，要求全市各级各部门结合实际抓好贯彻落实。

（二）出台分部门分行业分领域等的政策

政府相关部门出台了主要包括产业振兴、人才振兴、文化振兴、生态振兴、组织振兴等方面分行业分领域的政策。

1. 产业振兴方面的政策

促进产业振兴的政策主要包括：2019年2月，中共龙岩市委办公室、龙岩市人民政府办公室印发《高标准推进乡村振兴战略打造一批乡村旅游试点村三年行动方案》（岩委办〔2019〕7号），围绕"一年见成效、两年上台阶、三年创精品"的阶段性目标，提出加强规划建设管理、完善旅游基本要素、丰富旅游产品业态、实施"旅游+"融合工程四大重点任务，加快推进龙岩市乡村旅游发展。2019年10月，《加快"三品一标"特色产业发展五条措施》由龙岩市人民政府办公室印发，通过推进"三品一标"申报认证、加快"三品一标"基地建设、培育"三品一标"产业龙头、打造"三品一标"知名品牌、加强"三品一标"工作保障等措施，促进"三品一标"生产，做大做强区域特色现代农业产业，助力乡村振兴战略实施。2022年3月，《关于进一步推动旅游业高质量发展的实施意见》（龙政办规〔2022〕4号）由龙岩市人民政府办公室印发，提出构建旅游发展新格局、增加旅游市场新供给、做强旅游产业新主体、丰富旅游发展新业态、激发旅游消费新活力、增强数字旅游新动力、打造旅游发展新环境7项主要任务并采取 24 条具体措施，以满足大众旅游多层次、个性化需求，让游客乐意来、留得住、购得欢、体验好，努力将龙岩市建成红色文化之城、生态康养之城、国际性全域旅游目的地。2022 年 7 月，《龙岩市加快推动全市农村寄递物流体系建设实施方案》（龙政办规〔2022〕8 号）由龙岩市人民政府办公室印发，围绕充分发挥农村邮政体系作用、高质量推进"快递进村"工程、推进农村寄递物流体系协同发展、加快构建冷链寄递服务体系、积极助推农产品出村进城、落实寄递领域"放管服"改革 6 项重点任务，采取 18 条措施，以便更好地服务农产品出村进城、消费品下乡进村，助推乡村振兴。2023 年 9 月，龙岩市农业农村局、龙岩市财政局印发《推动龙岩市特色现代农业加快发展若干措施》（龙农规〔2023〕3 号），提出支持招商引资和推动与广州对口合作、支持"一县一片区"建设、支持创建农业产业强镇、支持创建"一村一品"专业村（示范村）、鼓励行业组织服务乡村振兴、支持发展新型经营主体、支持农业产业化龙头企业发展壮大、鼓励举办"农民丰收节"等特色赛事农事活动八大举措，加快特色现代农业高质量发展，为龙岩市乡村振兴提供产业支撑。

2. 人才振兴方面的政策

促进人才振兴的政策主要包括：2018 年 11 月，《龙岩市深入推行科技特派员制度实施办法》由龙岩市人民政府印发，从把握总体要求、创新选派机制、强化服务功能、完善保障措施等方面进行规定，要求各县（市、区）政府结合实际，制定具体工作方案，推动龙岩市科技特派员工作持续深入开展。龙岩市人力资源和社会保障局 2019 年 2 月印发《龙岩市专家服务乡村、服务产业实施意见》（龙人社〔2019〕66 号），对指导思想、主要任务、专家遴选范围和条件、服务形式、保障措施等方面进行规定，目的在于充分发挥专家引领和带动作用，加强龙岩市基层人才队伍建设，帮助基层解决实际问题。龙岩市人力资源和社会保障局 2021 年 6 月印发《关于开展"龙岩工匠工作室"、"乡村振兴工匠工作室"和"党员工匠工作室"创建工作的通知》（龙人社〔2021〕156 号），对申报条件、申报材料要求、支持政策进行了说明。龙岩市农业农村局 2021 年 9 月印发《龙岩市乡村振兴农业生产经营优秀人才遴选暂行办法》（龙农〔2021〕51 号），对遴选条件、遴选程序、支持措施、组织实施等方面进行规定，要求各县（市、区）参照市里做法设立遴选工作管理机构。龙岩市人力资源和社会保障局 2021 年 10 月印发《关于推进乡村人才振兴若干措施》，通过实施青年人才"奔赴乡村"行动、实施在外人才"雁归龙岩"工程、实施乡村人才"师带徒"计划、实施人才智力"服务基层"项目、畅通"银色人才"发挥余热渠道等多措并举输才引智，通过设立乡村振兴人才驿站、专家服务基地、技能大师工作室等措施积极搭建乡村创业就业服务平台和载体，通过支持乡镇事业单位丰富人才招聘方式、专业技术人员离岗或在职创业、鼓励专业技术人员扎根基层、健全乡村人才分级分类评价体系、创新乡村人才职称评价机制、开展乡村人才技能认定、提升乡村人才职业技能、培育乡村振兴新型职业技能人才等措施广泛开辟绿色通道，通过提升乡村人才服务水平、建立全市乡村人才信息库、开展乡村振兴优秀人才选树活动、完善乡村社会保险制度等措施全面加强综合服务，全方位为乡村振兴提供人才智力支持。龙岩市农业农村局、龙岩市财政局 2022 年 9 月印发《龙岩市高素质农民典型（实训基地）认定办法》（龙农规〔2022〕6 号），分总则、条件、申报、认定、奖励、附则 6 部分内容。龙岩市民政局、中共龙岩市委组织部等 17 部门 2022 年 10 月印发《关于进一步加强社会工作专业人才队伍建设　提升基层服务能力的若干措施》（龙民〔2022〕156 号），通过 17 条措施，加强社会工作专业人才队伍建设、完善社会工作专业人才激励保障机制、加快推进社会工作参与基层服务，目标是构建以基层社会工作站为基础的社会工作服务体系，健全政府购买社会工作服务长效机制，以规模化社会工作服务站和专业化人才队伍提升基层服务水平，推动社会工作融入社会治理格局，助力乡村振兴战略。2023 年 10 月，《龙岩市持证社会工作专业人才奖励津贴实施办法（试行）》出台，旨在建立健全社会工作专业人才激励机制，提高社会工作专业化、职业化服务水平，加快推进龙岩市社会工作专业人才队伍建设。

3. 文化振兴方面的政策

龙岩市文化和旅游局、龙岩市财政局 2021 年 9 月印发《龙岩市文物保护专项资金使用管理办法 (试行)》（龙文旅〔2021〕47 号），包括总则、补助项目和内容及办法、管理职责、申报和管理、资金监管与绩效评价、附则 6 部分内容，以便规范和加强龙岩市级文物保护专项资金的使用和管理，提高资金使用效益。龙岩市人民代表大会常务委员会 2022 年 12 月公布《龙岩市客家文化保护条例》（〔六届〕第五号），该条例由福建省十三届人大常委会第三十六次会议决定批准通过，标志着龙岩市客家文化保护法治化、规范化水平迈上新台阶。龙岩市文化和旅游局、龙岩市财政局 2023 年 4 月印发《龙岩市推动文化旅游产业高质量发展八条政策措施实施细则》（龙文旅规〔2023〕1 号），重点是扶持文旅经营主体、提升丰富旅游业态、支持旅游通达性建设、加强文旅人才队伍建设、加大宣传营销力度、支持文化和影视产业、加强文化遗产保护利用与传承。

4. 生态振兴方面的政策

龙岩市乡村生态振兴专项小组（龙岩市环境保护局）2018 年 12 月印发《龙岩市乡村生态振兴专项小组工作方案》（龙环〔2018〕646 号），提出乡村生态振兴专项小组六个方面的重点工作任务，即配合划定并严守生态保护红线、实施"清新水域"工程、实施"清洁土壤"工程、实施生态保护与修复工程、加强农村生态环境监管、加快培育典型示范；《龙岩市农村人居环境整治三年行动实施方案》（岩委办发〔2018〕19 号）同月印发，以"一革命四行动"为工作重点，提出了到 2020 年的目标任务。龙岩市人民政府 2020 年 9 月印发《龙岩市开展"两治一拆"农村人居环境整治专项行动工作方案》（龙政综〔2020〕73 号），要求坚持依法整治、坚持群众路线、坚持规划引导、坚持因地制宜、坚持开拓创新，分三阶段（调查摸底、制定方案阶段，狠抓落实、组织实施阶段，评估验收、总结提升阶段），通过加强组织领导、压实部门责任、积极营造氛围、加大政策支持、严格考核督促，促进农村人居环境大改善、大提升。龙岩市人民政府办公室 2021 年 7 月印发的《龙岩市推行土长制实施方案（试行）》（龙政办〔2021〕64 号）确定 8 项主要任务，即制定土壤污染防治规划、持续开展土壤调查、严格监管各类土壤污染源、加强农用地保护与安全利用、严格管控建设用地环境风险、强化未污染土壤保护、有序开展土壤污染治理与修复、强化土壤环境执法监管，目标是到 2030 年底，土壤污染防治体系建立健全，全市土壤环境质量稳中向好，土壤环境风险得到全面管控。龙岩市人民政府 2021 年 8 月印发《龙岩市"三线一单"生态环境分区管控方案》（龙政综〔2021〕72 号），目标是建立覆盖全市的"三线一单"（生态保护红线、环境质量底线、资源利用上线和生态环境准入清单）生态环境分区管控体系，提升生态环境治理体系和治理能力现代化水平。龙岩市人民政府办公室 2021 年 10 月印发《龙岩市农村生活污水提升治理五年行动计划（2021—2025 年）》（龙政办〔2021〕77 号），目标是在全面完成农村人居环境整治三年行动中的农村生活污水治理工作目标要求的基础上，通过 5 年时间，实施龙岩市农村生活污水"提升版"治理。《龙岩市农村人居环境整治提升行动实施方案》2022 年 11 月印发，明确 8 项重点任务，即提高农村改厕质量、加快农村生活污水治理、全面提升农村生活垃圾处理水平、提升农村居住品质、推进村容村貌美化提升、完善农村基础设施、提升群众参与活力、提升长效管护水平，要求把农村人居环境整治提升作为各级党政"一把手"工程，将改善农村人居环境作为实施乡村振兴战略实绩考核的重要内容、市县干部政绩考核的重要参考，目标是全面建立长效管护机制，建成一批美丽宜居村庄。龙岩市人民代表大会常务委员会 2022 年 12 月公布的《龙岩市农村人居环境治理条例》（〔六届〕第三号）共 8 章 59 条，自 2022 年 12 月 1 日起施行，为改善农村人居环境、建设生态宜居的美丽乡村提供了法律保障。龙岩市住房和城乡建设局等 7 部门 2023 年 9 月印发《深入推动城乡建设绿色发展实施方案》（龙建设〔2023〕7 号），确定了 2025 年和 2035 年的主要目标。推进城乡建设一体化发展方面，统筹推进区域和都市圈绿色发展、建设人与自然和谐共生的美丽城市、打造绿色生态宜居的美丽乡村；加快转变城乡建设发展方式方面，推进绿色建筑高质量发展、提高城乡基础设施体系化水平、加强城乡历史文化保护传承、实现工程建设全过程绿色建造、大力倡导绿色生活方式；创新工作方法方面，统筹城乡规划建设管理、落实城市体检评估制度、强化科技创新引领、推动城乡智慧化建设、推动美好环境共建共治共享；加强组织实施方面，强化责任落实、完善工作机制、健全支撑体系、加强培训宣传。《龙岩市生态环境综合整治专项行动工作方案》2023 年 4 月印发，按照"生态环境质量只能变好，不能变坏"的总体目标和"高于全省平均水平，好于去年同期水平"的年度目标要求，在全市范围内实施水环境治理专项攻坚、大气环境治理专项攻坚、土壤环境治理专项攻坚、耕地保护和水土流失治理专项攻坚、化工园区环境治理专项攻坚、环保督察反馈问题整改专项攻坚 6 个专项攻坚和 26 项具体攻坚任务，坚持问题导向，全力推动生态环境质量提升。

5. 组织振兴方面的政策

龙岩市农业农村局 2020 年 11 月印发《龙岩市市级示范家庭农场创建办法》（龙农〔2020〕79 号），分总则、标准、申报、评定、监测、奖励与义务 6 部分内容。龙岩市工业和信息化局、中共龙岩市委统战部、龙岩市发展和改革委员会、龙岩市财政局、龙岩市工商业联合会 2022 年 11 月印发《龙岩市推动民营经济创新发展若干措施》（龙工信企〔2022〕35 号），提出做优做强民营龙头企业、梯度培育中小微企业、提升民营企业创新能力、推动民营企业技术改造、提升民营企业智能制造水平、推进民营经济数字化转型、加快民营经济绿色低碳转型升级、加快推进民间投资增长、推动民营经济融入国内国际双循环、完善民营企业引才引智服务机制、优化民营企业创新融资服务、保障民营企业用地需求、强化数据要素支持、提升知识产权创造 / 保护和运用水平、提供精准政务服务、发挥行业商（协）会桥梁和服务作用、促进民营企业家健康成长、构建亲清政商关系、营造民营经济良好发展环境 19 条措施，以便进一步激发民营企业活力和创造力，推动龙岩市民营经济加快转型升级、高质量发展。

三、开展试点示范带动乡村振兴总体水平提升

习近平总书记曾指出："我们在各项改革中，经常通过试点的方法，取得若干经验后再推广"（本书编写组，2022）。进行试点并总结经验，通过示范带动乡村振兴提升总体水平是闽西革命老区在乡村振兴工作中的重要做法。这种做法一方面是争取国家级、省级有关的乡村振兴试点示范项目，另一方面是闽西老区创新实践而开展的乡村振兴试点示范建设。国家部委设置了不少乡村振兴相关的试点示范项目，比如农业农村部和财政部的"国家级现代农业产业园"和"国家级优势特色产业集群"、农业农村部的"国家农业绿色发展先行区"、农业农村部及国家发展改革委等部委的"国家级特色农产品优势区"、农业农村部办公厅的"全国休闲农业重点县"、农业农村部、财政部及国家发展改革委的"国家级农业现代化示范区"、农业农村部办公厅的"中国美丽休闲乡村"、农业农村部办公厅和财政部办公厅的"国家级农业产业强镇"、农业农村部市场与信息化司的"国家数字农业试点"、农业农村部科教司的"国家级生态农场"、农业农村部的"全国'一村一品'示范村镇"、农业农村部、中央宣传部及司法部的"全国乡村治理示范村"、农业农村部和住建部的"国家级美丽宜居村庄"、财政部和住建部的"国家传统村落集中连片保护利用示范市"、科技部的"国家农业科技园"、国家发展改革委、农业农村部及工信部等部委的"国家农村产业融合发展示范园"、文旅部和国家发展改革委的"全国乡村旅游重点村"、国家林业和草原局的"国家森林乡村"、财政部农业司的"国家级田园综合体"等；国家部委部署的乡村振兴相关试点示范项目，省级一般都会进行创建，此外设立了省级乡村振兴试点村、乡村旅游特色村、金牌旅游村等。龙岩市 2021 年制定《龙岩市乡村振兴"一县一片区"建设实施方案》，目标是建设一批比省级试点村要求更高、标准更高的精品村、示范村。

（一）龙岩市乡村振兴试点村实践

为进一步贯彻落实中央和省委关于实施乡村振兴战略的决策部署，落实《福建省实施乡村振兴战略规划（2018-2022 年）》，2019 年 9 月，省委乡村振兴战略领导小组制定印发《福建省乡村振兴试点示范工作方案》，龙岩市 7 个县（市、区）94 个乡镇的 110 个行政村被列入省级试点，致力为福建省乡村振兴探索新路径新模式，培育乡村振兴龙岩示范样板。

1.龙岩市乡村振兴试点村发展脉络

第一阶段，高位谋划、制度引领。龙岩市委、市政府高度重视乡村振兴试点村工作，多次将乡村振兴试点村建设思路、规划编制、资金筹措安排等工作纳入全委会、常委会、专题会等重要议题内容。制定《龙岩市村庄规划编制导则》，在引导产业发展、营造本土风貌特色、加强历史文化保护等方面提出具体规定和要求，规范乡村建设，全面推进 110 个省级乡村振兴试点村村庄规划设计编制工作。统筹安排乡村振兴示范村市级资金，提升乡村振兴试点村资金使用效率，四年统筹资金 13290 万元。第二阶段，因地制宜、探索创新。龙岩市 110 个省级乡村振兴试点村建设首先以改善农村人居环境为突破点。2020 年，先后制定出台《龙岩市 2020 年农村人居环境整治工作要点》《龙岩市 2020 年农村人居环境整治暗访工作方案》《关于进一步做好"厕所革命"有关工作的通知》等政策措施和实施方案，实行空心房、旱厕拆除周通报、一月一主题一暗访、问题清单整改月通报制度。2021~2023 年，龙岩市乡村振兴试点村的建设突出推动乡村产业振兴、文化振兴。建立"乡村振兴指导员"工作机制、重点工作管理机制，重点推动乡村振兴"一县一主题一片区"发展，以项目建设为统领，乡村建设、特色产业和人居环境统筹推进，实行"一月一通报、一季一约谈"，争取做出特色，破解同质化，组织开展县域交叉检查，建立问题清单，限期整改。第三阶段，提炼经验、总结提升。至 2020 年底，龙岩市率先实现省级乡村振兴试点村派驻干部全覆盖，向全市 110 个乡村振兴试点村选派第一书记和党建指导员 420 名。2021年底，基本完成 110 个试点村的村庄规划编制工作，率先实现试点村规划设计全覆盖。到 2023 年，累计统筹资金 9.12 亿元，撬动社会资本 1.36 亿元，累计实施项目 2812 个，累计完成投资 38.03 亿元。2023 年 9 月，龙岩市委、市政府印发《关于推行"156"乡村建设工作机制促进乡村全面振兴的实施意见》，围绕农村道路、农房质量提升、农村教育、数字建设等领域实施"八大工程"，着力打造"特色产业强村富民、特色风貌美丽宜居"的宜居宜业和美乡村。

2.龙岩市乡村振兴试点村的主要做法

一是部门政策"握指成拳"，打牢试点四梁八柱。主动整合部门优势资源，农业农村部、组织部、人力资源和社会保障部、水利部等涉农部门积极发力支持试点村聚力发展。成立市、县两级的乡村振兴试点示范项目工作专班，专项跟进推动项目建设，落实"双台账"制度，组织开展"回头看"，强化督查推进。2020~2023 年，累计完成项目投资 37.34 亿元，实施项目 2812 个，实绩突出村52 个。制定《推进乡村人才振兴若干措施的通知》，实施青年人才"奔赴乡村"、在外人才"雁归龙岩"等工程行动，搭建乡村振兴人才驿站等平台载体，全方位为乡村振兴提供人才智力支持。出台《龙岩市乡村振兴试点示范项目"领题问效"工作方案》《加强乡村振兴试点示范项目工作的通知》，进一步明确"领题问效"工作目标任务、职责分工和关键环节。

二是产业项目"处处开花"，助力乡村内生动能。各试点村坚持适度超前规划，积极谋划各项产业振兴项目。首先，通过集中力量打造"一村一品"。立足地理自然资源，做强做大特色农产品。比如，武平梧地村充分利用天然林地资源，推进"公司＋基地＋农户"的经营模式和林下轮牧散养的方式，将象洞鸡养殖业打造成为农民增收、乡村振兴的支柱产业。其次，通过"串点连线"打造旅游精品。创新组织模式，抱团"出圈"。比如，湖坑镇成立"土楼十里长廊"片区党总支，融合区域内各村资源，整合土楼精品民宿集群、世遗土楼、南江 3A 级景区、福建土楼第一漂等相关项目资源，打造"土楼十里长廊"红色旅游新品牌。最后，通过三产融合打造乡村新业态。延伸拓展农业产业链，提升农村经济效益。比如，连城塘前村立足生态资源和人文优势，打造"豸下莲乡"文旅度假区，建设水上乐园、亲子漂流、知青文化陈列馆、奖状陈列馆、木屋、廊桥、戏台等旅游接待设施，丰富研学教育、旅居康养、知青文旅、户外烧烤、垂钓采摘、农耕体验等旅游业态，构建"文化旅游＋生态农业""乡村文旅＋休闲农业"产业体系，成为乡村文化旅游打卡目的地和环冠豸山旅游的重要承接地。截至 2022 年底，各试点村乡村建设培育主导产业平均每村 1.53 个，主导产业平均每村年总产值 892.14 万元；农村居民人均可支配收入超过福建全省平均水平的村占比为 76.46%；集体经济年经营性收入 10 万元以上的村占比 100%。

三是农村机制"活力四射"，不断激发创业热情。龙岩市积极以试点村创新改革为契机，以试点村体制机制改革为切入点，不断营造农业农村干事创业新环境。首先是建立省、市、县三级联挂联促的挂钩联系制度。制定"龙岩市乡村振兴试点示范挂钩联系"制度，明确新罗区、上杭县和 12 个省级乡村振兴特色乡镇分别由 1 名市领导和 1 个市直单位挂钩联系，110 个省级乡村振兴试点村由所在县（市、区）的 1~2 名县处级领导和若干个县（市、区）直单位挂钩联系，实现特色乡（镇）、省级乡村振兴试点村挂钩联系全覆盖。其次是健全乡村振兴项目全周期管理制度。建立线上项目实时监管调度机制、资金保障使用管理机制、项目线下督查落实机制、项目绩效评价机制，形成乡村振兴项目全周期管理体系，开展晾晒考评，全面提升项目完成率和质量。2023 年，全市完成投资 11.39 亿元，有 800 个项目开工建设，投资额完成率 106.44%，项目开工率 100%。最后是创新完善"党建联盟"促发展机制。按照"产业相近、地域相邻"的原则，整合农村党建资源，在不改变原有行政划分和自治主体的情况下，片区内的先进村以"1+1""1+N"等方式与相对落后的村联合建立村党组织，促进强村带弱村、中心村带周边村，推动形成资源共享、优势互补、联动共赢的乡村发展格局。如武平环梁野山的5个村及其他4个非公企业、专业合作社党支部联合成立环梁野山试验区党总支，以"五联共促"为抓手，实现"五朵金花""规划一张图、政策一个样、资金一个盘、党群一条心"的共管共治、共建共享良好局面。

四是环境整治"美美与共"，共创乡村绿水青山。龙岩全市110个试点村先后开展了"两治一拆"、村庄清洁、"厕所革命"等改善农村居住环境的专项活动。空心房、危房、裸房全部拆除，实现家家户户卫生厕所及三格化粪池全覆盖，全面建立了村庄日常保洁、垃圾清运以及雨污分流、分级分散污水处理机制。持续开展村庄美化绿化行动，实施进村环村道路硬化拓宽、"四旁"绿化美化、管线入地等工程，全面提升了村庄绿化美化水平，如长汀南坑村从"难坑"变成了"银杏水乡"。2019年，龙岩市6个试点村（全省13个）入选全国"千村万寨展新颜"展示活动，试点村全部获评中级"绿盈乡村"称号。

五是党建凝聚"上下同心"，齐力百姓共富之路。选优配强村"两委"班子，通过外引内培，不断完善党员队伍年龄结构和文化层次，各村"两委"成员平均年龄不超过42岁，成员学历以中专以上为主体，党支部书记基本具有大专以上学历，通过组织力量的强大不断提升基层党组织的战斗力。有序引导村民参与乡村共治，积极探索村民自治模式，全面推广"网格化＋积分制"的管理模式，实现"一约四会"全覆盖，凝心聚力，乡村治理取得显著成效。村"两委"成员和党员当先锋打头阵，以村党支部为主体，因地制宜，采取"村村联动、村企合作、村建民营"等发展模式，带领村民群众发家致富。如长汀县羊牯乡以白头、对畔两个村党支部牵头开展跨村联建，联合领办农业生态种养专业合作社，引入福建新农人生态农业有限公司发展生态农业大棚种养，年产值达130余万元。

3. 龙岩市乡村振兴试点村的实践模式

龙岩市110个省级乡村振兴试点村结合村情和发展基础，抢抓机遇，大胆创新，探索各具特色的乡村振兴发展模式，其中文化传承型模式占20.9%、产业融合型模式占26.4%、休闲旅游型模式占40.9%、生态保护型模式占10%、保护开发型模式占1.8%（见表2-1）。

表2-1 龙岩市乡村振兴试点村的实践模式

类型	村名	个数/占比
文化传承型	培斜村、溪连村、岩太村、苏家坡村、贵竹村、官余村、都康村、官田村、院田村、老城村、彭坊村、丁黄村、三洲村、江坊村（长汀）、培田村、龙岗村、璧洲村、下罗村、雾阁村、上堡村、庙上村、东湖村、香寮村	23/20.9%
产业融合型	山塘村、新祠村、村美村、双车村、东埔村、下村村、莒溪村、务田村、觉川村、丰乐村、文光村、溪北村、九洲村、伏虎村、炉坑村、新礤村、汀东村、下畲村、上蕉村、对畔村、梁坑村、石丰村、江坊村（连城）、新泉村、吕屋村、云墩村、梧溪村、西山村、东坑村	29/26.4%
休闲旅游型	竹贯村、洋畲村（新罗）、兰田村（新罗）、小吉村、益坑村、隔口村、邓厝村、后田村、信美村、南江村、西陂村（永定）、枫林村、西片村、抚溪村、深度村、西田村、瑶下村、兰田村、吴地村、竹岭村、碧沙村、下王村、岭头村、兴坊村、沈田村、捷文村、梁山村、黄坊村、湘洋村、溪源村、寨头村、中复村、张地村、涵前村、赤土村、新庄村、蒲溪村、上村村、塘前村、文坊村、东洋村、圆潭村、杨美村、北寮村、龙车村	45/40.9%
生态保护型	黄地村、高东村、新罗村、马坊村、双溪村、光彩村、云寨村、尧禄村、上湖村、南坑村、露湖村	11/10%
保护开发型	玉宝村、南通村	2/1.8%

资料来源：根据《关于推行"156"乡村建设工作机制促进乡村全面振兴的实施意见》（岩委办发〔2023〕4号）的相关附件整理。

（1）文化传承型。文化传承型模式是历史文化特色明显的村落，充分运用传统建筑风貌和民风民俗资源，培育新时代文明风尚，打造乡村"软实力"。龙岩市融汇了客家文化、闽南文化、红色文化，孕育了大量的传统文化村落。文化传承型模式试点村有23个，占20.9%。一是"传统村落+"活化利用型。岩太村、院田村、彭坊村、丁黄村、三洲村、培田村、东湖村、香寮村、官田村、庙上村都是国家级或省级传统村落。这些试点村积极落实传统村落保护法规政策、完善传统村落保护利用工作机制，结合优美的自然环境与深厚的历史文化，以村落传统建筑风貌活化利用促进乡村振兴。拥有800年历史的连城培田古村落，功能化整合利用古民居资源，围绕"耕读文化"主题，发展乡村旅游，推动村集体经济发展和村民增收；长汀县丁黄村，依托国家级传统古村落资源优势和传统客家文化资源优势，打响"客家山寨"品牌，做好旅游文章，带领村民致富。二是"非遗+"活态传承型。龙岩市非物质文化遗产丰富多样，连城县雾阁村的雕版印刷技艺、下罗村的走古事、璧洲村的花灯都是有名的非物质文化遗产。试点村坚持挖掘文化遗产并丰富其内涵，以"非遗+"活态传承产业化发展促进乡村振兴。以刻纸龙灯著称的长汀县彭坊村，依托"非遗+技艺传习"提升乡土文化内涵，依托"非遗+文创旅游"助推产业多元发展，依托"非遗+网络直播"活态文化传承方式，推动非遗文化保护传承和产业化发展，以非遗文化带动乡村振兴。雾阁村成立雕版印刷技艺传承与发展中心，开展"非遗+文创"和"非遗+研学"活动，适应现代审美与市场需求，挖掘雕版制作、宣纸制作等非遗产品体验活动，结合文艺宣传和网络传播扩大影响力，使雕版印刷技艺既获得创新传承又带动村民增收。三是"红色文化+"融合传承型。不少试点村是革命基点村，红色资源丰富，在改善人居环境的同时，以党建引领，将红色文化与生态文化融合传承，发展红绿兼具、农文旅融合的产业，促进乡村振兴。上杭县第二高峰——双髻山西北脚下的贵竹村，实施闽西南三年游击战遗迹保护和开发项目，构建"135"党建工作模式（明确"党建引领"这一核心，健全党员干部带头、民主集中议事、村规民约落实三项制度，创新红色教育站、文明引导站、村企共建站、爱心传递站、环境整治站五个载体），打造"双髻山红色驿站"品牌，发展红色文化产业、绿色种养产业、生态旅游产业，推动乡村振兴。

（2）产业融合型。产业融合型模式是产业基础较好的村落，发展"一村一品"，持续做大做强主导产业，带动村民就业，实现村民增收致富。产业融合型试点村有29个，占26.4%。一是推动"种植+"产业融合发展。试点村在水果、花卉、茶树等多样种植的基础上，逐步延伸产业链，上游推动苗木培育，下游推动相关农产品加工、销售，发展电子商务和农产品物流，并与旅游业融合发展。上杭文光村通过"党支部+果业商会+果农"合作模式，种植杭梅、葡萄、脐橙、蜜橘、蜜柚、蜜雪梨等水果，开发种植标准化果园，重点打造观音井百果园，形成春有青梅采摘节、夏有葡萄品尝节、秋有摘脐橙体验节、冬有梅花鉴赏节发展格局，将种植、加工、电子商务、乡村旅游有机结合，推动乡村产业振兴。漳平西山村充分利用"大陆阿里山"核心景区的旅游资源，将永福花卉与台湾高山茶产业联合，同时打造电商产业园，并通过现代物流拓展产品销售路径，探索出了"花·茶·旅"融合发展道路。二是推动"养殖+"产业融合发展。试点村在鸡、鸭、蜜蜂等养殖的过程中，逐步促成育种、养殖、加工、包装、营销、运输、旅游体验等环节产业化发展、融合发展，提升产业发展效益。石丰村抢抓连城白鸭产业发展机遇，创办白鸭养殖合作社，促进育种、养殖、管理、防疫、检疫、屠宰、加工、互联网营销、品牌建设、旅游体验、产品创新等白鸭产业化，同时辐射带动饲料业、羽绒加工业、包装业、运输业、人力资源培训等相关产业发展，以白鸭产业发展提升产业振兴水平，带动农业增效、农民增收。三是推动"美食+"产业交融发展。连城新泉村试点较成功，实施"协会+合作社（农场或基地)+农户"联结机制,扶持美食产业链延伸发展,美食产业从单一的餐饮业,拓展壮大到种养、加工、物流、旅游休闲、养生保健等各行业各领域,探索出一条独具特色的客家美食产业发展致富之路。

(3)休闲旅游型。休闲旅游型模式是旅游资源丰富、交通区位优越的村落,全力发展旅游新型业态,做好休闲旅游文章,经营好美丽乡村。休闲旅游型试点村共有45个,是试点村发展主要形态,占40.9%。一是红色旅游型。试点村发展红色旅游的比较普遍,"项公故里"连城县文坊村挖掘朋口战斗、温坊战斗、松毛岭战役、红色特科英雄项与年等红色故事,结合项南故居改造提升,开展客家文化展览、客家民俗及仙草种植并深加工等耕读活动,拓展现代观光休闲农业,发展英雄故里红色旅游。被称为"红军长征第一村"的长汀中复村,以长征国家文化公园(长汀段)建设为抓手,把红色旅游与生态农业相结合,让游客对长征有深刻的体验,让村民共享发展红利。二是特色民宿型。永定土楼沟南江村比较典型,充分利用土楼资源,通过招商引资,引进了读旅、香叙、腾讯等公司,对"非世遗"土楼进行改造提升,把资源变产品、产品育市场、市场带产业,成功打造了朝阳楼、东昌楼、升恒楼、长源楼、环兴楼等一批土楼民宿,结合南溪土楼沟漂流项目开发及河岸两侧夜景工程建设,推出文创产品,让沉睡多年的土楼"活"起来、乡村旅游"火"起来。三是文创体验型。主要做法是将传统习俗文化遗产通过文创赋能并通过旅游体验促进试点村发展。新罗区竹贯村在文创上求开拓,挖掘当地花灯、红曲酒等非遗资源,活化利用特色传统民俗文化,开发体验式文旅项目,建设民俗旅游新业态,将乡村旅游打造成兴村富民的强劲引擎。四是绿色生态型。革命基点村新罗区洋畲村,通过做足"城市边上的原始森林"绿色生态文章,成立旅游合作社,激活生态休闲旅游资源,打造山居洋畲艺术村,被评为全国生态文化村、全国一村一品示范村,实现农民增收致富。

(4)生态保护型。生态保护型模式是按照践行"绿水青山就是金山银山"理念,因地施策开发利用,打造生态品牌,培育"生态+农业、文化、旅游等"新业态,把生态优势变成民生福利。龙岩是我国南方的绿色宝库,是省内九龙江、闽江和广东省韩江中下游的水源地,具有重要的生态保护功能。全市生态保护型模式试点村共有11个,占10%。一是探寻水源地绿色发展的有效路径。此类主要是那些处于小流域上游或水源地的试点村进行的实践。属于梁野山国家级自然保护区范围的武平云寨村,成立森林人家休闲农业专业合作社,落实林改政策,既提升森林覆盖率,保护国家烟草水源性工程梁野水库(仙女湖),又大力发展林下经济,种植仿野生金线莲养生茶、果蔬等,同时把村中特产与餐饮、民宿等紧密结合起来，形成一条生态产业链，将生态资源优势转变成经济优势。汀江（韩江）流域松源河水系上游的光彩村，党支部围绕"红色党建引领绿色发展"目标，实施河道生态修复工程，建成一座花园式污水处理站，建立党员创业示范基地，鼓励村民进行生猪养殖转产转业，在党建促产业发展中，实现了林茶、黄金果、象洞鸡、特色蔬菜等齐头发展的良好局面，有效带动了全村产业发展和群众增收。二是探寻水土保持与生态产业化发展的有效路径。那些曾是水土流失严重区的试点村积极开展水土保持治理与生态产业化发展实践。长汀露湖村，以水土流失综合治理为契机，把脱贫攻坚成果巩固与生态建设有机结合，积极探索推广绿水青山转化为金山银山的路径，经历了从"火焰山"到"绿满山""花果山"的蝶变，让群众在水土流失治理过程中增收致富。南坑村通过"公司＋基地＋农户"的运行模式，鼓励村民开垦荒山种果，建立 4000 多亩银杏生态园，治理水土流失近 8000 亩，实现从"荒山"到"绿洲"再到"美丽家园"的嬗变，继而立足城郊区位优势，以建设"'杏'福田园小镇"为目标，推进乡村旅游与乡村振兴协同发展，推动富民强村。

（5）保护开发型。保护开发型模式是地处城市附近的城郊村或生态富集村，坚持保护与开发并重的原则，推动美丽乡村建设。试点村开展保护开发型模式探索的比较少，只有武平南通村和新罗玉宝村，仅占全市试点村的 1.8%。一是城中村或近郊村的保护开发。南通村已纳入武平南部新城和沿河西路三期、四期等重点项目建设范围，在县城扩张过程中进行保护开发。二是生态富集区域的保护开发。被誉为龙岩市"九寨谷"的玉宝村，是闽西著名的革命基点村，拥有 3.19 万亩森林，生态环境优美，被新罗区定位为"闽台高山生态农业休闲度假示范区"，重点发展特色水果、绿化苗木、生态种植养殖业与生态休闲旅游产业，先后获得省级卫生村、省级生态村、省级最美休闲乡村等荣誉称号，被评为第六届全国文明村。

（二）龙岩市乡村振兴"一县一片区"实践

2020 年 12 月 19 日，中共龙岩市委将乡村振兴"一县一片区"列入 2021 年"三重"工作及 2021 年"重中之重"建设项目。2021 年，龙岩市以习近平新时代中国特色社会主义思想为指导，坚决贯彻落实好习近平总书记关于乡村振兴工作的重要指示批示精神，市委、市政府主要领导亲自谋划部署，按照"串点连线成片"的思路，在全市创新实施乡村振兴"一县一片区"建设，各县（市、区）依托各自的文化、生态资源和产业优势，选择一个片区，以项目建设为统领，每个县（市、区）聚焦聚力片区内 3~5 个村，集中统筹资源，每村每年投入不低于

1000 万元，统筹推进农村人居环境整治、乡村建设行动和特色产业发展等，通过 2 年时间，建设成比省级试点村要求更高、标准更高的精品村、示范村，培育形成各具特色的乡村振兴片区融合发展的新格局。

1. "一县一片区"建设概况

2021 年 3 月印发的《龙岩市乡村振兴"一县一片区"建设实施方案》（岩委振兴办〔2021〕5 号）提出：新罗区重点打造银雁片区、永定区重点打造"土楼十里长廊"片区、漳平市重点打造"台湾小镇"片区、上杭县重点打造红古田片区、长汀县重点打造"红旗跃过汀江·两山实践走廊"片区、连城县重点打造"红土朋口　项公故里"片区、武平县重点打造"环梁野山"片区。附件《龙岩市乡村振兴"一县一片区"项目汇总表》列出 128 个项目：新罗区银雁片区乡村振兴建设项目 16 个，永定区"土楼十里长廊"片区乡村振兴建设项目 13 个，漳平市"台湾小镇"片区乡村振兴建设项目 9 个，上杭县红古田片区乡村振兴建设项目 21 个，长汀县"红旗跃过汀江·两山实践走廊"乡村振兴跨村联建示范片建设项目 26 个，连城县"红土朋口　项公故里"片区乡村振兴建设项目 22 个，武平县"环梁野山"片区乡村振兴建设项目 21 个。2022 年，连城县的"红土朋口　项公故里"片区换成"环冠豸山"片区，加上一些县级乡村振兴示范片区，龙岩市乡村振兴"一县一片区"建设共涉及 7 个县（市、区）、12 个片区、26 个乡镇或街道、87 个村，表 2-2 列出了这 87 个村距离其所在的镇/街道、县（市、区）及龙岩中心市区（新罗区）的千米数。

表 2-2　龙岩市乡村振兴"一县一片区"所涉及村的区位

县域和片区名称	涉及的乡镇或街道	涉及的村	距离镇/街道千米数	距离县（市、区）千米数	距离龙岩中心市区千米数
新罗区银雁片区	铁山镇	林邦村	5.5	10.7	15
		富溪村	8.7	13.9	18.3
	西陂街道	紫阳村	12.6	12	14.7
		南石村	13	11	14.1
		碴口村	9.9	8.9	17.3
	雁石镇	益坑村	4.3	27.9	31.6
		北河村	6.8	21	25.5
		坪洋村	3.1	25.8	33.8
		礼邦村	1.2	23.8	28.5
		楼墩村	4.6	18	22.5
	白沙镇	小吉村	6.3	43.7	44.2
	苏坂镇	黄地村	6.3	41.7	47.4

续表

县域和片区名称	涉及的乡镇或街道	涉及的村	距离镇/街道千米数	距离县(市、区)千米数	距离龙岩中心市区千米数
永定区"土楼十里长廊"片区	湖坑镇	西片村	1.3	31.2	73.2
		湖坑村	0.6	31.9	73.8
		新街村	0.6	31.4	73.3
		洋多村	4.2	33.9	75.8
		新南村	5.9	36.3	78.2
		南中村	7.2	37.6	79.6
		南江村	8.8	39.1	81
		实佳村	10.1	40.2	82.2
上杭县红古田片区	古田镇	苏家坡村	14.5	56.3	36.5
		上郭车村	7.6	50.5	35.6
		下郭车村	9.6	51.5	36.6
		模坑村	6.1	53.5	38.6
		文元村	3.5	55.5	40.6
		赖坊村	1.7	57	33
		荣屋村	1	57.7	33.3
		上洋村	1.7	58	32.5
		五龙村	1.8	59.1	31.9
		溪背村	0.2	57.9	33.7
		八甲村	0.5	58.5	33.8
		竹岭村	1.6	59.6	40.1
		吴地村	6.6	64.8	44.6
武平县"环梁野山"片区	城厢镇	云寨村	11.3	11.6	134.4
		尧禄村	10.5	10.8	133.6
		园丁村	4.9	5.2	128.4
		东岗村	6.5	6.7	129.6
		东云村	4.1	4.4	127.2
	万安镇	捷文村	7.1	11.2	137.9
	东留镇	黄坊村	2.8	16.2	142.9
	永平镇	梁山村	10.5	17.7	139.8
	中山镇	太平村	3	9.4	127.7
		阳民村	3.6	12.4	130.7
		龙济村	7	15.7	134
	武东镇	六甲村	6.2	25.3	119.3
		美和村	6.8	26	119.9
		张畲村	10.7	19.3	123.8
		陈埔村	0.1	29	113.9

续表

县域和片区名称	涉及的乡镇或街道	涉及的村	距离镇/街道千米数	距离县(市、区)千米数	距离龙岩中心市区千米数
长汀县"红旗跃过汀江·两山实践走廊"片区	河田镇	露湖村	6.5	29.4	116
		伯湖村	6.9	29.7	116.4
		南塘村	4.1	28.6	146.3
		窑下村	7.7	33.5	114.4
	三洲镇	三洲村	1.1	32.7	120.3
		蓝坊村	1.1	32.3	119.9
		小溪头村	2.9	34.5	122.1
		曾坊村	2.5	34.3	121.9
	濯田镇	永巫村	13.2	38.8	127.2
		河东村	10.2	39.6	128
		水口村	9.3	40.7	129.1
		梅迳村	12.4	46.8	117.2
		寨头村	12.9	25.8	129.3
		同睦村	15.1	28.7	131.5
		刘坑村	11.3	27.9	126.9
		左拔村	5.6	35	135.4
	策武镇	红江村	3.4	11.9	133.7
		林田村	2.1	17.4	128.4
		当坑村	4.8	21.8	131.1
连城县"红土朋口项公故里"片区和"环冠豸山"片区	朋口镇	文坊村	7.4	32.9	97.8
		朋东村	0.8	23.7	92
	莒溪镇	璧洲村	2.5	33.2	100.5
		小莒村	5.9	34.1	89.6
	宣和镇	培田村	4	27.5	106.6
	罗坊乡	下罗村	0.6	18.7	132.5
		邱赖村	3.1	16.2	130.1
	莲峰镇	大坪村	3.1	3.1	116
	揭乐乡	吕屋村	1.8	6.5	118.1
		布地村	14.8	13.7	119.6
	塘前乡	塘前村	0.4	15	127.7
		水源村	2	16.7	129.4
		迪坑村	4.8	19	131.7
	文亨镇	福地村	6	9.3	115.2
漳平市"台湾小镇"片区	永福镇	福里村	1	40.2	42.8
		龙车村	13	52	34.4
		后盂村	4.2	43.3	41.7

续表

县域和片区名称	涉及的乡镇或街道	涉及的村	距离镇/街道千米数	距离县（市、区）千米数	距离龙岩中心市区千米数
漳平市"台湾小镇"片区	永福镇	吕坊村	1.9	41	41.4
		李庄村	1.6	40.8	44
		西山村	4.3	43.6	45.4

资料来源：《龙岩市乡村振兴"一县一片区"建设实施方案》（岩委振兴办〔2021〕5号），"距离"根据百度地图驾车模式的推荐路线计算。

根据表2-2的数据，取各县（市、区）"一县一片区"的各行政村到镇政府、街道办事处、县政府、区政府、龙岩市政府的千米数的简单算术平均数，以体现各县（市、区）"一县一片区"的地理区位。新罗片区距离龙岩中心市区千米数最小，说明新罗片区得到市区辐射的机会最多，而武平片区距离龙岩中心市区千米数最大，说明武平片区得到市区辐射的机会最少；武平片区距离县城的千米数最小，说明武平片区得到县城辐射的机会最大，而上杭片区距离县城的千米数最大，说明上杭片区得到县城辐射的机会最小；连城片区距离镇政府最近，而长汀片区离镇政府最远（见表2-3）。

表2-3 龙岩市乡村振兴"一县一片区"的地理区位

一县一片区	离镇/街道千米数	离县（市、区）千米数	离龙岩中心市区千米数
新罗区	6.9	21.5	26.1
永定区	4.8	35.2	77.1
上杭县	4.3	56.9	36.2
武平县	6.3	14.7	129.5
长汀县	7.0	31.0	126.1
连城县	4.1	19.3	114.8
漳平市	4.3	43.5	41.6

资料来源：《龙岩市乡村振兴"一县一片区"建设实施方案》（岩委振兴办〔2021〕5号），"距离"根据百度地图驾车模式的推荐路线计算并取其算术平均值。

从2021年《龙岩市乡村振兴"一县一片区"项目汇总表》中可以看出，涉及项目最多的片区是长汀片区，而涉及项目最少的片区是漳平片区。从龙岩市乡村振兴"一县一片区"项目投入情况（见表2-4）可以发现，总投资最多的是武平"环梁野山"片区，为52415万元，最少的是漳平"台湾小镇"片区，为13922万元；平均每村投入最多的是新罗银雁片区，为9120万元，最少的是上杭红古田片区，为 1508.7 万元；平均每个项目投入最多的是新罗银雁片区，为 11400 万元，最少的是上杭红古田片区，为 934 万元。

表 2-4　龙岩市乡村振兴"一县一片区"项目投入情况

县域名称	片区名称	行政村（个）	项目数（个）	总投资（万元）	平均每村投入（万元）	平均每个项目（万元）
新罗区	银雁片区	5	4	45600	9120	11400
永定区	"土楼十里长廊"片区	8	13	48100	6012.5	3700
上杭县	红古田片区	13	21	19613	1508.7	934
武平县	"环梁野山"片区	8	21	52415	6551.9	2496
长汀县	"红旗跃过汀江·两山实践走廊"片区	12	26	50400	4200	1938.5
连城县	"红土朋口　项公故里"片区	7	22	43560	6222.9	1980
漳平市	"台湾小镇"片区	6	9	13922	2320	1546.9

资料来源：2021 年《龙岩市乡村振兴"一县一片区"项目汇总表》。

2."一县一片区"建设的主要做法

一是突出主题特色，片区化推动乡村振兴发展。龙岩七个县（市、区）的各片区围绕主题特色，因县制宜打造片区特色产业，助力片区加快振兴发展，群众持续增收。

（1）新罗片区。新罗区依托省级经济开发区厦龙山海协作经济区"工旅新城、富美银雁"的发展战略，重点打造银雁片区，同时自加压力增加城北片区。城北片区依托龙雁组团"未来城"发展，规划实施周边乡村振兴，涵盖 2 个镇（街道）的 4 个村。片区以铁山镇林邦村为先行试点，实施整村提升工程；逐步提升西陂街道的紫阳、南石、碇口 3 个村，以人居环境整治为重点，做好"两治一拆"、基础设施提升及"未来城"业态补充。2022 年，城北片区新增铁山镇的富溪村 1 个示范村。银雁片区坐落在新罗区东部，涵盖雁石、白沙、苏坂 3 个镇的 5 个村，区域总面积 53.78 平方千米，总人口 1067 户，约 3500 人，是省级经济开发区厦龙山海协作经济区所在地。片区以雁石镇益坑村为中心村，带动周边的北河村、坪洋村、白沙镇小吉村、苏坂镇黄地村，共建跨村联建示范片。2022 年，银雁片区新增雁石镇的礼邦村和楼墩村 2 个示范村。

（2）永定片区。永定区围绕"文化瑰宝·土楼人家"特色重点打造"土楼十里长廊"片区。永定区"土楼十里长廊"乡村振兴示范片区位于福建省乡村振兴特色镇——湖坑镇，包含西片村、湖坑村、新街村、洋多村、新南村、南中村、南江村、实佳村 8 个行政村，涉及人口 1.5 万人。片区内自然资源优势突出，有包括世遗土楼衍香楼及省级文保单位环极楼在内的大小土楼近百座。永定区按 4A 级旅游景区标准，以"跨村联建、村企共建"为抓手，建设"十里南溪"景观绿道、"红色小延安"研学基地等，打造集土楼观光、乡村体验、民俗狂欢、生态观光、登高探险、高端民宿体验等于一体的原生态休闲体验乡村旅游区。

（3）上杭片区。上杭县以古田会议会址为核心，按照"农村景观化、产业融合化、全域景区化"的思路，重点打造红古田片区。乡村振兴"红古田片区"建设涉及古田镇 13 个村，分别是苏家坡村、上郭车村、下郭车村、模坑村、文元村、赖坊村、荣屋村、上洋村、五龙村、溪背村、八甲村、竹岭村、吴地村。

（4）武平片区。武平县乡村振兴示范片区涵盖"环梁野山""环千鹭湖""环六甲水库"三个片区，共涉及 6 个乡镇 15 个村，分别以"梁野金花绽放·绿色林改崛起""湿地画廊·生态水乡""多彩六甲"为主题重点培育"15 朵金花"。"环梁野山"市级示范片区 8 个村分别为城厢镇云寨村、尧禄村、园丁村、东岗村、东云村、万安镇捷文村、东留镇黄坊村、永平镇梁山村。"环千鹭湖"县级示范片区 3 个村分别为中山镇太平村、阳民村、龙济村。"环六甲水库"县级示范片区 4 个村分别为武东镇六甲村、美和村、张畲村、陈埔村。

（5）长汀片区。长汀县突出水土流失治理"长汀经验"，重点打造"红旗跃过汀江·两山实践走廊"片区，同时建设"田园牧歌·七星闪耀"乡村振兴跨村联建示范片。长汀县"红旗跃过汀江·两山实践走廊"乡村振兴示范片区共涉及河田镇（露湖村、伯湖村、南塘村、窑下村）、三洲镇（三洲村、蓝坊村、小溪头村、曾坊村）、濯田镇（永巫村、河东村、水口村、梅迳村）3 个镇 12 个村，均为原全国重点水土流失区，是习近平生态文明思想的重要孕育地和早期实践地、全国水土保持典范暨国家首批"绿水青山就是金山银山"实践创新基地的核心区。"田园牧歌·七星闪耀"乡村振兴跨村联建示范片包括策武镇红江村、林田村、当坑村、濯田镇寨头村、同睦村、刘坑村、左拔村。

（6）连城片区。连城县乡村振兴"一县一片区"建设以打造"红土朋口　项公故里，耕读传家、民间故宫"为主题主线，涉及朋口镇（文坊村和朋东村）、莒溪镇（璧洲村和小莒村）、宣和镇（培田村）、罗坊乡（下罗村和邱赖村）4 个乡镇、7 个村，共 1.6 万人。片区内拥有松毛岭战地（温坊战斗）遗址、全国重点文保单位培田村、中国传统古村落璧洲村、客家乡村狂欢节"罗坊走古事"、全国最大国兰基地连城兰花博览园等丰富的红色文化、客家耕读文化和绿色生态文化资源；龙长高速公路、永武高速公路及赣龙铁路等穿境而过，319 国道、205 国道贯穿全境，冠豸山南站坐落于此，距龙岩冠豸山机场仅 20 余千米，交通区位优势明显。2022 年，连城县利用冠豸山 4A 景区资源，把推进乡村振兴与全域旅游、打造高颜值国际山水旅游度假城市结合起来，重点打造"湖光山色　冠豸氧吧　温泉康养　国际骑行"环冠豸山片区。

（7）漳平片区。漳平市围绕台湾农民创业特色重点打造"台湾小镇"片区。漳平"台湾小镇"片区聚力彰显台湾特色，推进智慧高山茶园、特色水果蔬菜产业园、花卉产业园和观光农业休闲园"四园"建设，加速打造台胞台企登陆"第一家园"示范区。

二是突出产业重点，项目化带动片区融合发展。2021 年，市委乡村振兴办出台了《龙岩市乡村振兴"一县一片区"建设实施方案》，明确了片区建设的目标要求、基本原则、重点任务、保障措施等。落实项目化推进片区建设，实行项目化运作、清单化管理、科学化调度，通过定项目、定任务、定目标、定责任、定时间的"五定"方式，提升项目精细化管理水平。

（1）突出产业发展。在片区项目策划中注重突出产业项目，通过加强产业项目管理，产业项目投资比例不低于 40%，推动各片区产业加快融合发展。新罗区城北片区的五个村，聚焦农业观光、研学教育、企业团建等产业的同时，又各有发展重点，如益坑村农耕研学、黄地村耕读研学、北河村禅意研学发展得如火如荼。银雁片区结合当地村庄特色及基础，将各村分别定位为"乡村振兴会客厅""乡村振兴后花园"，由此规划发展特色产业。截至 2021 年 11 月底，城北片区项目年度累计完成投资 3875 万元，完成年度计划的 105%；银雁片区项目年度累计完成投资 7170 万元，完成年度计划的 112%，17 个项目已竣工交付使用。根据最新的项目清单（含 2022 年新增试点村项目），城北片区共 40 个项目，计划投资 2.46 亿元；银雁片区共 41 个项目，计划投资 2.62 亿元。永定"土楼十里长廊"片区采用"公司化运作，项目化快速推进"方式，与福建土楼沟文化旅游开发有限公司开展村企结对共建活动，规划实施土楼沟旅游休闲"快慢"双线等 13 个乡村振兴项目建设，总投资 4.81 亿元，已建成土楼民宿、南江网红小火车、苍听野奢营地等，正在规划建设西片下南溪至实佳老公路"白改黑"电瓶车道、集镇至实佳村游步道、笔架山玻璃连廊等项目。上杭县红古田片区策划项目 37 个，总投资 4.39 亿元，初步建成"千亩花田景—红色核心区—福村新五龙—研学趣竹岭"连片风景线。长汀县"红旗跃过汀江·两山实践走廊"按照示范片区 12 个村"一盘棋"的思路，把产业项目建设纳入连片打造整体规划，实施连片开发、抱团发展。12 个村共同谋划实施产业项目 79 个，通过"企业（经营主体）+ 村集体 + 农户"等模式，预计每年可带动 4261 户农户实现户均增收 1 万元以上。连城"红土朋口　项公故里"片区深入实施特色现代农业"3212"工程，积极扶持发展红心地瓜、白鸭、兰花、铁皮石斛等"十个一"富硒特色优势产业，推动一二三产融合发展，打造农业全产业链条。如片区内鑫程食品与国药集团达成战略合作，白鸭精深加工项目实现产值 5000 万元以上；朋口镇实施"百千亿工程"，建成兰花展示门店 44 家，种植面积共 2000 余亩，2021 年销售收入达 1.89 亿元，总产值突破 13.22 亿元。2021 年，片区内实施项目 22 个，完成投资 1.49 亿元，完工率 100%。如文坊村重点打造"项公故里党旗红"红色文化教育基地，实施建设"国家安全教育基地——项与年生平事迹馆"等 5 个项目，全年完成投资 1190.54 万元。武平"一县一片区"项目 21 个，2021 年总投资 1.82 亿元。片区持续培育和壮大主导产业、特色产业，重点打造武平百香果、东留（黄坊）富贵籽和芙蓉李、武平（捷文）紫灵芝、尧禄鹰嘴桃、梁山西瓜等地标性特色品牌农产品，突出抓好林下经济、花卉苗木等优势产业，大力发展生态休闲、农耕体验、森林康养等特色乡村旅游业。漳平台湾农民创业园积极探索两岸融合发展新路，借助樱花品牌，加快推进樱花茶园提升改造和"台湾小镇"建设。台品樱花茶园面积达 1800 多亩，年产茶超 10 万千克。除了种茶业，台品樱花园还发展观光旅游业。高优精致农业结合乡村旅游、休闲观光、现代农业的新模式，台品樱花茶园已形成"十里樱花、万亩茶园"的浪漫壮观景象。

　　（2）突出三产融合。各片区根据发展优势和特色，加快促进一二三产融合发展。新罗区在城北片区聚焦农业观光、企业团建等产业，加快推进菜菜姐亲子乐园、富溪大峡谷等项目，全力打造集食、住、行、游、购、娱于一体的片区，成功举办了"全民乐购　幸福龙岩活动"，赢得市民高度关注与热烈反响。永定区"土楼十里长廊"片区紧抓农业与二三产业深度融合，在水稻、烤烟等传统农业的基础上，加大力度培育洋多千亩辣椒种植基地及实佳规模化蛋鸡养殖基地等农业产业，不断推动一产增效，提高农产品附加值。古田整合文旅康养资源，拓展旅游景区和产业链，做大做优做强红色旅游、红色培训、红色研学等特色产业。以古田干部学院为龙头，加快古干院二期等院校基地建设，挖掘开发苏家坡、五龙、竹岭等村级特色培训点，打造古田特色培训产业链。苏家坡村建设畲家贵妃农庄省级中小学生研学实践教育基地，竹岭村建成喊泉、水上单车、秋千等网红打卡娱乐项目，扩宽了研学产业链。长汀片区围绕河田鸡、优质稻、槟榔芋、杨梅、黄花远志、油茶等特色优势产业，不断延伸农业产业链，打造产、供、加、销全产业链条，推动一二三产融合发展、农业生产全环节升级，加快形成从"田间"到"餐桌"的现代化农业全产业链格局。连城围绕培田古村落 4A 级景区提升、松毛岭战地遗址公园等设施建设和兰花产业带、白鸭深加工、中草药及仙草种植加工等产业业态培育项目。比如，集住宿、餐饮、娱乐、研学、中草药种植于一体的萱和谷本草还原生态产业园是招商引资建设的省重点项目，建设总规模3500 余亩，总投资 4 亿元，致力于打造生态原生中草药材种植与森林康养相结合的乡村旅游项目。武平片区促进"农业产业＋乡村旅游业＋产品加工业"融合发展。比如，声名远扬的全国林改策源地捷文村，紧紧围绕深入学习贯彻习近平总书记对武平林改、捷文村群众来信的系列重要指示批示精神，风风火火植树造林，大力发展紫灵芝、阔叶树育苗、养蜂、中草药等林下经济和林产品精深加工，开展研学旅行和乡村旅游，获得了"国家森林乡村""全国乡村旅游重点村""福建省乡村振兴试点村""福建省乡村治理示范村""省级'一村一品'（灵芝）示范村"等荣誉称号，在乡村振兴的新征程中把林改故事越说越精彩。依托国家级漳平台湾农民创业园平台，全力推进"台湾特色小镇"、省级现代茶业产业园等项目建设，大力发展乡村休闲旅游、农村电商等新产业新业态，着力打造产业融合示范样板，带动全市农业产业多元化发展，一二三产业融合初显成效。台创园连续四年在全国台创园建设考评中获得第 1 名。获批创建"国家级电子商务进农村示范县"，永福镇获评福建"全域生态旅游小镇""中国最美樱花胜地"，象湖镇森林康养基地入选全国森林康养基地建设试点。

（3）突出富民增收。注重把项目的谋划落实与促进农民增收结合起来，实实在在促进富民增收。新罗区龙雁组团北部"未来城"与东部"银雁新城"已进入全面建设招商阶段，银雁新城入驻企业越来越多，用工需求也越来越大，村民工作不用去远方，"家门口"就有大量工作岗位。有着丰富历史人文底蕴的银雁片区将雁石镇辖区内北河、坪洋、益坑 3 个村定位为"会客厅"，实现日游北河、夜市坪洋、夜宿益坑的"一条龙"服务；白沙小吉、苏坂黄地 2 个村定位为"后花园"，在小吉建设云野涧冰雪研学旅行营地项目，黄地开发研学体验旅游，让乡村在新时代绽放出璀璨光华，让乡亲们享受到更多发展红利。永定区"土楼十里长廊"片区聚焦"乡村旅游＋民宿"，引进读旅、香叙、腾讯等公司，对"非世遗"土楼进行改造提升，成功打造了朝阳楼、东昌楼、升恒楼、长源楼、环兴楼等一批土楼民宿，让沉睡多年的土楼"活"了起来。2021 年，片区旅游业蓬勃发展，拉动了 3000 余人次就业，人均收入 26419 元，比增 6.3%。上杭县红古田片区建设千亩油菜花欢乐谷，实现当年开工当年竣工，开园以来，累计接待游客 15 余万人次，带动旅游综合收入 2000 余万元，相关推文和小视频的点击率超过 200 万次，解决近百人就业创业，并入选央视"2021 我最喜爱的赏花地"。长汀县"红旗跃过汀江·两山实践走廊"，单单三洲镇丰盈美丽生态农场就流转荒山种植水果 3200 余亩，常年吸纳周边农户 100 余人就业，年发放农民工工资 400 余万元。在河田鸡主产地，把废弃矿山建成花园式养鸡场的致富带头人蓝晓红，通过成立养鸡专业合作社、牵头组建河田鸡产业协会，扶持发展起河田鸡养殖场 18 家。她的蓝秀鸡场目前年产鸡苗 200 万羽以上、肉鸡 10 万余羽，年产值约 1500 万元。她还主动帮扶 22 户贫困户走上养殖之路，送鸡苗、无偿提供技术指导、鸡苗养大后保价回收，带领他们快速脱贫致富。连城县环冠豸山片区以冠豸山联合申报世界地质公园为契机，大力发展生态休闲、客家文旅、温泉康养等旅游业，扶持游客集散中心、农家乐、民宿客栈、农副产品、文创产品陈列馆等项目建设，有力带动片区内群众实现富民增收。单培田村就已办起了 30 多家民宿，大大满足了游客的需求，促进了村民增收。武平片区加快推动"美丽资源"向"美丽经济"转变，让更多村民通过发展乡村旅游、农业产业实现增收致富。东留镇的富贵籽种植面积达 1 万多亩，占据了全国 95% 以上的销售市场，使该镇成为名副其实的"中国富贵籽之乡"，富贵籽产业有效带动了村集体经济的发展。比如，富贵籽已成为黄坊村乡村振兴路上货真价实的致富"花"，全村种植花卉面积已达 860 亩，产值达 3600 万元。黄坊村村企——武平县黄坊实业发展有限公司还联合福建梁野久谣农业科技有限公司研发出"全李宴"，目前该公司实现年产芙蓉李、百香果等果酒 40 万千克，年产值达 1600 多万元，有效带动了 1 万多亩芙蓉李稳定种植，保底价支持 59 户贫困户销售芙蓉李，直接解决了 126 名周边劳动力就业。漳平台湾农民创业园已成为台商个体在大陆投资最密集的区域、中国大陆最大的高山乌龙茶生产基地，目前入驻台企 76 家、台农 600 多人，其中规模以上茶企 23 家，高山茶基地 48 个，年产茶 1600 多吨，实现产值 7.2 亿元人民币。

三是突出机制创新，多样化积累乡村振兴经验。龙岩市建立乡村振兴指导员制度，下派 7 名处级乡村振兴指导员蹲点在"一县一片区"的主要乡镇，专职开展片区建设工作。市、县两级成立了乡村振兴"一县一片区"指导组和综合协调组，着重解决实施乡村振兴战略过程中人才短缺、政策不明、方向不准、技术屏障等问题。将"一县一片区"列入全市"三重"工作、60 个重中之重项目、重点项目、乡村振兴年度实绩考核重点内容，加大推进力度。实行"一月一通报、一季一约谈"，市委乡村振兴办不定期分组深入 7 个县（市、区）进行"一县一片区"暗访调研，组织开展"两治一拆"县域交叉检查，发现问题建立清单、限期整改，有力推动片区建设。大部分县（市、区）组建了片区建设工作专班，通过机制创新，各县（市、区）涌现出不少片区化推进乡村振兴的有效模式和经验。

（1）新罗片区充分利用"跨镇（街）联建""大工委"联席会议制度，牢固树立镇、村主体责任意识，持续优化"部门＋国企"帮扶机制，推动互动交流、资金支持、责任落实。

（2）永定区加强党建引领，实施跨村联建、村企联盟，通过组织联建、思路联通、发展联促、民生联办、文明联创，实现资源共享、优势互补、协同发展。

（3）上杭县突出纵横联动，建立起县直、镇村、企业、群众"四方"联动机制，从县委县政府、古田管理中心、古田梅花山文旅康养试验区，到圣地旅投等企业，再到县直部门、镇村干部、村民群众，明确工作职责，压紧压实责任，密切配合，无缝对接。

（4）长汀县以"五比五赛"方式，推进示范片建设，形成各村比学赶超工作氛围，以"三问于民"方式，激发村民的内生动力，进一步动员村民主动投身乡村振兴的积极性，以"七个一"片区上下联动推进工作机制，构建形成"县级组织推动、乡镇具体落实、部门合力共为、村级主体实施、村民积极参与"的工作格局。

（5）连城实行强党建、建机制，连城县委成立由主要领导任组长的工作领导小组，各相关乡（镇）、村相应成立工作专班，形成由县委统一领导，乡（镇）、村分级负责，层层抓落实的工作体系。每个乡（镇）安排1名县领导挂钩指导、每个村安排1个县直单位挂钩服务，每两周召开一次县、乡（镇）推进会，县委、县政府主要领导每季度至少召开1次现场推进会，推动示范片区各项建设目标任务落实落细，确保乡村振兴工作有力推进。

（6）武平县"环梁野山"片区建立乡镇主要领导每半个月推进、挂片县领导每个月推进、指挥部每两个月推进、县委县政府每季度推进的工作推进机制；建立示范片建设专题点评会制度，形成各示范片之间、示范片内各示范村之间比学赶超良好氛围，激发干部群众投身乡村振兴的热情；同时，采取"体验性＋社会性＋专班干"模式，探索"＋旅游""＋运营"机制，积极向上争取支持，推动项目早日建成；建立示范片区工作专班，成立跨村联建党组织"环梁野山试验区党总支"，强化党组织引领乡村振兴，通过"五联共促"，规划一张图、政策一个样、资金一个盘、党群一条心，实现共管共治、共建共享，形成县乡村上下贯通、一体推进示范片区建设工作体系。

（7）漳平台创园区党工委根据台商台企的实际情况梳理完善"惠台政策"服

务手册，挂钩服务的党员每个月都会为台商进行针对性政策解读，自贷款贴息政策实施以来，累计为台企发放贷款贴息 1306 万元；地方党政部门持续落实台企农产品加工享受农业用电优惠政策，为台企节省成本 80 万元以上；设立"福农驿站（台胞驿站）"提升"金融服务樱花卡"服务质效，助力台商台胞通过"金融服务绿色通道"享受优质金融服务。

四是突出环境整治，景观化促进片区环境提升。龙岩市将片区内村庄优先列入全市"两治一拆"农村人居环境整治专项行动整治范围，全面开展治理空心房、治理裸房、拆除违法建筑，围绕整体提升村容村貌，落实村庄"五清楚"（扫清楚、拆清楚、分清楚、摆清楚、粉清楚），计划到 2025 年完成 550 个村的治理任务，其中 2021 年完成整治 249 个村。通过开展专项行动，各片区人居环境持续提升，不少村落打造出富有乡土气息的乡村新景观。

（1）新罗城北片区借"未来城"建设东风，突出服务园区、互促互补，试点建设城乡融合型的城郊片区，有力推进"市民反哺农民""工业反哺农业"。银雁片区在做大做强山海协作产业园区的同时，依托九龙江主支流开发，挖掘、利用古村落丰厚文化底蕴、红色基因、生态资源，加快一二三产融合发展，试点建设工贸带动型的农村片区。

（2）永定洪坑"土楼十里长廊"片区围绕"全镇景区化、景区全域化"，重抓乡村治理，全力推进"两治一拆"人居环境整治工作，以洋多村、实佳村为建设示范点，按照"边宣传、边整治、边引导"的工作思路，落实村庄"七清楚"，以点带面连线，扎实推进农村人居环境整治工作。

（3）红古田片区按照"农村景观化、产业融合化、全域景区化"的思路科学编制规划。通过规划引领，切实推进红色文化产业和绿色生态产业协同发展，实现古田梅花山文旅康养试验区和"一县一片区"建设相辅相成、融为一体。

（4）长汀县"红旗跃过汀江·两山实践走廊"片区充分利用"两治一拆"后的闲置空间建设小菜园、小果园、小花园、小公园、小游园、小养殖舍"五园一舍"，打造"村庄周围森林化、村内道路林荫化、村民庭院花果化、村内绿地宜人化、河溪公路风景化"的"五化"美村，2022 年曾坊村获评市级十佳农村人居环境整治村。

（5）连城持续深化农村人居环境整治提升五年行动，全面开展"两治一拆"专项行动，围绕整体提升村容村貌，落实村庄"五清楚"（扫清楚、拆清楚、分清楚、摆清楚、粉清楚），努力实现片区村庄面貌"目之所及，焕然一新"。

（6）武平加强农村生态文明建设，深化农村人居环境整治五年提升行动，在示范片内全面推进"两治一拆"专项行动；持续推广"垃圾兑换超市"、"水陆保洁一体化"、"五位一体"联合巡查执法等农村人居环境整治创新模式；推广捷文森林优势、尧禄3D彩绘、梁山西瓜小镇等独特新颖的创意，塑造特色村容村貌；开展"美丽宜居村庄"和"美丽庭院"示范创建活动；实施村庄绿化美化行动，推进"绿盈乡村"建设；已初步建成环梁野山片区、环千鹭湖片区和环六甲片区三大示范片区"15朵金花"。

（7）漳平市"台湾小镇"片区聚力彰显台湾特色，加快台品樱花茶园提升、闽台缘花卉展示中心电商运营园、海台缘山庄等台湾元素项目建设，推进智慧高山茶园、特色水果蔬菜产业园、花卉产业园和观光农业休闲园"四园"建设，打造台胞台企登陆"第一家园"示范区。"台湾特色小镇"片区16村已实现空心房、临时搭盖拆除目标任务"清零"。

第二节 闽西乡村振兴实践的总体成效

通过乡村振兴实践，闽西老区的农村居民人均可支配收入增幅较大、农林牧渔业产值总体呈增长态势、美丽乡村与生态建设富有成效，乡村振兴试点示范不断推进，福建省委农村工作领导小组公布的2023年度福建省乡村振兴实绩考核结果显示，龙岩市排名第一，实现两连冠。为了更好地发现闽西乡村振兴实践的总体成效，本书把全域属于原中央苏区的龙岩、三明、南平和全域属于闽东苏区的宁德四个市放在一起进行比较（以下简称苏区四市）。

一、农村居民人均可支配收入增幅较大

从龙岩、三明、南平、宁德苏区四市的农村居民人均可支配收入的构成情况来看（见表2-5），2022年与2018年相比，苏区四市的农村居民人均可支配收入增幅都较大，龙岩的农村居民人均可支配收入增长42.28%，位列第二，增长量为7253元，位列第一；龙岩农村居民的工资性收入、经营净收入、财产净收入无论是增长率还是增长量都位列第二，转移净收入无论是增长率还是增长量都位列第三。龙岩在农村居民转移净收入排名靠后的情况下，农村居民人均可支配收入增长率位列第二、增长量位列第一，说明龙岩的农村居民人均可支配收入增幅相对更大。

表2-5　苏区四市2018年和2022年农村居民人均可支配收入构成情况

单位：元

苏区四市	人均可支配收入	工资性收入	经营净收入	财产净收入	转移净收入
龙岩（2018年）	17154	6746	8274	210	1924
龙岩（2022年）	24407	9447	11756	312	2892
三明（2018年）	16601	6273	8403	334	1592
三明（2022年）	23228	8453	11131	547	3096
南平（2018年）	15868	5777	8698	160	1233
南平（2022年）	21782	8511	10505	211	2555
宁德（2018年）	16147	5126	9232	186	1604
宁德（2022年）	23102	7076	13462	254	2309
龙岩增长率（%）	42.28	40.04	42.08	48.57	50.31
三明增长率（%）	39.92	34.75	32.46	63.77	94.47
南平增长率（%）	37.27	47.33	20.77	31.88	107.22
宁德增长率（%）	43.07	38.05	45.82	37.03	44.01

资料来源：根据苏区四市相关年份统计年鉴的数据整理。

二、农林牧渔业产值总体呈增长态势

从苏区四市2018年和2022年农林牧渔业产值构成情况来看（见表2-6），2022年与2018年相比，福建苏区四市的农林牧渔业产值总体呈增长态势。农林牧渔业总产值方面，宁德增长最多，为31.32%，龙岩增长了29.62%，位列第二；农业总产值方面，南平增长最多，为26.12%，龙岩增长了23.29%，位列第三；林业总产值方面，南平增长最多，为16.80%，龙岩增长了12.77%，位列第二；牧业总产值方面，三明增长最多，为81.29%，龙岩增长了39.64%，位列第三；渔业总产值方面，宁德增长最多，为39.04%，龙岩增长了34.71%，位列第二；农林牧渔专业及辅助性活动方面，宁德增长最多，为31.43%，龙岩增长了30.31%，位列第二。

表2-6　苏区四市2018年和2022年农林牧渔业产值构成情况

单位：万元

苏区四市	农林牧渔业总产值	农业	林业	牧业	渔业	农林牧渔专业及辅助性活动
龙岩（2018年）	4213506	1548134	576611	1886798	106416	95547
龙岩（2022年）	5461407	1908627	650271	2634650	143348	124512

续表

苏区四市	农林牧渔业总产值	农业	林业	牧业	渔业	农林牧渔专业及辅助性活动
三明（2018 年）	4604479	2587919	1160209	517913	228894	109545
三明（2022 年）	5731859	3239784	1135581	938938	275363	142192
南平（2018 年）	5140225	1966282	1053468	1742611	200534	177330
南平（2022 年）	6409002	2479808	1230452	2258464	210738	229540
宁德（2018 年）	5264847	2112125	311229	271543	2468271	101679
宁德（2022 年）	6913841	2593850	342611	411827	3431913	133640
龙岩增长率（%）	29.62	23.29	12.77	39.64	34.71	30.31
三明增长率（%）	24.48	25.19	−2.12	81.29	20.30	29.80
南平增长率（%）	24.68	26.12	16.80	29.60	5.09	29.44
宁德增长率（%）	31.32	22.81	10.08	51.66	39.04	31.43

资料来源：根据苏区四市相关年份统计年鉴的数据整理。

三、和美乡村与人居环境建设富有成效

福建苏区四市以落实《福建省农村人居环境整治三年行动实施方案》为抓手，结合学习推广"千万工程"（"千村示范、万村整治"工程）经验，扎实抓好中央、省生态环保督察反馈意见整改，推动"一革命四行动"实施，不断加强农村人居环境与宜居宜业和美乡村建设，成效显著。以苏区四市 2018 年和 2022 年农业主要物耗及农作物播种面积为例，在农作物播种面积增加的情况下，农药使用量和农用化肥施用量都在减少（见表 2-7）。2022 年与 2018 年相比，农作物播种面积方面，三明增加最多，为 8.61%，龙岩增加 7.72%，位列第二；农药使用量方面，南平降低率最多，为 14.25%，龙岩降低 11.58%，位列第三；农用化肥施用量方面，南平降低率最多，为 11.10%，龙岩降低 10.35%，位列第三。

表 2-7　苏区四市 2018 年和 2022 年农业主要物耗及农作物播种面积

苏区四市	农药使用量（吨）	农用化肥施用量（折纯吨）	农作物播种面积（亩）
龙岩（2018 年）	5050	107376	3122544
龙岩（2022 年）	4465	96263	3363550

续表

苏区四市	农药使用量（吨）	农用化肥施用量（折纯吨）	农作物播种面积（亩）
三明（2018 年）	5003	124830	4395798
三明（2022 年）	4483	113419	4774226
南平（2018 年）	8498	145322	2811654
南平（2022 年）	7287	129197	2883504
宁德（2018 年）	5190	88025	2459217
宁德（2022 年）	4482	78612	2609024
龙岩增长率（%）	−11.58	−10.35	7.72
三明增长率（%）	−10.39	−9.14	8.61
南平增长率（%）	−14.25	−11.10	2.56
宁德增长率（%）	−13.64	−10.69	6.09

资料来源：根据苏区四市相关年份统计年鉴的数据整理。

四、乡村振兴试点示范不断推进

福建苏区四市不断推进乡村振兴试点示范。在 2019 年的《福建省乡村振兴试点示范工作方案》中，福建苏区四市共有 26 个县（市、区）、48 个乡（镇）、440 个村列入试点示范，其中龙岩有 5 个县（区）、12 镇、110 个村列入试点示范。《全省乡村振兴示范乡镇、示范村创建工作方案》提出，在 2022 年至 2026 年申报创建期，每年组织申报创建 40 个乡村振兴示范乡镇、500 个乡村振兴示范村，在 2022 年度全省乡村振兴示范乡镇创建名单中，福建苏区四市共有 20 个乡镇（其中龙岩 5 个），2022 年度全省乡村振兴示范村创建名单中，福建苏区四市共有 256 个村（其中龙岩 63 个）；在 2023 年度（总第 2 批）全省乡村振兴示范乡镇创建名单中，福建苏区四市共有 20 个乡镇（其中龙岩 5 个），2023 年度（总第 2 批）全省乡村振兴示范村创建名单中，福建苏区四市共有 256 个村（其中龙岩 63 个）。不少乡村通过试点建设，获得省级、国家级表彰或示范推广。比如，2019 年度福建省乡村振兴重点特色乡（镇）名单当中，三明沙县夏茂镇、龙岩上杭县古田镇在列，2019 年度福建省乡村振兴实绩突出村名单当中，三明市 13 个、南平市 11 个、龙岩市 13 个、宁德市 15 个；2020 年度福建省乡村振兴重点特色乡（镇）名单当中，南平延平区王台镇、三明泰宁县梅口乡、龙岩武平县城厢镇、宁德蕉城区赤溪镇在列，2020 年度乡村振兴实绩突出村名单当中，三明市 13 个、南平市 11 个、龙岩市 13 个、宁德市 15 个；2021 年度福建省乡村振兴重点特色乡（镇）名单当中，三明将乐县高唐镇、龙岩漳平市永福镇、南平邵武市和平镇、宁德福鼎市点头镇在列，2020 年度乡村振兴实绩突出村名单当中，三明市 13 个、南平市 11 个、龙岩市 13 个、宁德市 15 个；2022 年度福建省乡村振兴重点特色乡（镇）名单当中，三明三元区岩前镇、南平松溪县郑墩镇、龙岩永定区湖坑镇、龙岩连城县朋口镇、宁德屏南县熙岭乡、宁德霞浦县三沙镇在列，2022 年度乡村振兴实绩突出村名单当中，三明市 13 个、南平市 11 个、龙岩市 13 个、宁德市 15 个。

闽西龙岩在乡村振兴实践过程中获得国家级荣誉或试点示范推广的主要包括以下九个：

（1）全国乡村旅游重点村镇和全国乡村旅游精品线路。文化和旅游部 2019 年 7 月公布第一批 320 个全国乡村旅游重点村名录，龙岩市连城县宣和乡培田村在列；2020 年 8 月公布第二批 680 个全国乡村旅游重点村名录，龙岩市武平县城厢镇云寨村、新罗区小池镇培斜村、永定区陈东乡岩太村、武平县万安镇捷文村在列；2021 年 8 月公布全国乡村旅游重点村镇名录的第三批 199 个全国乡村旅游重点村名单和第一批 100 个全国乡村旅游重点镇（乡）名单，龙岩市永定区湖坑镇南江村在列；2022 年 11 月公布第四批 200 个全国乡村旅游重点村和第二批 98 个全国乡村旅游重点镇（乡）名单，龙岩市长汀县南山镇中复村、永定区湖坑镇在列。2022 年，文化和旅游部、共青团中央联合推出 128 条 "稻花香里说丰年" 全国乡村旅游精品线路，龙岩的 "农文旅　迎大会　圣地欢乐之旅" 成为其中一条线路；文化和旅游部推出 2023 年第二期 "乡村四时好风光" 全国乡村旅游精品线路 143 条，其中龙岩有 2 条线路分别入选 "农耕返璞""茶香萦怀"两个分主题；2024 年文化和旅游部推出 82 条 "岁时节令　自在乡村" 全国乡村旅游精品线路，开启新一年 "乡村四时好风光" 线路之旅，龙岩市永定区 "畅游永定土楼　体验非遗民俗之旅" 入选。

（2）中国美丽休闲乡村。农业农村部办公厅公布 2018 年中国美丽休闲乡村共 150 个，龙岩市新罗区小池镇培斜村在列；公布 2019 年中国美丽休闲乡村共 260 个，龙岩市武平县城厢镇云礤村在列；公布 2021 年中国美丽休闲乡村 254 个和 2010~2017 年中国美丽休闲乡村监测合格 532 个乡村，龙岩市永定区湖坑镇南江村在列；公布 2022 年中国美丽休闲乡村共 255 个，龙岩市长汀县南山镇中复村在列；公布 2023 年中国美丽休闲乡村共 256 个，龙岩漳平市溪南镇东湖村在列。

（3）国家级"一村一品"示范村镇及特色产业十亿元镇和亿元村。农业农村部2018年公布前六批全国"一村一品"示范村镇监测合格（1809个）和第八批示范村镇（300个）名单，龙岩市永定区仙师镇（永定六月红早熟芋）为示范镇，永定区金砂乡上金村（美蕉）、永定区仙师镇务田村（永定六月红早熟芋）、漳平市吾祠镇厚德村（厚德萝卜）、漳平市南洋乡（漳平水仙茶）、漳平市永福镇（台品高山茶）、漳平市拱桥镇（福上界莲子）、上杭县稔田镇（蓉湖红肉蜜柚）、上杭县下都镇（下都沙田柚）、连城县北团镇石丰村（连城白鸭）监测合格；2019年公布第九批"一村一品"示范村镇名单（442个），龙岩市连城县林坊镇（地瓜）、武平县东留镇（芙蓉李）在列；2020年公布第十批全国"一村一品"示范村镇（423个）及2021年全国特色产业十亿元镇（91个）和亿元村（136个）名单，龙岩市新罗区小池镇培斜村（竹制品）、长汀县河田镇（河田鸡）、上杭县湖洋镇文光村（脐橙）、武平县桃溪镇（绿茶）、连城县四堡镇（芙蓉李）、漳平市南洋镇梧溪村（水仙茶）为示范村镇，龙岩市连城县朋口镇为十亿元镇；2021年公布第十一批全国"一村一品"示范村镇（399个）及2021年全国特色产业十亿元镇（174个）和亿元村（249个）名单，龙岩市连城县姑田镇（竹文化）、新罗区适中镇（山麻鸭）、武平县中堡镇梧地村（象洞鸡）为市场镇，连城县朋口镇为十亿元镇，漳平市南洋镇梧溪村、新罗区小池镇培斜村为亿元村；2023年公布第十二批全国"一村一品"示范村镇（395个）及2022年全国乡村特色产业产值超十亿元镇（199个）和超亿元村（306个）名单，龙岩市连城县朋口镇朋东村（兰花）为"一村一品"示范村，连城县朋口镇（兰花）为超十亿元镇，连城县朋口镇朋东村（兰花）、新罗区小池镇培斜村（竹制品）、漳平市南洋镇梧溪村（水仙茶）为超亿元村。

（4）全国乡村治理示范村镇。中央农村工作领导小组办公室、农业农村部、中央宣传、民政部、司法部2019年认定99个乡（镇）为第一批全国乡村治理示范乡镇、998个村为第一批全国乡村治理示范村，龙岩市上杭县古田镇以及长汀县策武镇南坑村、连城县宣和乡培田村、永定区湖坑镇南江村、漳平市永福镇西山村在列；2021年认定100个乡（镇）为第二批全国乡村治理示范乡镇、994个村（嘎查）为第二批全国乡村治理示范村，龙岩市新罗区雁石镇益坑村、长汀县河田镇露湖村、上杭县古田镇苏家坡村、武平县东留镇黄坊村、连城县朋口镇文坊村、漳平市赤水镇香寮村在列；2023年公布100个乡（镇）为第三批全国乡村治理示范乡镇、1001个村为第三批全国乡村治理示范村，龙岩市上杭县才溪镇以及新罗区小池镇何家陂村、永定区抚市镇鹊坪村、长汀县三洲镇三洲村、连城县姑田镇大洋地村、漳平市南洋镇梧溪村在列。

（5）农业产业融合发展项目。农业农村部、财政部公布的2020年农业产业强镇建设名单（259个）中，新罗区大池镇、连城县北团镇、长汀县河田镇在列；2021年农业产业融合发展项目创建名单中，漳平市南洋镇作为298个农业产业强镇之一进行创建；公布2022年农业产业融合发展项目创建名单（国家现代农业产业园50个、优势特色产业集群40个、农业产业强镇200个），漳平市现代农业产业园、闽西禽蛋产业集群、上杭县中都镇在列；公布2022年农业产业融合发展项目创建名单（国家现代农业产业园50个、优势特色产业集群40个、农业产业强镇200个），永定区下洋镇在列。

（6）全国名特优新农产品。农业农村部"全国名特优新农产品名录收集登录信息系统"发布全国名特优新农产品名录，2020年第二批上杭金花茶入选，2020年第三批上杭贵妃鸡、上杭石潭鸡、武平芙蓉李入选；2021年第一批长汀河田鸡、上杭通贤乌兔入选，2021年第二批长汀腐竹、长汀米粉、漳平水仙茶、永福高山茶入选，2021年第三批连城红衣花生入选；2022年第一批连城白鸭入选，2022年第二批漳平香菇入选，2022年第三批连城白鸭蛋入选；2023年第二批冠豸山铁皮石斛、漳平毛木耳入选，2023年第三批新罗金花茶、永定肉牛、上杭槐猪入选；2024年第一批上杭萝卜干入选。

（7）"四好农村路"全国示范县。交通运输部、农业农村部、国务院扶贫办2019年决定命名83个县（市、区）为"四好农村路"全国示范县，上杭县在列；交通运输部、农业农村部、国家邮政局2024年2月公布第四批"四好农村路"全国示范县创建结果，命名195个县级行政单位为"四好农村路"全国示范县，武平县在列。

（8）国家级农村综合性改革试点试验。2019年7月，上杭县古田镇被财政部列为全国农村综合性改革试点试验区域，这是龙岩市首次被列入全国农村综合性改革试点试验区域的县（市、区），三年共计获财政部补助资金7500万元，进一步推动当地乡村振兴项目落到实处；武平县作为福建省唯一代表申报2023年国家级农村综合性改革试点试验项目并成功入选，武平县农村综合改革试点试验总投资4.54亿元，可获中央财政补助资金1.5亿元，省级财政将根据项目实施情况另行给予绩效奖补。

（9）文化产业赋能乡村振兴试点。2023年10月，文化和旅游部、教育部、自然资源部、农业农村部（国家乡村振兴局）确定首批63个文化产业赋能乡村振兴试点名单，龙岩市永定区在列。

第三节　闽西乡村振兴实践的难点问题

一、城乡差距较大

从 2013 年、2018 年和 2022 年福建苏区四市城镇与农村居民人均可支配收入的比较来看，虽然城乡收入差距逐步缩小，但差距依然较大（见表 2-8）。2013 年，农村与城镇居民人均可支配收入比最小的是南平，为 45.3%，最大的是宁德，为 46.1%，龙岩为 45.6%，位列第三；2018 年，农村与城镇居民人均可支配收入比最小的是三明，为 47.6%，最大的是宁德，为 49.0%，龙岩为 48.0%，位列第三；2022 年，农村与城镇居民人均可支配收入比最小的是三明，为 52.0%，最大的是宁德，为 54.0%，龙岩为 53.1%，位列第二。2022 年与 2013 年相比，福建苏区四市农村与城镇居民人均可支配收入差距年均缩小不到 1%，龙岩农村与城镇居民人均可支配收入差距缩小 7.5%，位列第三，相对较慢。

表 2-8　2013 年、2018 年和 2022 年苏区四市城乡居民人均可支配收入比较

苏区四市	城镇居民人均可支配收入（元）	农村居民人均可支配收入（元）	农村 / 城镇（%）
龙岩（2013 年）	23788	10842	45.6
龙岩（2018 年）	35759	17154	48.0
龙岩（2022 年）	45990	24407	53.1
三明（2013 年）	22890	10530	46.0
三明（2018 年）	34862	16601	47.6
三明（2022 年）	44627	23228	52.0
南平（2013 年）	22121	10031	45.3
南平（2018 年）	32484	15868	48.8
南平（2022 年）	41101	21782	53.0
宁德（2013 年）	21965	10121	46.1
宁德（2018 年）	32921	16147	49.0
宁德（2022 年）	42749	23102	54.0

资料来源：根据苏区四市相关年份统计年鉴的数据整理。

二、区域差距较明显

从 2018 年和 2022 年福建苏区四市居民人均可支配收入与福州、厦门的比较来看,苏区四市与省内发达地区的区域差距还是很明显的(见表 2-9)。2018 年,苏区四市居民人均可支配收入与福州相比,最高的龙岩占福州的 74.2%,最低的宁德只占福州的 69.6%;苏区四市居民人均可支配收入与厦门相比,最高的龙岩占厦门的 51.5%,最低的宁德只占厦门的 48.3%。2022 年,苏区四市居民人均可支配收入与福州相比,最高的龙岩占福州的 76.2%,最低的南平只占福州的 70.2%;苏区四市居民人均可支配收入与厦门相比,最高的龙岩占厦门的 52.0%,最低的南平只占厦门的 47.9%。2022 年与 2018 年相比,龙岩与福州的差距才缩小 2 个百分点,与厦门的差距才缩小 0.5 个百分点;三明与福州的差距才缩小 1.3 个百分点,与厦门的差距才缩小 0.1 个百分点;南平与福州的差距还扩大了 0.5 个百分点,与厦门的差距扩大了 1.2 个百分点;宁德与福州的差距才缩小 2.5 个百分点,与厦门的差距才缩小 0.9 个百分点。

表 2-9　2018 年和 2022 年苏区四市居民人均可支配收入与福州、厦门的比较

市域	居民人均可支配收入(元)	市域	居民人均可支配收入(元)
龙岩(2018 年)	26247	宁德(2018 年)	24631
龙岩(2022 年)	35385	宁德(2022 年)	33473
三明(2018 年)	26200	福州(2018 年)	35376
三明(2022 年)	34994	福州(2022 年)	46418
南平(2018 年)	25012	厦门(2018 年)	50948
南平(2022 年)	32594	厦门(2022 年)	67999
龙岩 / 福州(2018 年)	0.742	龙岩 / 厦门(2018 年)	0.515
龙岩 / 福州(2022 年)	0.762	龙岩 / 厦门(2022 年)	0.520
三明 / 福州(2018 年)	0.741	三明 / 厦门(2018 年)	0.514
三明 / 福州(2022 年)	0.754	三明 / 厦门(2022 年)	0.515
南平 / 福州(2018 年)	0.707	南平 / 厦门(2018 年)	0.491
南平 / 福州(2022 年)	0.702	南平 / 厦门(2022 年)	0.479
宁德 / 福州(2018 年)	0.696	宁德 / 厦门(2018 年)	0.483
宁德 / 福州(2022 年)	0.721	宁德 / 厦门(2022 年)	0.492

资料来源:根据苏区四市和福州、厦门相关年份统计年鉴的数据整理。

三、人口流失难以控制

从 2018 年和 2022 年福建苏区四市常住人口与户籍人口的比较来看，苏区四市都属于人口流失区且人口流失量较大（见表 2-10）。2018 年，苏区四市人口流失最多的是宁德，为 62.78 万人，最少的是三明，也流失了 31.04 万人，龙岩流失 54.67 万人，位列第二，苏区四市共流失了 199.32 万人；2022 年，苏区四市人口流失最多的是南平，为 48.47 万人，最少的是宁德，也流失了 39.61 万人，龙岩流失 44.02 万人，位列第二，苏区四市共流失了 172.21 万人。2022 年与 2018 年相比，常住人口方面，龙岩增加了 7.6 万人，三明减少了 12.5 万人，南平减少了 3.9 万人，宁德增加了 24.6 万人；户籍人口方面，龙岩减少了 3.05 万人，三明减少了 3.43 万人，南平减少了 6.26 万人，宁德增加了 1.43 万人，苏区四市的户籍人口共减少了 11.31 万人。户籍人口减少要么是人口净迁出，要么是人口生育率小于人口死亡率，从一个侧面可以反映出苏区四市属于生育期的青壮年减少而老年人口增多，或者苏区四市对本地人的吸引力降低，造成人口净迁出。总之，数据显示，苏区四市人口流失比较严重，且难以控制人口再流失的局面。

表 2-10　2018 年和 2022 年苏区四市人口流失情况

苏区四市	常住人口（万人）	户籍人口（万人）	人口流失（万人）
龙岩（2018 年）	264	318.67	54.67
龙岩（2022 年）	271.6	315.62	44.02
三明（2018 年）	258	289.04	31.04
三明（2022 年）	245.5	285.61	40.11
南平（2018 年）	269	319.83	50.83
南平（2022 年）	265.1	313.57	48.47
宁德（2018 年）	291	353.78	62.78
宁德（2022 年）	315.6	355.21	39.61

资料来源：根据苏区四市相关年份统计年鉴的数据整理。

四、数字经济相对滞后

结合数字福建建设和《数字乡村发展行动计划（2022-2025 年）》的落实，闽西龙岩的数字乡村得到一定程度的发展，但与城市和发达地区相比，不少方面还是比较滞后。

一是数字经济基础设施建设相对滞后。目前，龙岩市电子政务一体化平台建设在福建省内处于领先位置，但是政务数据汇聚数量和质量还有待加强，数据共享应用程度有待进一步提高，网上公共服务平台（e龙岩）迭代更新速度较慢，用户体验有待提升。数字经济服务方面的公共平台建设相对滞后，服务软件开发、企业数字化转型方面的公共平台建设比较欠缺。实施数字经济领跑行动需要加大投入，而目前龙岩市的财政收入不足，支持乡村数字经济发展的基础设施建设力度还有待加强，数字经济方面的大项目落地还较少。

二是数字经济体量小且企业研发投入不足。龙岩市数字经济处于起步阶段，与省内发达地区相比差距较大，互联网经济规模仅占全省的3.7%，体量小。龙岩数字经济企业数量较少、规模不大，其中国家高新技术企业只有255家、省高新技术企业只有195家。虽然龙岩市已把"研发投入占GDP比重"纳入绩效考核指标体系，但企业总体上研发投入较少，研发能力也较弱。

三是数字人才总量不足且队伍结构不优。龙岩市数字经济的人才基础较为薄弱，数字经济企业普遍反映招人难、留才难。龙岩市仅有的两所高校面向数字经济的新商科专业人才培养规格和专业素质结构不适应数字经济发展需求（黄可权、郑国诜，2022），每年与数字经济相关专业的毕业生不多，且多数没有留在本地就业。不少数字经济方面的毕业生认为留在龙岩对自身专业能力的提升不具有优势，加之龙岩的经济总体发展水平不如沿海发达地区，人才引进的力度难以提高，数字经济专业人才来龙岩工作的不多。留住人才难和吸引人才难导致龙岩数字经济人才缺乏、结构不优。龙岩数字经济发展面临的最大难题在于如何引智和引才（曾慧娟、蔡立雄、林益丽，2021）。

四是数字经济推进机制不够顺畅。龙岩设立了大数据和政务服务管理局，作为市一级的政府工作部门，负责全市数字经济的牵头抓总，而县一级的数字经济工作由发改、工信、数字办牵头的都有，造成上下工作推进衔接不够顺畅。此外，政府服务部门当中，少数干部的工作作风、业务能力与高质量推进数字经济发展的新形势新要求不相适应。

五是数字经济发展环境有待优化。龙岩市出台了一系列措施支持数字经济发展，但真正能够有效推进龙岩数字经济持续发展的政策措施并不多。龙岩市也高度重视营商环境建设，制定了《提升营商环境工作推进方案》《关于健全营商环境问题落实机制的通知》等文件，统筹推动全市优化营商环境，但营商环境对基于数字经济2.0的电商产业集群的形成作用还不大，对人才的吸引效应不明显

（张赠富、张松梅，2022），现有营商环境还难以支撑龙岩数字经济高质量发展。

六是缩小数字鸿沟面临挑战。数字鸿沟主要体现在城乡差距上，既包括基础设施接入层面的鸿沟，也包括数字素养方面的鸿沟。在接入方面，《龙岩市第三次全国农业普查主要数据公报》显示：2016年末，龙岩市农户的手机上过互联网的比重为54.8%，但是只有30.7%的村有电子商务配送站点。由于乡村服务数字经济的实体经济跟不上，因此乡村数字经济严重落后于城镇。缩小数字鸿沟是世界难题，至今全球仍有40亿人不能上网，尽管这40亿人大部分位于发展中国家，但欧美等发达国家也没有完全克服数字鸿沟问题。在数字素养方面，龙岩市普遍存在数字技能不足的情况，数字人才不足，民众数字素养普遍不高，相对于城镇，龙岩市乡村居民的数字能力不足的问题更加严重，由于村民受教育年限较短、文化水平较低等原因，村民的数字素养提升难度更大。

七是实体经济数字化转型面临挑战。数字经济在各行业中的发展出现较大差异，数字经济占本行业增加值比重呈现出三产高于二产、二产高于一产的典型特征。服务领域是实体经济数字化转型的先行者，在诸多方面都呈现出快速创新、广泛深度应用等特征。数字经济在第三产业，尤其是生活服务领域蓬勃发展、热火朝天，但主要局限于城镇，偏远农村则冷清得很。工业数字化转型水平低于国民经济整体，尤其是服务业的数字化发展水平。资本密集型行业的数字化转型要明显快于劳动密集型行业。数字技术与制造业融合呈现明显的"由下自上""由外及内"的路径规律，即从下游消费品行业沿产业链向上游装备、原材料等行业延伸，从营销、服务等外围环节向研发、制造、加工等内部延展。农业生产数字化水平还很低。究其原因，主要有两个方面：一是缺乏资金。引进智能生产线、研发个性化定制信息系统等费用较高，后期维护难度大，企业投资回报周期较长，在目前传统企业经营普遍困难的形势下，制造企业不愿加大资金投入来实施数字化、网络化、智能化转型；集合了计算机技术、微电子技术、通信技术、光电技术、遥感技术等多项信息技术的农业生产装备造价较高，以小规模生产为主要生产方式的农户承担不起。二是缺专业化信息化服务。制造业门类多，企业需求差异大，具有普遍行业代表性、可复制推广的信息化应用案例少；农业生产分散，信息服务成本高，也缺乏掌握互联网技术、通晓信息化、与农业生产相结合的复合型人才。

八是政府治理能力面临挑战。数字经济的发展显著领先于政府制度规范，数字经济发展跨领域与跨地区特点突出，现实空间线下问题与虚拟空间线上问题聚合交错。线下不规范问题在线上被快速复制放大，不正当竞争行为在互联网上快速扩散。现有条块化、属地化分割的政府管理模式已很难适应数字经济跨界融合发展的需要，政府事前审批、人工检查、现场督察的治理方式也亟待优化创新，政府执法者常面临适应数字经济发展需要的法律建设滞后导致的无法可依的困境。

五、试点示范不易推广

福建苏区四市 2019 年共有 48 个乡镇和 440 个村列入省级试点示范，2022 年度和 2023 年度共有 40 个乡镇和 512 个村纳入全省乡村振兴示范乡镇（村）创建建设，也有一些乡镇或村受省级、国家级表彰。但是，与福建苏区四市总共 474 个乡镇和 7293 个村（2022 年的数据）相比，只有约 20% 的乡镇和约 13% 的村能够纳入试点示范，而且有些试点并不很成功。能够纳入试点示范的乡镇或村都是区位较优、发展基础较好的，比如《全省乡村振兴示范乡镇、示范村创建工作方案》对创建条件的规定主要包括：一是组织领导有力，示范乡镇、示范村领导班子具有较强的凝聚力和战斗力，有开拓进取精神；二是工作基础较好，示范乡镇、示范村特色主导产业鲜明，产业集中度高，品牌带动力强，新型农业经营主体发展较好，一二三产业有效融合；三是责任机制明晰，示范乡镇、示范村推进乡村振兴工作扎实、思路清晰、抓手有力；四是创建积极性高；五是示范带动能力较强，示范乡镇、示范村具备可看可学可借鉴的推广价值。因为试点示范的乡镇或村本身基础较好，又有新项目投入，受关注度较高，一旦要推广时，之前未能进入试点的乡镇或村因为基础差，需要更大的资源投入，就会面临资源被严重稀释的挑战，试点示范时能够行得通的做法会因资源不足而产生种种推广难题。原有基础更好的地区和村庄更有可能成为示范区、试点村；而那些发展起点低、资金配套能力缺乏的地区和村庄往往难以从竞标中胜出，无法获得公共资源支持，今后靠其自身力量复制示范和试点村建设模式并获得发展的可能性也较低（李丽莉、曾亿武、郭红东，2023）。

龙岩市乡村振兴试点村在实践过程中还存在着不少问题和困难。一是乡村产业同质化明显、差异化不足。试点村种植、养殖产业项目类型大同小异，特色不鲜明，休闲、生态、文化等功能开发不够。比如，乡村旅游项目大多集中在赏花摘果、农家乐，复制小型动物园、彩虹滑道等设施建设，因乡村旅游市场容量有限，很多产业项目旅游亮点不足、发展缓慢，甚至有些项目建成不久就出现难以经营的情况。二是三产融合深度不够、农业功能开发不足。涉农一二三产业融合是现代农业发展的重要方向。近年来，试点村三产融合在取得一定进展的同时，仍然面临产业链条延伸不足、农业多功能性挖掘不够等问题。有的试点村三产融合项目仅仅是农业和第二产业、第三产业的简单相加或捆绑拼凑，农业功能及价值的深度开发有限。三是农业特色品牌数量不多，品牌附加值有限。目前，试点村农产品生产和加工的深度与广度不足，经营主体多且分散，而经营范围与规模却偏小，初加工多而深加工少，生产标准难统一、质量管控宽严不一，自主创新能力和核心竞争力还难以形成，新增的区域公用品牌和农产品地理标志产品数量较少，影响了试点村特色农产品品牌附加值的提升。四是公共基础设施利用不充分，农民获得感满足不够。近年来，大部分试点村在公共基础设施配套上投入较多，但不少配套项目缺乏农村当地居民需求论证，建成后实际利用率不高。如部分乡村虽然建设了公共文化设施，如老人之家、农家书屋等，但利用率低，缺乏组织和引导，老年人忙于农活，没时间去，年轻人更愿意玩手机，健康向上的精神文化需求无法得到较好满足。五是农业技能培训培养不够，农村建设主体力量不足。人才是推动乡村振兴的第一资源。目前，大多数试点村庄存在新型职业农民队伍文化层次不均衡、学习能力有限的问题。调研发现，试点村大部分农业生产主体长期缺乏系统的农业种养殖技能培训，对农业生产经营管理缺乏专业训练，农业专业度、市场意识比较匮乏，影响农业发展实际竞争力。

龙岩市"一县一片区"建设通过项目带动，特色产业发展、人居环境改善取得了明显成效，但也存在项目资金不足、投入不平衡、农民参与积极性不高、产业缺乏规模效益、农民增收难、乡村留人难等问题。一是项目资金不足、投入不平衡。"一县一片区"建设资金主要由县级自筹，大部分项目依赖上级补助和财政资金投入，导致项目建设投入不平衡，被列为试点村、有资金补助的投入较多。各片区还普遍存在资金筹措渠道不宽，社会资本、金融资本的作用发挥不够到位的问题。从2021年《龙岩市乡村振兴"一县一片区"项目汇总表》可以发现，总投资最多的是武平"环梁野山"片区，为52415万元，最少的是漳平"台湾小镇"片区，为13922万元；平均每村投入最多的是新罗银雁片区，为9120万元，最少的是上杭红古田片区，为1508.7万元；平均每个项目投入最多的是新罗银雁片区，为11400万元，最少的是上杭红古田片区，为934万元。二是农民参与积极性不高、主体作用发挥不够。在"一县一片区"建设过程中，县（市、区）、乡镇和村投入了大量的资金和精力进行农村环境治理、农村基础设施改善等，但调研发现，不少村民不知道有"一县一片区"建设项目，有一些了解的村民参与到这些项目中的积极性也不高。大部分年轻、有能力的村民进城打工，留守的村民自身能力不足，加之不少项目由外来的工商企业和资本完成，影响了村民在"一县一片区"建设中的主体作用。在省级试点村，干部群众参与乡村振兴的积极性较高，但其他非试点村多数处于观望阶段，群众自发参与人居环境整治或乡村振兴的意愿不强。三是产业缺乏规模效益、农民增收难。"一县一片区"项目不少涉及种植基地、高标准农田、农业观光、休闲、研学、旅游、购物、文化创意、农产品加工等内容，但总体上产业发展散而小，项目个数较多，但规模相对较小，大部分以种养初级农产品、旅游业为主，产业链条不长，离产业兴旺要求还有较大差距，农民从中获得的实际增收不明显，对标打造一个以上有效带动农民致富增收的支柱产业还有差距。四是乡村生活比较不便、人才难留。调研发现，不少行政村没有小学、上学远，卫生所医师匮乏、就医难，没有50平方米以上的超市、快递无法送达、购物不便，就业机会少、增收难。因此，乡村生活比较不便，对年轻人没有吸引力，难以留住人才。

第三章

闽西乡村振兴面临的态势分析

第一节　闽西乡村振兴在开放环境下的态势

改革开放以来，我国不断加大区域开放力度，起先农村剩余劳动力向乡镇企业流动，1984 年国家开始允许农村居民自带口粮、自筹资金进城务工经商，党的十四大明确提出建立社会主义市场经济体制的改革目标之后，生产要素在全国流动的束缚越来越小，劳动力的流动也越来越便利，跨区域流动变得频繁。2022 年《中共中央　国务院关于加快建设全国统一大市场的意见》进一步强调，不得设置不合理和歧视性的准入、退出条件以限制商品服务、要素资源自由流动。因此，在开放环境下，闽西乡村逐渐融入全国的开放大格局，闽西乡村发展要素也朝着更有收益的地方流动。劳动力在城市部门的期望收入如果超过在农村的平均收入，从农村到城市的迁徙就会发生（洪银兴、陈雯，2023）。城市对乡村的人、财、物展现出巨大的虹吸效应，城乡资源呈"抽血式"逆向配置状态（邓雁玲、雷博、陈树文，2020）。在城乡相对工资的作用机制下，如果劳动生产率很低，即便土地产出率再高，农民也会因为总收入不足而选择离农进城（陈明，2021）。20 世纪 90 年代以来，大量劳动力流向珠三角、长三角、京津冀三大都市圈，并且劳动力流入强度表现出"强者恒强、强者更强"的特征，距离和相邻性空间因素以及经济因素是影响省际人口迁移流向分布的主要因素，但以迁入地城镇人均可支配收入为主的经济因素对人口迁入的吸引力明显增强（王桂新、潘泽瀚、陆燕秋，2012）。

本节选取龙岩与国内发达地区的主要城市（京津冀地区的北京，长三角地区的上海、杭州、宁波、南京、苏州，以及珠三角地区的广州、深圳等城市）在人口、居民可支配收入（农民人均纯收入）、人均 GDP 等方面进行比较，以期发现闽西龙岩特别是其乡村在开放环境下的竞争态势。

一、在开放环境下的主要年份态势分析

党的十七大、十八大、十九大、二十大召开之年都是富有影响力的年份，本书选取 2007 年、2012 年、2017 年、2022 年作为代表年份，分析闽西乡村振兴主要年份在开放环境下的态势。

表 3-1 是 2007 年龙岩与国内发达地区的主要城市在人口、收入、GDP 等方面的比较情况。从龙岩农民人均纯收入与国内发达地区主要城市的城镇居民人均可支配收入比较来看，国内发达地区主要城市的城镇居民人均可支配收入都是龙岩农民人均纯收入的 3.99 倍以上，最高的深圳是 4.89 倍，最低的南京是 3.99 倍。从龙岩城镇居民人均可支配收入与国内发达地区主要城市的城镇居民人均可支配收入比较来看，国内发达地区主要城市的城镇居民人均可支配收入都是龙岩城镇居民人均可支配收入的 1.44 倍以上，最高的深圳是 1.76 倍，最低的南京是 1.44 倍。从龙岩农民人均纯收入与国内发达地区主要城市的农民人均纯收入比较来看，国内发达地区主要城市的农民人均纯收入大多是龙岩农民人均纯收入的 1.9 倍左右，最高的苏州是 2.06 倍，最低的南京是 1.58 倍。从龙岩人均地区生产总值与国内发达地区主要城市的人均地区生产总值比较来看，国内发达地区主要城市的人均 GDP 都是龙岩人均 GDP 的 2.17 倍以上，最高的苏州是 4.01 倍，最低的宁波是 2.17 倍。由此可见，龙岩城镇与国内发达地区主要城市在收入方面差距很大（最多约占 69.4%），闽西龙岩乡村与国内发达地区主要城市在收入方面差距更大（最多约占 25.1%），龙岩因此会成为人口净流出地而国内发达地区主要城市则会成为人口净流入地。2007 年，龙岩户籍人口少于常住人口，人口净流出 13.2 万人；国内发达地区主要城市中，人口净流入最多的是深圳，达到 695.53 万人，人口净流入最少的杭州也高达 113.85 万人。

表 3-1　2007 年龙岩与国内发达地区的主要城市在人口、收入、GDP 等方面的比较情况

	常住人口（万人）	户籍人口（万人）	城镇居民可支配收入（元）	农民人均纯收入（元）	人均地区生产总值（元）
龙岩	276	289.2	14128	5086	22904
北京	1633	1213.3	21989	9559	56044

续表

	常住人口（万人）	户籍人口（万人）	城镇居民可支配收入（元）	农民人均纯收入（元）	人均地区生产总值（元）
上海	2063.58	1378.86	23623	10222	66367
杭州	786.2	672.35	21689	9549	52065
宁波	692.3	564.56	22332	10051	49588
南京	741.3	617.17	20317	8020	53638
苏州	882.12	624.43	21260	10475	91911
广州	1053.01	773.48	22469	8613	66958
深圳	912.37	216.84	24870		77660
	其他城市/龙岩农民纯收入	常住人口－户籍人口	其他城市/龙岩城镇收入	其他农民/龙岩农民纯收入	其他GDP/龙岩GDP
龙岩		−13.2			
北京	4.32	419.7	1.56	1.88	2.45
上海	4.64	684.72	1.67	2.01	2.90
杭州	4.26	113.85	1.54	1.88	2.27
宁波	4.39	127.74	1.58	1.98	2.17
南京	3.99	124.13	1.44	1.58	2.34
苏州	4.18	257.69	1.50	2.06	4.01
广州	4.42	279.53	1.59	1.69	2.92
深圳	4.89	695.53	1.76		3.39

注：统计年鉴的个别数据有修正，一般取修正后的数据；深圳市是我国第一个全部城镇化的城市，因此没有农村居民可支配收入或农民纯收入。

资料来源：各个城市的统计年鉴或统计公报。

表 3-2 是 2012 年龙岩与国内发达地区的主要城市在人口、收入、GDP 等方面的比较情况。从龙岩农民人均纯收入与国内发达地区主要城市的城镇居民人均可支配收入比较来看，国内发达地区主要城市的城镇居民人均可支配收入都是龙岩农民人均纯收入的 3.87 倍以上，最高的广州是 4.48 倍，最低的南京是 3.87 倍。从龙岩城镇居民人均可支配收入与国内发达地区主要城市的城镇居民人均可支配收入比较来看，国内发达地区主要城市的城镇居民人均可支配收入都是龙岩城镇居民人均可支配收入的 1.53 倍以上，最高的广州是 1.77 倍，最低的北京和南京都是 1.53 倍。从龙岩农民人均纯收入与国内发达地区主要城市的农民人均纯收入比较来看，国内发达地区主要城市的农民人均纯收入都是龙岩农民人均纯收入的 1.57 倍以上，最高的苏州是 2.06 倍，最低的南京是 1.57 倍。从龙岩人均地区生产总值与国内发达地区主要城市的人均地区生产总值比较来看，国内发达地区

主要城市的人均 GDP 都是龙岩人均 GDP 的 1.59 倍以上，最高的深圳是 2.17 倍，最低的上海是 1.59 倍。由此可见，龙岩城镇与国内发达地区主要城市在收入方面差距在拉大（最多约占 65.4%），闽西龙岩乡村与国内发达地区主要城市在收入方面差距还是很大（最多约占 25.8%），龙岩因此还会成为人口净流出地而国内发达地区主要城市则会成为人口净流入地。2012 年，龙岩户籍人口少于常住人口，人口净流出 36.71 万人，是 2007 年净流出的 2.78 倍；国内发达地区主要城市中，人口净流入最多的是上海，达到 971.57 万人，人口净流入最少的宁波也高达 159.19 万人，两项数据都比 2007 年多得多。

表 3-2　2012 年龙岩与国内发达地区的主要城市在人口、收入、GDP 等方面的比较情况

	常住人口（万人）	户籍人口（万人）	城镇居民可支配收入（元）	农民人均纯收入（元）	人均地区生产总值（元）
龙岩	261	297.71	23765	9396	53539
北京	2069.3	1297.5	36469	16476	87091
上海	2398.5	1426.93	40188	17401	85373
杭州	880.2	700.52	37511	17017	85831
宁波	736.9	577.71	38043	18475	86358
南京	816.1	638.48	36322	14786	85695
苏州	1054.91	647.81	37531	19396	114029
广州	1283.89	822.3	42049	18887	105548
深圳	1054.74	299.15	40742		116407
	其他城市 / 龙岩农民纯收入	常住人口 - 户籍人口	其他城市 / 龙岩城镇收入	其他农民 / 龙岩农民纯收入	其他 GDP / 龙岩 GDP
龙岩		-36.71			
北京	3.88	771.8	1.53	1.75	1.63
上海	4.28	971.57	1.69	1.85	1.59
杭州	3.99	179.68	1.58	1.81	1.60
宁波	4.05	159.19	1.60	1.97	1.61
南京	3.87	177.62	1.53	1.57	1.60
苏州	3.99	407.1	1.58	2.06	2.13
广州	4.48	461.59	1.77	2.01	1.97
深圳	4.34	755.59	1.71		2.17

注：统计年鉴的个别数据有修正，一般取修正后的数据；深圳市是我国第一个全部城镇化的城市，因此没有农村居民可支配收入或农民纯收入。

资料来源：各个城市的统计年鉴或统计公报。

表 3-3 是 2017 年龙岩与国内发达地区的主要城市在人口、收入、GDP 等方

面的比较情况。从龙岩农村居民可支配收入与国内发达地区主要城市的城镇居民人均可支配收入比较来看，国内发达地区主要城市的城镇居民人均可支配收入都是龙岩农民人均纯收入的 3.37 倍以上，最高的上海是 3.99 倍，最低的深圳是 3.37 倍。从龙岩城镇居民人均可支配收入与国内发达地区主要城市的城镇居民人均可支配收入比较来看，国内发达地区主要城市的城镇居民人均可支配收入都是龙岩城镇居民人均可支配收入的 1.6 倍以上，最高的上海是 1.9 倍，最低的深圳是 1.6 倍。从龙岩农民人均纯收入与国内发达地区主要城市的农村居民可支配收入比较来看，国内发达地区主要城市的农村居民可支配收入都是龙岩农村居民可支配收入的 1.47 倍以上，最高的宁波是 1.97 倍，最低的南京是 1.47 倍。从龙岩人均地区生产总值与国内发达地区主要城市的人均地区生产总值比较来看，国内发达地区主要城市的人均 GDP 都是龙岩人均 GDP 的 1.52 倍以上，最高的苏州是 2.02 倍，最低的杭州是 1.52 倍。由此可见，龙岩城镇与国内发达地区主要城市在收入方面差距还在拉大（最多约占 62.5%），闽西龙岩乡村与国内发达地区主要城市在收入方面差距有点缩小，但还是很大（最多约占 29.7%），龙岩因此还会成为人口净流出地而国内发达地区主要城市则会成为人口净流入地。2017 年，龙岩户籍人口少于常住人口，人口净流出 45.89 万人，是 2007 年净流出的 3.48 倍，是 2012 年净流出的 1.25 倍；国内发达地区主要城市中，人口净流入最多的是上海，首次超过千万，达到 1011.15 万人，人口净流入最少的南京也高达 152.83 万人，两项数据都比 2007 年多得多。

表 3-3　2017 年龙岩与国内发达地区的主要城市在人口、收入、GDP 等方面的比较情况

	常住人口（万人）	户籍人口（万人）	城镇居民人均可支配收入（元）	农村居民人均可支配收入（元）	人均地区生产总值（元）
龙岩	270	315.89	33022	15698	80334
北京	2170.7	1359.2	62406	24240	128994
上海	2466.28	1455.13	62596	27825	126634
杭州	946.8	753.88	56276	30397	122249
宁波	800.5	596.93	55656	30871	123955
南京	833.5	680.67	54538	23133	129784
苏州	1068.36	691.07	58806	29977	162388
广州	1449.84	897.87	55400	23484	148313
深圳	1252.83	445.74	52938		150739

续表

	其他城镇/龙岩村民	常住人口－户籍人口	其他城镇/龙岩城镇	其他农村/龙岩村民	其他GDP/龙岩GDP
龙岩		−45.89			
北京	3.98	811.5	1.89	1.54	1.61
上海	3.99	1011.15	1.90	1.77	1.58
杭州	3.58	192.92	1.70	1.94	1.52
宁波	3.55	203.57	1.69	1.97	1.54
南京	3.47	152.83	1.65	1.47	1.62
苏州	3.75	377.29	1.78	1.91	2.02
广州	3.53	551.97	1.68	1.50	1.85
深圳	3.37	807.09	1.60		1.88

注：统计年鉴的个别数据有修正，一般取修正后的数据；深圳市是我国第一个全部城镇化的城市，因此没有农村居民可支配收入或农民纯收入。

资料来源：各个城市的统计年鉴或统计公报。

表3-4是2022年龙岩与国内发达地区的主要城市在人口、收入、GDP等方面的比较情况。从龙岩农村居民可支配收入与国内发达地区主要城市的城镇居民人均可支配收入比较来看，国内发达地区主要城市的城镇居民人均可支配收入都是龙岩农村居民可支配收入的2.98倍以上，最高的北京和上海都是3.44倍，最低的深圳是2.98倍。从龙岩城镇居民人均可支配收入与国内发达地区主要城市的城镇居民人均可支配收入比较来看，国内发达地区主要城市的城镇居民人均可支配收入都是龙岩城镇居民人均可支配收入的1.58倍以上，最高的北京和上海是1.83倍，最低的深圳是1.58倍。从龙岩农村居民可支配收入与国内发达地区主要城市的农村居民可支配收入比较来看，国内发达地区主要城市的农村居民可支配收入都是龙岩农村居民可支配收入的1.42倍以上，最高的宁波是1.86倍，最低的北京和南京都是1.42倍。从龙岩人均地区生产总值与国内发达地区主要城市的人均地区生产总值比较来看，国内发达地区主要城市的人均GDP都是龙岩人均GDP的1.25倍以上，最高的北京是1.56倍，最低的杭州是1.25倍。由此可见，龙岩城镇与国内发达地区主要城市在收入方面差距依然很大（最多约占63.3%），闽西龙岩乡村与国内发达地区主要城市在收入方面差距虽有缩小，但还是很大（最多约占33.6%），龙岩因此还会成为人口净流出地而国内发达地区主要城市则会成为人口净流入地。2022年，龙岩户籍人口少于常住人口，人口

净流出 44.16 万人，是 2007 年净流出的 3.35 倍，是 2012 年净流出的 1.2 倍，占 2017 年净流出的 96.2%；国内发达地区主要城市中，人口净流入最多的是深圳，超过千万，又破人口流入量的纪录，达到 1111.44 万人，是 2007 年的 1.6 倍，人口净流入最少的南京，也高达 209.75 万人，是 2007 年人口流入最少的杭州的 113.85 万人的 1.8 倍。

表 3-4　2022 年龙岩与国内发达地区的主要城市在人口、收入、GDP 等方面的比较情况

	常住人口（万人）	户籍人口（万人）	城镇居民人均可支配收入（元）	农村居民人均可支配收入（元）	人均地区生产总值（元）
龙岩	271.6	315.76	45990	24407	121721
北京	2184.3	1427.7	84023	34754	190313
上海	2489.43	1492.92	84034	39729	180351
杭州	1237.6	846.75	77043	45183	152588
宁波	961.8	621.07	76690	45487	163911
南京	949.11	739.36	76643	34664	178781
苏州	1291.06	774.73	79537	43785	186024
广州	1873.41	1034.91	76849	36292	153625
深圳	1766.18	654.74	72718		183274
	其他城镇/龙岩村民	常住人口-户籍人口	其他城镇/龙岩城镇	其他农村/龙岩村民	其他GDP/龙岩GDP
龙岩		-44.16			
北京	3.44	756.6	1.83	1.42	1.56
上海	3.44	996.51	1.83	1.63	1.48
杭州	3.16	390.85	1.68	1.85	1.25
宁波	3.14	340.73	1.67	1.86	1.35
南京	3.14	209.75	1.67	1.42	1.47
苏州	3.26	516.33	1.73	1.79	1.53
广州	3.15	838.5	1.67	1.49	1.26
深圳	2.98	1111.44	1.58		1.51

注：统计年鉴的个别数据有修正，一般取修正后的数据；深圳市是我国第一个全部城镇化的城市，因此没有农村居民可支配收入或农民纯收入。

资料来源：各个城市的统计年鉴或统计公报。

二、在开放环境下的总体发展态势分析

取表 3-1、表 3-2、表 3-3 和表 3-4 中的发达城市的城镇居民人均可支配收入与龙岩农村居民人均可支配收入（农民人均纯收入）比的平均值、发达城市的城镇居民人均可支配收入与龙岩城镇居民人均可支配收入比的平均值、发达城市农村居民人均可支配收入（农民人均纯收入）与龙岩农村居民人均可支配收入（农民人均纯收入）比的平均值、发达城市 GDP 与龙岩 GDP 比的平均值、发达城市人口净流入的平均值，列出的表 3-5 便是龙岩 2007 年、2012 年、2017 年和 2022 年 4 个年份与国内发达地区的主要城市在人口、收入、GDP 等方面的比较情况。总而言之，在开放的环境下，国内发达地区主要城市的人口净流入量越来越多，平均从 2007 年的 337.86 万人，到 2012 年的 485.52 万人，再到 2017 年的 513.54 万人，进而到 2022 年的 645.09 万人；龙岩人口净流出也呈增长势头，流出人口占常住人口的比重从 2007 年的 4.7% 增长到 2012 年的 14.1%，再到 2022 年的 16.3%。龙岩乡村人口会大量流出主要有两大原因：一是国内发达地区主要城市的预期收入具有很强的吸引力，二是龙岩本地在竞争中劣势明显。一方面，国内发达地区主要城市的城镇居民人均可支配收入都是龙岩农村居民人均可支配收入（农民人均纯收入）的 3.21 倍以上，收入差距非常大，即使是国内发达地区主要城市的农村居民人均可支配收入（农民人均纯收入）也是龙岩农村居民人均可支配收入（农民人均纯收入）的 1.58 倍以上，明显的差距会给龙岩乡村人民带来很强的预期收入向往；另一方面，龙岩的人均地区生产总值还不到国内发达地区主要城市人均的 70%，龙岩城镇居民人均可支配收入也还不到国内发达地区主要城市人均的 70%，可见，龙岩属于相对落后的地区，收入方面与国内发达地区主要城市相比劣势明显。虽然发达城市的城镇居民可支配收入与龙岩的农村居民可支配收入比从 2007 年的 4.39 倍降为 2022 年的 3.21 倍，发达城市 GDP 与龙岩 GDP 比也相应从 1.63 倍降为 1.43 倍，但是发达城市的农村居民可支配收入与龙岩的农村居民可支配收入比从 2007 年的 1.58 倍上升为 2017 年的 1.74 倍和 2022 年的 1.71 倍。因此，在开放的环境下，龙岩的农村居民追求更高收入的预期空间还较大，向发达地区流动的总体趋势还不会变，尽管增长率可能会下降。

表 3-5　4 个年份龙岩与国内发达地区的主要城市在人口、
收入、GDP 等方面的比较情况

年份	发达城市市民与龙岩村民收入比	发达城市市民与龙岩城镇收入比	发达城市村民与龙岩村民收入比	发达城市GDP 与龙岩GDP 比	发达城市人口净流入（万人）	龙岩流出人口占常住人口比
2007	4.39	2.81	1.58	1.63	337.86	0.047
2012	4.11	1.79	1.62	1.63	485.52	0.141
2017	3.65	1.70	1.74	1.51	513.54	0.170
2022	3.21	1.43	1.71	1.43	645.09	0.163

　　从国家统计局发布的相关年度的农民工监测调查报告的数据来看（见表 3-6），农民工数量方面，除 2020 年受全球公共卫生事件影响之外，2015~2022 年的农民工总量都在增加；农民工月均收入方面，不管是本地农民工（指在户籍所在乡镇地域以内从业的农民工）还是外出农民工（指在户籍所在乡镇地域外从业的农民工），月均收入都在增加，而且外出农民工月均收入都比本地农民工高。全国外出农民工月均收入比龙岩市城镇居民月均可支配收入高不少，比龙岩市农村居民月均可支配收入高更多，这在某种程度上可以说明龙岩的农村居民还会流向发达地区。

表 3-6　2015~2022 年农民工监测调查报告中的相关数据

年份	农民工总量（万人）	本地农民工（万人）	外出农民工（万人）	本地农民工月均收入（元）	外出农民工月均收入（元）
2015	27747	10863	16884	2781	3359
2016	28171	11237	16934	2985	3572
2017	28652	11467	17185	3173	3805
2018	28836	11570	17266	3340	4107
2019	29077	11652	17425	3500	4427
2020	28560	11601	16959	3606	4549
2021	29251	12079	17172	3878	5013
2022	29562	12372	17190	4026	5240

资料来源：国家统计局发布的 2015~2022 年《农民工监测调查报告》。

第二节　闽西乡村振兴在
福建老区苏区的态势

福建老区苏区的范围广，在研究闽西乡村振兴在福建老区苏区的态势时，其他老区苏区要与闽西大体同类，而不宜差别非常明显。因此，要先确定本书的福建老区苏区范围，然后再深入分析闽西在其中的竞争发展态势。

一、福建老区苏区研究范围的确定

习近平总书记 2014 年 10 月在福建龙岩看望老红军和军烈属等人员时指出："整个福建都是老区，闽西和江西赣州的一部分是中央苏区，对党和革命的贡献是最大的"（本书编写组，2022）。为了使研究更加聚焦，避免把整个福建作为老区的研究对象，本书选取 GDP（亿元）、一产产值（亿元）、二产产值（亿元）、三产产值（亿元）、人均 GDP（元）、人均 GDP 增长率（%）、户籍人口数（万人）、常住人口数（万人）、城镇化率（%）、城镇居民人均可支配收入（元）、农村居民人均收入（元）、地方一般公共预算收入（万元）、一般公共预算支出（万元）、金融机构人民币各项存款余额（亿元）、农作物播种面积（千公顷）、公路通车里程（千米）、普通初中教师数（人）、普通初中在校生数（人）、小学教师数（人）、小学在校生数（人）、卫生机构床位数（张）、卫生技术人员数（人）、社会消费品零售总额（亿元）、城镇居民最低生活保障数（万人）、农村居民最低生活保障数（万人）共 25 个指标，利用《福建统计年鉴（2023）》中涉及福建 9 个地级市的相关数据，导入 SPSS24 进行数据标准化之后开展系统聚类分析，聚类数设置为 6，谱系图如图 3-1 所示。

福建老区苏区发展态势聚为 6 类的情况如表 3-7 所示。比对《福建省"十四五"老区苏区振兴发展专项规划》（闽发改区域〔2022〕85 号），第四类的龙岩、三明、南平三市全域属于原中央苏区、宁德市全域属于闽东苏区。因此，本书把龙岩、三明、南平、宁德四市的全域作为福建老区苏区的研究对象，以下把龙岩、三明、南平、宁德四市统称为福建苏区市，其所辖的县（市、区）统称为福建苏区县。

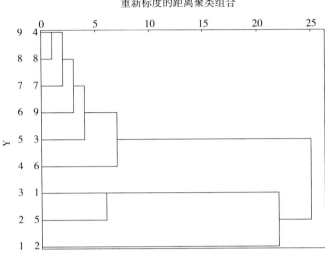

图3-1 福建老区苏区发展态势的聚类情况

注：1代表福州市，2代表厦门市，3代表莆田市，4代表三明市，5代表泉州市，6代表漳州市，7代表南平市，8代表龙岩市，9代表宁德市。

表3-7 福建老区苏区发展态势的聚类情况

类别	地区
第一类	福州市
第二类	厦门市
第三类	莆田市
第四类	宁德市、南平市、三明市、龙岩市
第五类	泉州市
第六类	漳州市

二、福建苏区市在省内的优势分析

福建苏区市（龙岩、三明、南平、宁德四市）在省内总体上属于山区与相对落后地区，但至少在生态资源、文化资源和农林产业方面具有明显优势。

（一）福建苏区市在省内具有明显的生态资源优势

以2019年为例，森林覆盖率排在全省前四位的福建苏区市的农作物播种面积也排在前列（见表 3-8），龙岩、南平、三明属于山区地市，宁德的山区占比也高，它们相对落后，但生态资源优势明显，福建苏区市的农作物播种面积占全省的 59%。龙岩市森林覆盖率为 79.39%，居全省首位、全国前列，所管辖的 7 个县（市、区）均被评为福建省森林城市（县城）。三明市森林覆盖率为 78.73%，气候宜人、适宜康养，森林负氧离子平均浓度达到 1500 个 / 立方厘米，是全国平均水平的 3.4 倍，达到了世界卫生组织规定的"清新"标准。南平市森林覆盖率和森林蓄积量连续多年实现"双增"，森林覆盖率已提升到 78.85%，森林抚育和封山育林面积均超额完成计划任务数，成功创建"国家森林城市"，获批"全国森林康养基地试点建设市"。宁德市多举措保护森林资源并大力植树造林，人均公园绿地面积达 15 平方米，森林覆盖率达 67.96%，居全省沿海设区市首位、全省第四位，2019 年正式被批准为"国家森林城市"。

表 3-8　福建省各地市农作物播种面积与森林覆盖率情况

地区	农作物播种面积（千公顷）	森林覆盖率（%）
龙岩	210.63	79.39
三明	299.47	78.73
南平	293.78	78.85
宁德	168.30	67.96
福州	255.87	58.06
莆田	65.84	60.05
泉州	159.68	58.7
厦门	22.10	43.62
漳州	172.36	63.73

资料来源：各地市农作物播种面积来自《福建统计年鉴 2020》；森林覆盖率来自各市 2019 年国民经济和社会发展统计公报（厦门市除外），厦门市森林覆盖率为 2020 年的数据，来自《厦门市"十四五"林业发展专项规划》。

（二）福建苏区市在省内具有明显的传统文化资源优势

以福建省的中国传统村落为例，从 2012 年住房和城乡建设部等部门组织开展全国第一次传统村落摸底调查开始，到 2019 年《住房和城乡建设部等部门关于公布第五批列入中国传统村落名录的村落名单的通知》为止，福建省共有 333 个村落被评为中国传统村落，福建苏区市的传统村落占绝大多数，共有 241 个中国传统村落，占全省的 72.4%，宁德、南平、三明、龙岩的中国传统村落个数位居前四名，而作为福建省中心发达城市的厦门市没有一个村落被列入中国传统村落名录，莆田也才只有一个村落被列入中国传统村落名录（详见表3-9）。福建省列入全国第六批传统村落名录的村落共58个，其中福建苏区市的村落共有39个，占67.2%，闽西龙岩有5个。此外，苏区市的红色文化也非常丰富，而红色文化蕴含着丰富的传统文化，是对中华优秀传统文化的传承与创新。

表3-9　福建省各地市的中国传统村落个数及排名

地区	第一批	第二批	第三批	第四批	第五批	合计
龙岩	11	5	4	13	13	46
三明	12	4	4	14	14	48
南平	3	3	10	18	18	52
宁德	15	6	10	32	32	95
福州	2	0	10	8	8	28
莆田	0	0	1	0	0	1
泉州	2	4	4	9	9	28
厦门	0	0	0	0	0	0
漳州	3	3	9	10	10	35
	48	25	52	104	104	333

注：福州的第三批中国传统村落包含平潭综合实验区平潭县的5个。

资料来源：http://www.chuantongcunluo.com/index.php/home/gjml/gjml/id/24.html。

（三）福建苏区市在省内具有明显的农林产业发展优势

福建苏区市的第一产业在三次产业结构当中的占比排在全省前四位，第一产业增加值除了辖有不少山区县的福州、漳州两个地级市之外，南平、三明、龙岩、宁德四个地级市的第一产业增加值都比较高，分别居第三、第四、第五、第六位（见表3-10）；福建省的木材加工、竹业、花卉苗木、森林旅游、林下经济五个千亿产业当中，南平、三明、龙岩三个地级市的竹业和林下经济产值占据前三位，南平市的森林旅游产业优势明显，三明的花卉苗木产业的产值排名前三（见表3-11）。

表3-10　福建省各地市一产增加值与三次产业结构情况

地区	一产增加值（亿元）	三次产业结构
龙岩	288.23	10.7 : 45.5 : 43.8
三明	303.11	11.7 : 53.9 : 34.4
南平	315.43	15.9 : 41.7 : 42.4

续表

地区	一产增加值（亿元）	三次产业结构
宁德	313.33	12.8：51.2：36.0
福州	526.47	5.6：40.8：53.6
莆田	218.61	4.8：53.1：42.1
泉州	123.65	0.7：63.0：36.3
厦门	26.49	0.4：41.6：58.0
漳州	480.9	10.1：48.9：41.0

资料来源：根据2019年各市的统计公报整理。

表 3-11　福建省 2019 年五个千亿产业完成情况

	木材加工		竹业		花卉苗木		森林旅游		林下经济	
	产值（亿元）	比增（％）	产值（亿元）	比增（％）	产值（亿元）	比增（％）	产值（亿元）	比增（％）	产值（亿元）	比增（％）
全省	2788	11.7	758	9.1	889	20.5	1106	16.8	690	9.7
南平	287	9	343	4.9	46.2	8.8	172	7.0	183	2
三明	246	10.5	231	3.1	140.2	36.8	103	−6.8	125	4
龙岩	100	−17.5	106	35.9	106.2	16.6	117	44.6	213	0.5
宁德	26	−11.4	28	10.4	23.4	47.3	78	15.5	38	3.3
福州	199	6.4	19	3.8	118.7	30.3	159	17.6	18	2.9
莆田	438	7.6	1	−4.4	16.0	6.8	78	157.9		
泉州	687	11.7	3	15.3	81.4	13.1	172	−4.4	20	0.7
漳州	407	35.7	27	30.7	281.7	13.8	103	82.2	93	15.7
厦门	98	22.6			75.4	29.5	124	−1.1		
平潭					0.2	−91.6				

资料来源：http://lyj.fujian.gov.cn/zwgk/jhtj/tjjd/202003/t20200326_5223354.htm。

三、闽西在福建老区苏区的市域层面态势分析

选取 GDP（亿元）、第一产业产值（亿元）、第二产业产值（亿元）、第三产业产值（亿元）、人均 GDP（元）、人均 GDP 增长率（％）、人口净流出量（户籍人口减去常住人口，万人，为负向指标）、城镇化率（％）、城镇居民人均可支配收入（元）、农村居民人均可支配收入（元）、公共预算超支（地方一般公共预算收入减去一般公共预算支出，万元，为负向指标）、金融机构人民币各项存款

余额（亿元）、农作物播种面积（千公顷）、公路通车里程（千米）、普通初中师生比、小学师生比、每张卫生机构床位的技术人员数（人／张）、社会消费品零售总额（亿元）、城市建成区面积（平方千米）、旅客周转量（亿人千米）20个指标，利用《福建统计年鉴（2023）》中涉及福建9个地级市的相关数据，列成表3-12。

表3-12　福建苏区市相关发展指标情况

市域	GDP（亿元）	一产产值（亿元）	二产产值（亿元）	三产产值（亿元）	人均GDP（元）	人均GDP增长率（%）	人口净流出（万人）	城镇化率（%）	城镇居民人均可支配收入（元）	农村居民人均可支配收入（元）
三明	3110.1	339.6	1580.9	1189.6	126044	3.8	40.1	64.4	44627	23228
南平	2211.8	361.3	785.0	1065.6	83136	4.4	48.5	60.8	41101	21782
龙岩	3314.5	311.3	1420.0	1583.2	121721	5.2	44.0	64.2	45990	24407
宁德	3554.6	386.4	2048.6	1119.6	112738	10.5	39.6	62.9	42749	23102

市域	公共预算超支（万元）	金融机构人民币各项存款余额（亿元）	农作物播种面积（千公顷）	公路通车里程（千米）	普通初中师生比	小学师生比	每张卫生机构床位的技术人员数（人／张）	社会消费品零售总额（亿元）	城市建成区面积（平方千米）	旅客周转量（亿人千米）
三明	2382147	2389.6	318.3	16016	0.0784	0.0583	1.20	883.3	70.26	4.6
南平	2402482	2707.6	309.0	16231	0.0793	0.0686	1.15	791.1	49.46	4.4
龙岩	1959650	2851.3	224.2	15039	0.0881	0.0585	1.10	1427.7	77.38	6.0
宁德	2048044	3245.5	173.9	12522	0.0745	0.0581	1.21	911.4	45.80	12.3

资料来源：《福建统计年鉴2023》。

对各个指标进行名次排列，然后把20个指标各自的名次加总，获得各个地市名次加总的得分，分数越大，总体排序的名次越低。这样从总体名次排序来看（见表3-13），福建苏区市相关发展指标的总体排名顺序是龙岩市、宁德市、三明市、南平市。市域层面，闽西龙岩在福建老区苏区的发展态势具有竞争力，20个指标的总体得分第一，有8个单项指标排名第一，分别是第三产业产值、城镇居民人均可支配收入、农村居民人均可支配收入、公共预算超支（地方一般公共预算收入减去一般公共预算支出，为负向指标）、普通初中师生比、每张卫生机构床位的技术人员数、社会消费品零售总额、城市建成区面积，但有2个单项指标排在最后，分别是第一产业产值和小学师生比。

表 3-13　福建苏区市相关发展指标排名情况

市域	GDP（亿元）	一产产值（亿元）	二产产值（亿元）	三产产值（亿元）	人均GDP（元）	人均GDP增长率（%）	人口净流出（万人）	城镇化率（%）	城镇居民人均可支配收入（元）	农村居民人均可支配收入（元）	公共预算超支（万元）
三明	3	3	2	2	1	4	2	1	2	2	3
南平	4	2	4	4	4	3	4	4	4	4	4
龙岩	2	4	3	1	2	2	3	2	1	1	1
宁德	1	1	1	3	3	1	1	3	3	3	2

市域	金融机构人民币各项存款余额（亿元）	农作物播种面积（千公顷）	公路通车里程（千米）	普通初中师生比	小学师生比	每张卫生机构床位的技术人员数（人/张）	社会消费品零售总额（亿元）	城市建成区面积（平方千米）	旅客周转量（亿人千米）	名次加总得分	总体排名
三明	4	1	2	3	2	3	3	2	3	48	3
南平	3	2	1	2	3	4	4	3	4	67	4
龙岩	2	3	3	1	4	1	1	1	2	40	1
宁德	1	4	4	4	1	2	2	4	1	45	2

四、闽西在福建苏区县的县域层面态势分析

对闽西在福建苏区县的县域层面态势分析采取先总后分的两个步骤：一是构建指标体系进行全局主成分分析，二是分指标进行分析。

（一）全局主成分分析

为了了解闽西龙岩县域在福建苏区县的态势，本书构建指标体系，运用 SPSS24 软件对包括龙岩市全部县（市、区）的福建 37 个苏区县的发展态势进行全局主成分分析，在此基础上评价龙岩县域在福建苏区县的竞争态势。

本书选取 GDP（Z1，亿元）、第二产业产值（Z2，亿元）、第三产业产值（Z3，亿元）、人均 GDP（Z4，元）、常住人口与户籍人口比（Z5）、城镇化率（Z6，%）、地方一般公共预算收入与预算支出比（Z7）、卫生技术人员数（Z8，人）、普通初中教师数（Z9，人）、常住人口数（Z10，万人）10 个指标，作为衡量福建苏区县发展态势的指标，采用 2022 年的相关统计数据，运用 SPSS24 软件对所有数据标准化之后，进行因子分析，得到影响福建苏区县发展态势的相关

性和显著性水平矩阵，如表 3-14 所示。

表 3-14　福建苏区县发展态势的相关性和显著性水平矩阵

		Z1	Z2	Z3	Z4	Z5	Z6	Z7	Z7	Z9	Z10
相关性	Z1	1	0.964	0.908	0.627	0.768	0.656	0.861	0.907	0.847	0.889
	Z2	0.964	1	0.771	0.678	0.715	0.595	0.847	0.788	0.751	0.788
	Z3	0.908	0.771	1	0.496	0.769	0.691	0.736	0.963	0.826	0.871
	Z4	0.627	0.678	0.496	1	0.563	0.513	0.597	0.417	0.235	0.264
	Z5	0.768	0.715	0.769	0.563	1	0.881	0.674	0.803	0.511	0.637
	Z6	0.656	0.595	0.691	0.513	0.881	1	0.609	0.722	0.465	0.554
	Z7	0.861	0.847	0.736	0.597	0.674	0.609	1	0.72	0.737	0.765
	Z8	0.907	0.788	0.963	0.417	0.803	0.722	0.72	1	0.835	0.908
	Z9	0.847	0.751	0.826	0.235	0.511	0.465	0.737	0.835	1	0.971
	Z10	0.889	0.788	0.871	0.264	0.637	0.554	0.765	0.908	0.971	1
显著性（单尾）	Z1		0.007	0.003	0	0	0.101	0	0.002	0	0
	Z2	0.007		0	0	0	0	0	0	0	0
	Z3	0.003	0		0	0	0	0	0	0	0
	Z4	0	0	0		0	0.049	0	0	0	0
	Z5	0	0	0	0		0	0	0	0	0
	Z6	0.101	0	0	0.049	0		0.001	0	0.001	0
	Z7	0	0	0	0	0	0.001		0	0	0
	Z8	0.002	0	0	0	0	0	0		0	0
	Z9	0	0	0	0	0	0.001	0	0		0
	Z10	0	0	0	0	0	0	0	0	0	

算出的 KMO 值为 0.727，大于 0.6，显著性水平小于 0.01（见表 3-15），可以进行主成分分析。

表 3-15　KMO 和巴特利特检验

KMO 取样适切性量数		0.727
巴特利特球形度检验	近似卡方	726.785
	自由度	45
	显著性	0.000

采用主成分分析法提取的公因子方差都大于 0.7（见表 3-16），能够比较好地体现原始变量的信息。

表 3-16　公因子方差

	初始	提取
Zscore：1GDP（亿元）	1.000	0.961
Zscore：2 二产产值（亿元）	1.000	0.844
Zscore：3 三产产值（亿元）	1.000	0.890
Zscore：4 人均 GDP（元）	1.000	0.815
Zscore：5 常住 / 户籍	1.000	0.809
Zscore：6 城镇化率（%）	1.000	0.707
Zscore：7 预算收入 / 支出	1.000	0.766
Zscore：8 卫生技术人员数（人）	1.000	0.915
Zscore：9 普通初中教师（人）	1.000	0.954
Zscore：10 常住人口数（万人）	1.000	0.985

注：提取方法为主成分分析法。

提取 2 个特征值大于 1 的主成分，累计方差贡献率为 86.457%（见表 3-17），适合进行主成分分析（进行主成分分析一般要求特征值不低于 1 以及累计方差贡献率大于 80%）。

表 3-17　总方差解释

成分	初始特征值			提取载荷平方和			旋转载荷平方和		
	总计	方差百分比	累计 %	总计	方差百分比	累计 %	总计	方差百分比	累计 %
1	7.518	75.179	75.179	7.518	75.179	75.179	5.140	51.404	51.404
2	1.128	11.277	86.457	1.128	11.277	86.457	3.505	35.053	86.457
3	0.711	7.112	93.569						
4	0.276	2.756	96.324						
5	0.160	1.596	97.920						
6	0.120	1.198	99.118						
7	0.054	0.540	99.658						
8	0.025	0.255	99.913						
9	0.008	0.084	99.997						
10	0.000	0.003	100.000						

注：提取方法为主成分分析法。

从主成分的碎石图（见图3-2）中可以发现，第1~3个主成分的折线坡度较大，之后趋于平缓，第三个主成分的特征值已小于1，表明从样本的10个指标变量中提取2个公因子就可以反映大部分原有指标的信息。

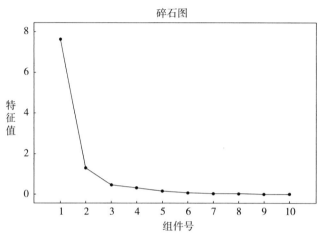

图3-2　主成分碎石图

表3-18展示的是旋转后的因子载荷矩阵，从表中可以看出，GDP（Z1）、第二产业产值（Z2）、第三产业产值（Z3）、地方一般公共预算收入与预算支出比（Z7）、卫生技术人员数（Z8）、普通初中教师数（Z9）、常住人口数（Z10）7个指标在第一主成分上具有较高的载荷（简称产业规模与公共服务因子），人均GDP（Z4）、常住人口与户籍人口比（Z5）、城镇化率（Z6）3个指标在第二主成分上具有较高的载荷（简称城镇化水平和收入因子）。

表3-18　旋转后的成分矩阵

	成分	
	1	2
Zscore：1GDP（亿元）	0.791	0.579
Zscore：2二产产值（亿元）	0.673	0.625
Zscore：3三产产值（亿元）	0.810	0.484
Zscore：4人均GDP（元）	0.066	0.900
Zscore：5常住/户籍	0.476	0.763
Zscore：6城镇化率（%）	0.395	0.743

续表

	成分	
	1	2
Zscore：7 预算收入 / 支出	0.659	0.576
Zscore：8 卫生技术人员数（人）	0.844	0.451
Zscore：9 普通初中教师（人）	0.968	0.133
Zscore：10 常住人口数（万人）	0.967	0.221

注：提取方法为主成分分析法。旋转方法为凯撒正态化最大方差法，旋转在 3 次迭代后已收敛。

由成分矩阵计算成分得分系数矩阵（见表 3-19），将成分矩阵中的数值分别除以初始特征值（见表 3-17）的开方，得到所提取主成分的得分系数矩阵 a1~an，这里只提取第一、第二主成分，得到的成分得分系数为 a1、a2。

表 3-19 成分得分系数矩阵

	成分	
	a1	a2
Zscore：1GDP（亿元）	0.116	0.063
Zscore：2 二产产值（亿元）	0.051	0.134
Zscore：3 三产产值（亿元）	0.159	−0.002
Zscore：4 人均GDP（元）	−0.301	0.522
Zscore：5 常住 / 户籍	−0.081	0.289
Zscore：6 城镇化率（%）	−0.107	0.306
Zscore：7 预算收入 / 支出	0.063	0.109
Zscore：8 卫生技术人员数（人）	0.185	−0.034
Zscore：9 普通初中教师（人）	0.352	−0.272
Zscore：10 常住人口数（万人）	0.319	−0.218

注：提取方法为主成分分析法。旋转方法为凯撒正态化最大方差法。

将 GDP（Z1）、第二产业产值（Z2）、第三产业产值（Z3）、人均 GDP（Z4）、常住人口与户籍人口比（Z5）、城镇化率（Z6）、地方一般公共预算收入与预算支出比（Z7）、卫生技术人员数（Z8）、普通初中教师数（Z9）、常住人口数（Z10）10 个指标的原始数据标准化为 zx1, zx2, …, zx10, 再分别与成分得分系数矩阵相乘，得到第一、第二主成分的得分结果即为 F1、F2, 主成分得分的计算表达式为：

F1=0.116×zx1+0.051×zx2+0.159×zx2−0.301×zx4−0.081×zx5−0.107×zx6−0.063×zx7+0.185×zx8+0.352×zx9+0.319×zx10

F2=0.063×zx1+0.134×zx2−0.002×zx3+0.552×zx4+0.289×zx5+0.306×zx6+0.109×zx7−0.034×zx8−0.272×zx9−0.218×zx10

计算出主成分得分 F1 和 F2 后，将主成分的方差贡献率（第一主成分比例为51.404%、第二主成分比例为35.053%）作为主成分权重，计算福建苏区县发展态势的综合指数得分 F=0.51404×F1+0.35053×F2（相关情况见表3-20）。

表3-20　闽西在福建苏区县发展态势的主成分得分与综合指数情况

苏区县	F1	F2	F	苏区县	F1	F2	F
三元区	0.0756	3.2373	1.1736	松溪县	−0.7408	−0.9949	−0.7295
沙县区	−0.6457	1.5408	0.2082	政和县	−0.4547	−1.1469	−0.6358
永安市	−0.1082	1.8962	0.609	新罗区	3.1947	1.8266	2.2825
明溪县	−1.52	0.5901	−0.5745	永定区	0.4494	−0.6391	0.007
清流县	−1.3623	0.5494	−0.5077	漳平市	−0.3544	0.5865	0.0234
宁化县	−0.0384	−0.9217	−0.3428	长汀县	0.8408	−1.1808	0.0183
大田县	0.1752	−0.7933	−0.188	上杭县	0.5658	0.4567	0.4509
尤溪县	0.4815	−1.2637	−0.1955	武平县	0.0074	−0.371	−0.1262
将乐县	−1.117	0.6106	−0.3601	连城县	−0.2089	0.0318	−0.0962
泰宁县	−1.1554	−0.1776	−0.6562	蕉城区	1.5895	3.8252	2.1579
建宁县	−1.4006	0.4424	−0.5649	福安市	1.7104	0.9477	1.2114
延平区	0.9634	−0.163	0.4381	福鼎市	1.3437	−0.2736	0.5948
建阳区	0.2951	−0.402	0.0108	霞浦县	0.8485	−0.945	0.1049
邵武市	−0.3666	0.5995	0.0217	古田县	0.3226	−1.1113	−0.2237
武夷山市	−0.346	0.1591	−0.1221	屏南县	−0.7714	−0.5821	−0.6006
建瓯市	1.0194	−1.493	0.0007	寿宁县	−0.3354	−1.376	−0.6547
顺昌县	−0.4705	−0.7152	−0.4925	周宁县	−0.6336	−0.9414	−0.6557
浦城县	0.3444	−1.6281	−0.3937	柘荣县	−1.2637	0.1038	−0.6132
光泽县	−0.934	−0.2839	−0.5796				

按照表3-20的F1、F2、F的分值从高到低分为上、中上、中下、下4组（前三组每组各9个县域，最后一组10个县域），分析闽西龙岩各县（市、区）在37个福建苏区县中的竞争态势。

从 F1 产业规模与公共服务因子（见表 3-21）来看，闽西龙岩的县域总体竞争力较强。新罗区以第一的分值位列"上"等，长汀县也位列"上"等；上杭县、永定区、武平县位列"中上"等，连城县和漳平市位列"中下"等。

表 3-21　F1 产业规模与公共服务因子

等级	福建苏区县
上	新罗区、福安市、蕉城区、福鼎市、建瓯市、延平区、霞浦县、长汀县、上杭县
中上	尤溪县、永定区、浦城县、古田县、建阳区、大田县、三元区、武平县、宁化县
中下	永安市、连城县、寿宁县、武夷山市、漳平市、邵武市、政和县、顺昌县、周宁县
下	沙县区、松溪县、屏南县、光泽县、将乐县、泰宁县、柘荣县、清流县、建宁县、明溪县

从 F2 城镇化水平和收入因子（见表 3-22）来看，闽西龙岩的县域总体竞争力一般。只有新罗区位列"上"等；漳平市、上杭县、连城县位列"中上"等，武平县和永定区位列"中下"等，长汀县位列"下"等。

表 3-22　F2 城镇化水平和收入因子

等级	福建苏区县
上	蕉城区、三元区、永安市、新罗区、沙县区、福安市、将乐县、邵武市、明溪县
中上	漳平市、清流县、上杭县、建宁县、武夷山市、柘荣县、连城县、延平区、泰宁县
中下	福鼎市、光泽县、武平县、建阳区、屏南县、永定区、顺昌县、大田县、宁化县
下	周宁县、霞浦县、松溪县、古田县、政和县、长汀县、尤溪县、寿宁县、建瓯市、浦城县

从 F 综合指数（见表 3-23）来看，闽西龙岩的县域综合竞争力较强。新罗区以第一的分值位列"上"等，上杭县也位列"上"等；漳平市、长汀县、永定区、连城县位列"中上"等，武平县位列"中下"等。

表 3-23　F 综合指数

等级	福建苏区县
上	新罗区、蕉城区、福安市、三元区、永安市、福鼎市、上杭县、延平区、沙县区
中上	霞浦县、漳平市、邵武市、长汀县、建阳区、永定区、建瓯市、连城县、武夷山市
中下	武平县、大田县、尤溪县、古田县、宁化县、将乐县、浦城县、顺昌县、清流县
下	建宁县、明溪县、光泽县、屏南县、柘荣县、政和县、寿宁县、周宁县、泰宁县、松溪县

（二）分指标进行分析

在全局主成分分析时，为了让相关性指标矩阵成为正定矩阵，不少重要指标无法纳入，这里梳理出第一产业产值（亿元）、人均GDP增长率（%）、城镇居民人均可支配收入（元）、农村居民人均可支配收入（元）、社会消费品零售总额（亿元）、卫生技术人员与卫生机构床位比（人/张）、普通初中师生比、小学师生比8个指标列成表3-24，利用2022年的相关统计数据进行比较，按照指标数值从高到低分为上、中上、中下、下4组（前三组每组各9个县域，最后一组10个县域），分析闽西龙岩各县域在福建苏区县中的竞争态势。

表3-24　闽西在福建苏区县分指标比较情况

苏区县	一产产值（亿元）	人均GDP增长率（%）	城镇居民人均可支配收入（元）	农村居民人均可支配收入（元）	社会消费品零售总额（亿元）	卫生技术人员与卫生机构床位比（人/张）	普通初中师生比	小学师生比
三元区	25.59	2.43	49370	25542	209.60	1.295	0.0804	0.0537
沙县区	33.93	4.39	45512	25983	109.99	1.141	0.0720	0.0586
永安市	36.64	4.22	45563	24281	143.66	1.184	0.0812	0.0601
明溪县	23.62	3.63	37064	21536	25.88	1.471	0.0877	0.0838
清流县	30.68	1.53	38829	22080	52.78	1.266	0.0688	0.0658
宁化县	31.13	4.50	36662	21590	69.29	1.150	0.0715	0.0567
大田县	43.27	4.39	45162	23684	64.42	0.888	0.0749	0.0524
尤溪县	55.10	4.55	42848	24095	75.17	1.166	0.0953	0.0541
将乐县	22.17	6.97	43390	23724	61.67	1.342	0.0772	0.0571
泰宁县	15.94	-2.46	40734	21934	29.14	1.258	0.0796	0.0719
建宁县	21.54	5.35	37435	21908	41.68	1.362	0.0762	0.0731
延平区	40.62	3.24	42165	23794	114.59	1.146	0.0836	0.0687
建阳区	46.11	4.17	42569	22116	100.17	1.253	0.0743	0.0645
邵武市	35.07	5.96	42415	25282	130.13	1.055	0.0845	0.0631
武夷山市	32.39	1.92	42578	23758	77.18	1.216	0.0817	0.0621
建瓯市	58.34	3.33	41085	23048	163.49	1.042	0.0721	0.0677
顺昌县	21.41	5.98	37798	20943	35.04	1.618	0.1198	0.0819
浦城县	41.18	6.89	38177	19891	46.96	0.977	0.0785	0.0767
光泽县	48.38	5.97	37777	18566	25.35	1.156	0.0860	0.0922

续表

苏区县	一产产值（亿元）	人均GDP增长率（%）	城镇居民人均可支配收入（元）	农村居民人均可支配收入（元）	社会消费品零售总额（亿元）	卫生技术人员与卫生机构床位比（人/张）	普通初中师生比	小学师生比
松溪县	15.24	2.66	36055	16842	36.88	1.324	0.0696	0.0595
政和县	22.57	6.91	36144	17427	61.33	1.133	0.0632	0.0667
新罗区	53.00	4.23	49695	28541	519.35	1.231	0.0751	0.0571
永定区	38.23	5.51	48571	25222	143.83	0.900	0.0993	0.0642
漳平市	39.54	4.25	43852	24264	117.28	1.294	0.0915	0.0605
长汀县	41.57	5.59	33502	22279	174.38	0.889	0.0804	0.0580
上杭县	58.58	7.68	50438	24177	170.53	1.124	0.0923	0.0566
武平县	38.73	5.19	43263	23310	159.53	0.999	0.0966	0.0604
连城县	41.61	5.31	39574	22374	142.79	1.022	0.1110	0.0556
蕉城区	51.41	12.28	44463	23139	178.19	1.598	0.0710	0.0555
福安市	62.29	7.01	46035	23928	170.81	1.328	0.0679	0.0600
福鼎市	75.98	8.29	45419	23198	203.35	1.389	0.0709	0.0555
霞浦县	85.40	13.23	42774	23786	113.82	0.995	0.0648	0.0479
古田县	54.85	7.56	40692	24357	100.07	0.974	0.0992	0.0636
屏南县	17.42	18.55	35530	20831	44.80	0.731	0.0914	0.0734
寿宁县	19.43	5.67	33407	20315	33.27	0.904	0.0955	0.0747
周宁县	9.53	15.62	36993	21543	29.75	0.904	0.0885	0.0689
柘荣县	10.09	5.56	34359	20440	37.38	1.262	0.0708	0.0626

第一产业对乡村具有特殊重要作用。从第一产业产值来看（见表3-25），闽西龙岩的县域总体竞争力较强，上杭县和新罗区位列"上"等，连城县、长汀县、漳平市和武平县位列"中上"等，永定区位列"中下"等。

表3-25　第一产业产值

等级	福建苏区县
上	霞浦县、福鼎市、福安市、上杭县、建瓯市、尤溪县、古田县、新罗区、蕉城区
中上	光泽县、建阳区、大田县、连城县、长汀县、浦城县、延平区、漳平市、武平县
中下	永定区、永安市、邵武市、沙县区、武夷山市、宁化县、清流县、三元区、明溪县
下	政和县、将乐县、建宁县、顺昌县、寿宁县、屏南县、泰宁县、松溪县、柘荣县、周宁县

人均GDP增长率对乡村发展后劲具有重要影响。从人均GDP增长率来看（见表3-26），闽西龙岩的县域总体发展后劲一般，只有上杭县位列"上"等，长汀县和永定区位列"中上"等，连城县、武平县、漳平市和新罗区位列"中下"等。

表3-26　人均GDP增长率

等级	福建苏区县
上	屏南县、周宁县、霞浦县、蕉城区、福鼎市、上杭县、古田县、福安市、将乐县
中上	政和县、浦城县、顺昌县、光泽县、邵武市、寿宁县、长汀县、柘荣县、永定区
中下	建宁县、连城县、武平县、尤溪县、宁化县、大田县、沙县、漳平、新罗区
下	永安市、建阳区、明溪县、建瓯市、延平区、松溪县、三元区、武夷山市、清流县、泰宁县

城镇居民人均可支配收入是衡量城镇居民富裕程度的重要指标。从城镇居民人均可支配收入来看（见表3-27），闽西龙岩的县域总体竞争力较强，但内部差距大。上杭县、新罗区和永定区分别以第一、第二和第四名位列"上"等，漳平市和武平县位列"中上"等，但长汀县以倒数第二的名次位列"下"等。

表3-27　城镇居民人均可支配收入

等级	福建苏区县
上	上杭县、新罗区、三元区、永定区、福安市、永安市、沙县区、福鼎市、大田县
中上	蕉城区、漳平市、将乐县、武平县、尤溪县、霞浦县、武夷山市、建阳区、邵武市
中下	延平区、建瓯市、泰宁县、古田县、连城县、清流县、浦城县、顺昌县、光泽县
下	建宁县、明溪县、周宁县、宁化县、政和县、松溪县、屏南县、柘荣县、长汀县、寿宁县

农村居民人均可支配收入是衡量农村居民富裕程度的重要指标。从农村居民人均可支配收入来看（见表3-28），闽西龙岩的县域总体竞争力较强，新罗区和永定区分别以第一和第五名位列"上"等，漳平市和上杭县也位列"上"等；武平县位列"中上"等，连城县和长汀县位列"中下"等。

表3-28　农村居民人均可支配收入

等级	福建苏区县
上	新罗区、沙县区、三元区、邵武市、永定区、古田县、永安市、漳平市、上杭县

续表

等级	福建苏区县
中上	尤溪县、福安市、延平区、霞浦县、武夷山市、将乐县、大田县、武平县、福鼎市
中下	蕉城区、建瓯市、连城县、长汀县、建阳区、清流县、泰宁县、建宁县、宁化县
下	周宁县、明溪县、顺昌县、屏南县、柘荣县、寿宁县、浦城县、光泽县、政和县、松溪县

社会消费品零售总额是衡量商业发达程度的重要指标。从社会消费品零售总额来看（见表3-29），闽西龙岩的县域总体竞争力强，新罗区和长汀县分别以第一和第五名位列"上"等，上杭县和武平县也位列"上"等；永定区、连城县和漳平市位列"中上"等。

表3-29　社会消费品零售总额

等级	福建苏区县
上	新罗区、三元区、福鼎市、蕉城区、长汀县、福安市、上杭县、建瓯市、武平县
中上	永定区、永安市、连城县、邵武市、漳平市、延平区、霞浦县、沙县区、建阳区
中下	古田县、武夷山市、尤溪县、宁化县、大田县、将乐县、政和县、清流县、浦城县
下	屏南县、建宁县、柘荣县、松溪县、顺昌县、寿宁县、周宁县、泰宁县、明溪县、光泽县

卫生技术人员与卫生机构床位比是衡量医疗卫生服务能力的重要指标。从卫生技术人员与卫生机构床位比来看（见表3-30），闽西龙岩的县域总体竞争力较弱，没有位列"上"等的县域，漳平市和新罗区位列"中上"等，上杭县和连城县位列"中下"等，武平县、永定区和长汀县位列"下"等。

表3-30　卫生技术人员与卫生机构床位比

等级	福建苏区县
上	顺昌县、蕉城区、明溪县、福鼎市、建宁县、将乐县、福安市、松溪县、三元区
中上	漳平市、清流县、柘荣县、泰宁县、建阳区、新罗区、武夷山市、永安市、尤溪县
中下	光泽县、宁化县、延平区、沙县区、政和县、上杭县、邵武市、建瓯市、连城县
下	武平县、霞浦县、浦城县、古田县、寿宁县、周宁县、永定区、长汀县、大田县、屏南县

普通初中师生比是体现义务教育服务能力的重要指标。从普通初中师生比来

看（见表 3-31），闽西龙岩的县域总体竞争力强，位列"上"等的有连城县、永定区、武平县、上杭县、漳平市 5 个县域，长汀县位列"中上"等，新罗区位列"中下"等。

表 3-31　普通初中师生比

等级	福建苏区县
上	顺昌县、连城县、永定区、古田县、武平县、寿宁县、尤溪县、上杭县、漳平市
中上	屏南县、周宁县、明溪县、光泽县、邵武市、延平区、武夷山市、永安市、长汀县
中下	三元区、泰宁县、浦城县、将乐县、建宁县、新罗区、大田县、建阳区、建瓯市
下	沙县区、宁化县、蕉城区、福鼎市、柘荣县、松溪县、清流县、福安市、霞浦县、政和县

小学师生比是体现义务教育服务能力的重要指标。从小学师生比来看（见表 3-32），闽西龙岩的县域总体竞争力弱，没有位列"上"等的县域，永定区位列"中上"等，漳平市、武平县、长汀县、新罗区位列"中下"等，上杭县和连城县位列"下"等。

表 3-32　小学师生比

等级	福建苏区县
上	光泽县、明溪县、顺昌县、浦城县、寿宁县、屏南县、建宁县、泰宁县、周宁县
中上	延平区、建瓯市、政和县、清流县、建阳区、永定区、古田县、邵武市、柘荣县
中下	武夷山市、漳平市、武平县、永安市、福安市、松溪县、沙县区、长汀县、新罗区
下	将乐县、宁化县、上杭县、连城县、福鼎市、蕉城区、尤溪县、三元区、大田县、霞浦县

第三节　闽西乡村振兴在闽粤赣边区的态势

闽粤赣边区的赣州、龙岩、梅州山水相连，既是我国南方的绿色生态屏障，也是著名的革命老区、客家人最为集中的地区。因地缘相连、商缘相近、文缘相承，闽粤赣边区的人民长期以来沟通联系密切。本节进一步分析闽西龙岩在闽粤赣边区县的竞争态势。

本书选取 GDP（亿元）、第二产业产值（亿元）、第三产业产值（亿元）、人均 GDP（元）、GDP 增长率（%）、人均 GDP 增长率（%）、常住人口数（万人）、常住人口与户籍人口比、城镇化率（%）、城镇居民人均可支配收入（元）、农村居民人均可支配收入（元）、地方一般公共预算收入（万元）、地方一般公共预算收入与预算支出比、社会消费品零售总额（万元）14个指标，作为衡量闽粤赣边区发展态势的指标，采用2022年的相关统计数据，运用SPSS24软件对所有数据标准化之后，进行因子分析，所得影响闽粤赣边区发展态势的相关性和显著性水平矩阵可以满足分析需要。

　　算出的KMO值为0.706，大于0.6，显著性水平小于0.01（见表3-33），可以进行主成分分析。

表3-33　KMO和巴特利特检验

KMO 取样适切性量数		0.706
巴特利特球形度检验	近似卡方	763.933
	自由度	91
	显著性	0.000

　　采用主成分分析法提取的公因子方差最小的为0.826，都大于0.7（见表3-34），能够很好地体现原始变量的信息。

表3-34　公因子方差

	初始	提取
Zscore：1 GDP（亿元）	1.000	0.972
Zscore：2 二产产值（亿元）	1.000	0.948
Zscore：3 三产产值（亿元）	1.000	0.971
Zscore：4 人均GDP（元）	1.000	0.854
Zscore：5 GDP增长率（%）	1.000	0.964
Zscore：6 人均GDP增长率（%）	1.000	0.958
Zscore：7 常住人口数（万人）	1.000	0.919
Zscore：8 常住/户籍	1.000	0.895
Zscore：9 城镇化率（%）	1.000	0.841
Zscore：10 城镇居民人均可支配收入（元）	1.000	0.859
Zscore：11 农村居民人均可支配收入（元）	1.000	0.929
Zscore：12 公共预算收入（万元）	1.000	0.826

	初始	提取
Zscore：13 预算收入／支出	1.000	0.898
Zscore：14 社会消费品零售总额（万元）	1.000	0.904

注：提取方法为主成分分析法。

提取 4 个特征值大于 1 的主成分，累计方差贡献率为 90.980%（见表 3-35），适合进行主成分分析。

表 3-35 总方差解释

成分	初始特征值			提取载荷平方和			旋转载荷平方和		
	总计	方差百分比	累计 %	总计	方差百分比	累计 %	总计	方差百分比	累计 %
1	7.656	54.685	54.685	7.656	54.685	54.685	4.746	33.899	33.899
2	2.463	17.592	72.277	2.463	17.592	72.277	3.616	25.830	59.730
3	1.570	11.216	83.493	1.570	11.216	83.493	2.772	19.797	79.526
4	1.048	7.487	90.980	1.048	7.487	90.980	1.603	11.453	90.980
5	0.471	3.368	94.348						
6	0.330	2.359	96.706						
7	0.228	1.625	98.332						
8	0.093	0.664	98.996						
9	0.053	0.379	99.374						
10	0.043	0.308	99.682						
11	0.023	0.163	99.845						
12	0.013	0.092	99.937						
13	0.008	0.059	99.996						
14	0.001	0.004	100.000						

注：提取方法为主成分分析法。

表 3-36 展示的是旋转后的因子载荷矩阵，从表中可以看出，人均 GDP（元）、城镇居民人均可支配收入（元）、农村居民人均可支配收入（元）、地方一般公共预算收入与预算支出比 4 个指标在第一主成分上具有较高的载荷（简称收入因子），GDP（亿元）、第二产业产值（亿元）、第三产业产值（亿元）、常住人口数（万人）、地方一般公共预算收入（万元）、社会消费品零售总额（万元）6

个指标在第二主成分上具有较高的载荷（简称产业发展与经济规模因子），GDP增长率（%）、人均GDP增长率（%）2个指标在第三主成分上具有较高的载荷（简称经济增长因子），常住人口与户籍人口比、城镇化率（%）2个指标在第四主成分上具有较高的载荷（简称城镇化因子）。

表 3-36 旋转后的成分矩阵

	成分			
	1	2	3	4
Zscore：1 GDP（亿元）	0.639	0.723	0.084	0.187
Zscore：2 二产产值（亿元）	0.638	0.676	0.104	0.273
Zscore：3 三产产值（亿元）	0.617	0.738	0.076	0.199
Zscore：4 人均GDP（元）	0.874	0.046	0.266	0.128
Zscore：5 GDP增长率（%）	0.055	0.155	0.958	0.139
Zscore：6 人均GDP增长率（%）	0.115	0.053	0.967	0.081
Zscore：7 常住人口数（万人）	−0.252	0.908	0.126	0.124
Zscore：8 常住/户籍	0.001	0.263	0.319	0.851
Zscore：9 城镇化率（%）	0.553	0.061	−0.071	0.725
Zscore：10 城镇居民人均可支配收入（元）	0.819	0.268	0.288	0.184
Zscore：11 农村居民人均可支配收入（元）	0.851	0.121	−0.432	−0.059
Zscore：12 公共预算收入（万元）	0.441	0.660	0.433	−0.091
Zscore：13 预算收入/支出	0.698	0.322	0.495	0.249
Zscore：14 社会消费品零售总额（万元）	0.569	0.735	−0.030	0.198

注：提取方法为主成分分析法。旋转方法为凯撒正态化最大方差法，旋转在6次迭代后已收敛。

由成分矩阵计算成分得分系数矩阵（见表 3-37），四个主成分得分系数为 a1、a2、a3、a4。

表 3-37 成分得分系数矩阵

	成分			
	a1	a2	a3	a4
Zscore：1 GDP（亿元）	0.056	0.185	−0.049	−0.032
Zscore：2 二产产值（亿元）	0.052	0.151	−0.048	0.048
Zscore：3 三产产值（亿元）	0.043	0.196	−0.055	−0.019

	成分			
	a1	a2	a3	a4
Zscore：4 人均 GDP（元）	0.279	−0.188	0.091	−0.052
Zscore：5 GDP 增长率（%）	−0.033	−0.035	0.376	−0.027
Zscore：6 人均 GDP 增长率（%）	0.016	−0.088	0.396	−0.075
Zscore：7 常住人口数（万人）	−0.284	0.452	−0.037	0.010
Zscore：8 常住 / 户籍	−0.173	−0.013	0.005	0.674
Zscore：9 城镇化（率）	0.079	−0.168	−0.128	0.560
Zscore：10 城镇居民人均可支配收入（元）	0.208	−0.081	0.075	−0.026
Zscore：11 农村居民人均可支配收入（元）	0.284	−0.066	−0.187	−0.135
Zscore：12 公共预算收入（万元）	0.038	0.202	0.140	−0.284
Zscore：13 预算收入 / 支出	0.145	−0.058	0.150	0.015
Zscore：14 社会消费品零售总额（万元）	0.027	0.213	−0.100	0.001

注：提取方法为主成分分析法。旋转方法为凯撒正态化最大方差法。

将 GDP（亿元）、第二产业产值（亿元）、第三产业产值（亿元）、人均 GDP（元）、GDP 增长率（%）、人均 GDP 增长率（%）、常住人口数（万人）、常住人口与户籍人口比、城镇化率（%）、城镇居民人均可支配收入（元）、农村居民人均可支配收入（元）、地方一般公共预算收入（万元）、地方一般公共预算收入与预算支出比、社会消费品零售总额（万元）14 个指标的原始数据标准化为 zx1，zx2，…，zx14，再分别与成分得分系数矩阵相乘，得到第一、第二、第三、第四主成分的得分结果即为 F1、F2、F3、F4，主成分得分的计算表达式为：

$F1=0.056 \times zx1+0.052 \times zx2+0.043 \times zx3+0.279 \times zx4-0.033 \times zx5+0.16 \times zx6-0.284 \times zx7-0.173 \times zx8+0.79 \times zx9+0.208 \times zx10+0.284 \times zx11+0.38 \times zx12+0.145 \times zx13+0.27 \times zx14$

$F2=0.185 \times zx1+0.151 \times zx2+0.196 \times zx3-0.188 \times zx4-0.035 \times zx5-0.88 \times zx6+0.452 \times zx7-0.13 \times zx8-0.168 \times zx9-0.81 \times zx10-0.66 \times zx11+0.202 \times zx12-0.58 \times zx13+0.213 \times zx14$

$F3=-0.49 \times zx1-0.48 \times zx2-0.55 \times zx3+0.91 \times zx4+0.0376 \times zx5+0.396 \times zx6-0.037 \times zx7+0.005 \times zx8-0.128 \times zx9+0.75 \times zx10-0.187 \times zx11+0.14 \times zx12+0.15 \times zx13-0.1 \times zx14$

F4=−0.032×zx1+0.48×zx2−0.019×zx3−0.052×zx4−0.027×zx5−0.075×zx6+0.01×zx7+0.674×zx8+0.56×zx9−0.026×zx10−0.135×zx11−0.284×zx12+0.015×zx13+0.01×zx14

计算出主成分得分 F1、F2、F3、F4 后，将主成分的方差贡献率（第一主成分比例为 54.685%、第二主成分比例为 17.592%、第三主成分比例为 11.216%、第四主成分比例为 7.487%）作为主成分权重，计算闽粤赣边区县域发展态势的综合指数得分 F=0.54685×F1+0.17592×F2+0.11216×F3 +0.07487×F4（相关情况见表 3-38）。

表 3-38　闽西在闽粤赣边区县域发展态势的主成分得分与综合指数情况

县域	F1	F2	F3	F4	F
章贡区	4.1004	1.5259	0.1767	0.7273	3.0751
南康区	0.81	1.6558	0.7434	0.1823	0.9541
赣县区	−0.483	0.4762	0.7338	0.0503	−0.0604
信丰县	−0.2058	0.5467	0.5507	−0.0356	0.0187
大余县	−0.9876	−0.7638	0.6757	0.413	−0.2894
上犹县	−1.4705	−0.6638	0.4393	0.2304	−0.6991
崇义县	−1.0487	−0.9459	0.8088	0.0508	−0.6111
安远县	−1.8981	−0.3881	0.3388	0.2425	−0.8867
定南县	−1.3314	−1.0601	0.8503	1.0276	−0.0498
全南县	−1.3788	−1.0862	0.9866	0.5794	−0.4006
宁都县	−1.2402	0.7324	0.1509	0.2003	−0.3824
于都县	−0.5308	1.4826	0.4594	−0.3605	−0.2478
兴国县	−1.2525	0.7188	0.3058	−0.0216	−0.5404
会昌县	−1.3424	−0.1585	0.4601	0.3368	−0.4582
寻乌县	−1.4325	−0.7206	0.5377	0.3118	−0.6164
石城县	−1.7363	−0.5924	0.3379	0.2969	−0.7935
瑞金市	−0.9891	0.4676	0.5237	0.0059	−0.3955
龙南市	0.0023	−0.5275	0.9533	0.6534	0.5045
新罗区	8.0534	3.0694	−0.5792	1.7736	6.2069
永定区	1.8951	−0.5347	0.2371	−0.6869	0.4546
漳平市	1.7302	−0.8468	0.0326	0.1636	0.9233

县域	F1	F2	F3	F4	F
长汀县	0.8353	0.0245	0.1995	−0.3292	0.237
上杭县	3.5834	0.3168	1.9542	−1.6755	0.98
武平县	1.3975	−0.6338	0.1986	−0.4132	0.3657
连城县	1.3987	−0.962	0.4712	−0.4077	0.3433
梅江区	0.7069	−0.3597	−2.2626	2.8541	2.2064
梅县区	0.9855	−0.4098	−1.756	−2.1062	−1.307
兴宁市	−0.1726	−0.3747	−1.4303	−2.1269	−1.9132
平远县	−1.1736	−0.8181	−1.413	−0.0005	−0.9446
蕉岭县	−0.8327	−0.8727	−1.6981	0.3864	−0.51
大埔县	−1.7768	−0.2849	−1.3823	−0.3062	−1.406
丰顺县	−1.7799	0.1019	−1.7487	0.136	−1.0497
五华县	−2.4353	1.8857	−0.8559	−2.1526	−2.7077

按照表 3-38 的 F1、F2、F3、F4、F 的分值从高到低分为上、中、下 3 组（每组各 11 个县域），分析闽西龙岩各县（市、区）在 33 个闽粤赣边区县域中的竞争态势。

从 F1 收入因子（见表 3-39）来看，闽西龙岩的县域总体竞争力很强。新罗区和上杭县分别以第一、第三的名次位列"上"等，其他五个县域也都位列"上"等。

表 3-39　F1 收入因子

等级	闽粤赣边区县域
上	新罗区、章贡区、上杭县、永定区、漳平市、连城县、武平县、梅县区、长汀县、南康区、梅江区
中	龙南市、兴宁市、信丰县、赣县区、于都县、蕉岭县、大余县、瑞金市、崇义县、平远县、宁都县
下	兴国县、定南县、会昌县、全南县、寻乌县、上犹县、石城县、大埔县、丰顺县、安远县、五华县

从 F2 产业发展与经济规模因子（见表 3-40）来看，闽西龙岩的县域总体竞争力一般。虽然新罗区以第一名位列"上"等，上杭县也位列"上"等，长汀县

和永定区位列"中"等，但是武平县、漳平市和连城县位列"下"等，连城县排名倒数第二。

表 3-40　F2 产业发展与经济规模因子

等级	闽粤赣边区县域
上	新罗区、五华县、南康区、章贡区、于都县、宁都县、兴国县、信丰县、赣县区、瑞金市、上杭县
中	丰顺县、长汀县、会昌县、大埔县、梅江区、兴宁市、安远县、梅县区、龙南市、永定区、石城县
下	武平县、上犹县、寻乌县、大余县、平远县、漳平市、蕉岭县、崇义县、连城县、定南县、全南县

从 F3 经济增长因子（见表 3-41）来看，闽西龙岩的县域总体竞争力一般。虽然上杭县以第一名位列"上"等，连城县、永定区、长汀县和武平县位列"中"等，但是漳平市和新罗区位列"下"等。

表 3-41　F3 经济增长因子

等级	闽粤赣边区县域
上	上杭县、全南县、龙南市、定南县、崇义县、南康区、赣县区、大余县、信丰县、寻乌县、瑞金市
中	连城县、会昌县、于都县、上犹县、安远县、石城县、兴国县、永定区、长汀县、武平县、章贡区
下	宁都县、漳平市、新罗区、五华县、大埔县、平远县、兴宁市、蕉岭县、丰顺县、梅县区、梅江区

从 F4 城镇化因子（见表 3-42）来看，闽西龙岩的县域总体竞争力偏弱。虽然新罗区以第二名位列"上"等，漳平市位列"中"等，但是长汀县、连城县、武平县、永定区和上杭县位列"下"等。

表 3-42　F4 城镇化因子

等级	闽粤赣边区县域
上	梅江区、新罗区、定南县、章贡区、龙南市、全南县、大余县、蕉岭县、会昌县、寻乌县、石城县

续表

等级	闽粤赣边区县域
中	安远县、上犹县、宁都县、南康区、漳平市、丰顺县、崇义县、赣县区、瑞金市、平远县、兴国县
下	信丰县、大埔县、长汀县、于都县、连城县、武平县、永定区、上杭县、梅县区、兴宁市、五华县

从 F 综合指数（见表 3-43）来看，闽西龙岩的县域综合竞争力强。新罗区以排名第一的分值位列"上"等，其他六个县域也都位列"上"等。

表 3-43　F 综合指数

等级	闽粤赣边区县域
上	新罗区、章贡区、梅江区、上杭县、南康区、漳平市、龙南市、永定区、武平县、连城县、长汀县
中	信丰县、定南县、赣县区、于都县、大余县、宁都县、瑞金市、全南县、会昌县、蕉岭县、兴国县
下	崇义县、寻乌县、上犹县、石城县、安远县、平远县、丰顺县、梅县区、大埔县、兴宁市、五华县

第四章

闽西乡村振兴路径创新的必要性分析

中国式现代化的内涵和特色体现在多个方面，其中既包括城市的现代化，也包括乡村的现代化。乡村衰落严重影响到中国式现代化的实现，实施乡村振兴战略旨在扭转乡村衰落的局面，让中国式现代化更全面、更完整。乡村振兴的总要求、主要内容和衡量标准是"产业兴旺、生态宜居、乡风文明、治理有效、生活富裕"，乡村振兴的本质和根本目标是实现农业农村的现代化。闽西不少乡村人口大量外流，衰落明显，离乡村振兴的"20字总要求"尚远，闽西要实现乡村振兴、农业农村现代化，必须寻求路径创新。闽西乡村振兴路径创新是历史发展的必然推演，也是应对现实的必然要求，更是迎接未来的必然选择。

第一节　闽西乡村振兴路径创新是历史发展的必然推演

乡村振兴发展路径应根据时代要求进行创新。改革开放以来，闽西龙岩已先后经历了摆脱贫困、追求温饱、总体小康、相对富裕、全面小康的阶段，现在正处于巩固脱贫攻坚成果与乡村振兴有机衔接、致力于共同富裕的阶段。闽西乡村已实现了全面小康，随之而来的是要进行中国式现代化建设，历史发展阶段不同，振兴发展路径需要与时俱进地进行创新。

一、摆脱贫困、追求温饱阶段的闽西乡村发展实践

闽西龙岩的城镇和农村居民恩格尔系数 1995 年分别高达 61.2% 和 61.1%，当年及之前都处于贫困阶段，农村经济发展比较缓慢，粮食生产上不去，多种经营几乎空白。1978 年，龙岩地区粮食总产量 75 万吨，人均占有粮食 273.5 千克，农民人均纯收入 58.6 元，农民生活比较贫困（中共龙岩市委党史研究室，1997）。在中国扶贫的第一阶段（1978~1985 年），主要是通过落实家庭联产承包责任制等体制改革来推动扶贫开发。20 世纪 80 年代，当沿海地区以强劲的开放态势迅猛发展时，龙岩还是全国 18 个连片的贫困地区之一。在中国农村贫困人口标准为人均年纯收入 205 元的 1985 年，龙岩全地区 7 个县（市）中，长汀、连城、武平、上杭 4 县被国家定为贫困县，120 个乡（镇）有 45 个（后为 47 个）被省委、省政府定为贫困乡，1707 个行政村有 694 个（后为 715 个）被定为贫困村，即贫困县、贫困乡和贫困村的占比分别高达 57.1%、39.2% 和 41.9%。第四次全国人口普查数据显示，1990 年，闽西龙岩的常住人口城镇化率才 12.9%，常住乡村的人口占比高达 87.1%。闽西在计划经济体制时期都属于半封闭状态的、自给自足的山区内向型经济，虽然改革开放以来情况不断好转，但传统经济模式仍以其固有的惯性影响着闽西经济的发展，开放度远远落后于沿海地市（龙岩地区地方志编纂委员会，1996）。为了摆脱贫困，实现温饱，龙岩地区采取一系列措施，以落实农业联产责任制为突破口，个体经济和乡镇企业逐步兴起，高度集中的计划经济体制渐渐被打破，闽西乡村经济社会发展的改革实践不断展开。

（一）落实联产承包责任制，大抓粮食生产

早在 1976 年，闽西就有极少数生产队实行过小段包干作业、"公私合营"等形式的生产责任制，但被当作"资本主义尾巴"给割掉了。1978 年，闽西又有部分社队自发进行包产到组、联产计酬的探索。中共中央 1979 年《关于加快农业发展若干问题的决定》以及 1980 年《关于进一步加强和完善农业生产责任制的几个问题》等文件的下发，极大地鼓舞了农民进行农业承包责任制改革的热情。但是，由于长期受"左"的思想影响，不少干部对"大包干"这一新生事物持有疑虑，在组织指导上行动不力，使包产到户、大包干责任制的推行进展缓慢。因此，龙岩地委在 1981 年出台《对包产到户、包干到户后若干具体问题的处理意见》，组织各级党政部门认真开展调查研究并指导大包干到户全面推

广。大包干极大调动了广大农民的生产积极性，1983 年，龙岩全市粮食总产量达 92 万吨，人均占有粮食 398.68 千克。1984 年后，大包干体制向集体果园、茶园、养殖场、林场、工厂等整个种植业、养殖业、乡镇企业、林业和山地综合开发延伸。从 1985 年开始，龙岩全地区粮食连续多年增产，1989 年，龙岩地区粮食总产量达 95.4 万吨，基本保证了粮食的自给自足，而那个年代能实现粮食自给的并不多，时任中共中央总书记江泽民还专程到闽西视察，了解龙岩粮改经验。1992 年，龙岩全市粮食总产量突破百万吨，达 104 万吨，农民人均纯收入达 814 元。

（二）改革农副产品制度，优化农村产业结构

落实家庭联产承包责任制之后，龙岩地区虽然粮食多年增产，但农民的货币化收入仍旧很少，粮食是必需品，无论是需求的收入弹性还是价格弹性都很小，在当时较封闭的闽西，粮食增产反倒一度出现卖粮难，农村改革和发展的现实矛盾问题客观上要求以市场为导向进行农业生产经营活动，调整农副产品统派购制度和农村产业结构成为改革重点。龙岩地区 1983 年 4 月撤销了农副产品外运审批的规定，调减了农副产品的统派购品种。1985 年，闽西落实国务院下发的《关于进一步活跃农村经济的十项政策》，将农村改革由生产领域扩展到流通领域，除粮、油、烟等少数品种外，其他农副产品自由购销。1987~1988 年，国家推进"菜篮子"工程，闽西积极响应，成立副食品基地领导小组，采取倾斜扶持政策组织"菜篮子"基地建设。农村个体户、专业户和联合体"两户一体"随之大量涌现，农副产品商品率较快提高，农村集市贸易迅速发展。以"绝不放松粮食生产，积极发展多种经营"的方针政策为指导，闽西大力推动科技进步，调整粮食与经济作物的种植比例，开辟增产增收途径。粮食作物播种面积调减之后的粮食产量仍然不断提高。1995 年，龙岩地区粮食总产量连续 9 年增产丰收，达 112.23 万吨；烤烟、蔬菜、水果、茶叶、食用菌等经济作物产量全面增长。随着国务院 1981 年发布的《关于保护森林发展林业若干问题的决定》得以贯彻落实，林业"三定"[①]的管理体制改革充分调动了林农造林与管护森林的积极性，闽西森林覆盖率从 1978 年的 48% 提高到 1995 年的 72.3%，为建设林业强区、发展绿色产业奠定了坚实基础。养殖业方面，闽西取消限养禁养畜禽政策，落实鱼塘承包责任制，闽西的养殖业出现了超常规发展局面，1995 年与 1980 年相比，全地

---

① 林业"三定"政策：稳定山权林权、划定自留山、确定林业生产责任制。

区肉类总产量、禽蛋产量和水产品产量分别翻 2.6 倍、4.25 倍和 5.5 倍（中共龙岩市委党史研究室，1997）。

（三）鼓励多业并举，推动乡镇企业发展

1984 年，龙岩地委按照省委、省政府关于"乡镇企业打头阵"的农村经济发展战略要求，召开专题会议研究乡镇企业发展的问题，采取乡办、村办、联户办、个体办"四轮驱动"的方式发展乡镇企业；1988 年印发《关于加快乡镇企业发展若干规定》，1991 年再印发《关于加快发展乡镇企业的决定》，从政策、措施上鼓励工业、交通、建筑、商业、餐饮多业并举，促进了乡镇企业发展。1988 年，乡镇企业 8149 个，从业人员 33718 人，总产值 3.13 亿元，税金 1739.39 万元，纯利润 3614.27 万元；1992 年，乡镇企业 1.04 万个，从业人员 48977 人，总产值 6.22 亿元，分别年均递增 8.1%、7.5%、22.1%；税金 2964 万元，纯利润 3679 万元，分别年均递增 12.2%、11.4%。乡镇企业出口交货总值逐年增加，1988 年为 435.97 万元，1992 年为 1459 万元，年均递增 44.9%。1995 年，乡镇企业总产值达到 111.5 亿元，首次突破百亿元大关，是 1990 年的 8 倍，实现税利 12.06 亿元，全地区亿元乡镇由 1991 年开始出现迅速发展到 1995 年的 53 个。闽西乡镇企业的影响力不断提高，其经济总量在农村经济中实现了"四分天下有其三"的局面，成为乡村经济的支柱。

（四）加强基础设施建设，改善发展环境

受山区条件制约，闽西基础设施比较落后。以铁路为例，龙岩 1958 年始有鹰厦线过境铁路 73.9 千米，1961 年建成 56 千米的漳（平）龙（岩）铁路，1970 年建成的梅（水坑）剑（斗）铁路在龙岩境内只有 13 千米，1972 年底又先后建成龙（岩）马（坑）支线 5 千米、龙（岩）坎（市）铁路 36 千米，之后一直到 2000 年都没有新增铁路。1989 年 12 月，时任中共中央总书记江泽民视察闽西老区，时任地委书记郑霖在汇报中还请求中央帮助闽西老区解决打通坂寮岭隧道、修建龙梅铁路（梅坎铁路）、兴建 60 万千瓦棉花滩水电站等基础设施的问题。为改善基础设施，龙岩主要在公路、电力、通信等方面着力。

一是改善交通基础设施。闽西以改造等外公路、接通断头路、修建扶贫路、提高公路密度为主攻方向。1988 年，龙岩境内有公路 5834.51 千米，但高等级公路只有二级公路 14.5 千米。由于公路普遍等级低、标准差，因此严重制约着本区经济发展和对外开放。1993 年，龙岩开始大搞公路"先行工程"，扩建改造

319 和 205 国道以及福三线省道，超常规建设高等级公路。1994 年 6 月，坂寮岭隧道及接线公路建成通车。到 1995 年，龙岩公路总里程 6348.35 千米，实现了县县、乡乡和 88.43% 的行政村通公路。

二是改善电力基础设施。党的十一届三中全会以后，龙岩地区积极贯彻"电源电网并举"的水电改革方针，加快了水电站和电网建设步伐。起初，龙岩全区小水电总装机仅 7.8469 万千瓦，电网主要以 6.3 千伏和 10 千伏为主，网架十分薄弱。1980 年后，龙岩地委、行署作出了《加快地方电力发展的决定》，出台优惠政策调动全区办电积极性。至 1989 年底，全区总装机容量达 16.2 万千瓦，比 1978 年翻了一番多。1990~1993 年，全区开工在建电站总装机容量达 20.5 万千瓦，超过中华人民共和国成立以来 40 年水电装机总规模。被列入全国首批 100 个农村电气化试点县的连城县，在小水电建设、管理及农村电气化工作方面成效显著。1991 年被列入全国第二批 200 个农村电气化试点县的永定、武平、上杭三县，制定了农村初级电气化规划，主要任务包括新建、技改电站 27 座，新建 1100 千伏变电站 4 座、35 千伏变电站 6 座，新建 110 千伏线路 4 条、35 千伏线路 11 条。到 1995 年底，地区累计水电装机容量达 31.1 万千瓦，35 千伏以上变电站累计达 87 座。

三是改善邮电通信基础设施。1984 年开始，龙岩地区邮电系统采取超前措施，促进邮电通信向深度和广度发展。1993 年 5 月，武平、上杭两县程控电话开通，至此，全区各县（市）程控电话全部开通，成为福建省第二个实现区内电话交换程控化、长途传输数字化的地区；11 月，全区开通了移动通信系统。龙岩全地区农、市话交换机总容量从 1978 年的 8750 门发展到 1995 年的 19.83 万门。1995 年底，农村电话接通户数达 26375 户，100% 的乡镇实现电话程控化，BP机覆盖所有乡镇，行政村通电话率达到 55%。

（五）全面深化改革，促进市场经济发展

时任龙岩地委书记郑霖在《解放思想 用活政策 大力发展开放型山区经济》中指出：长期的山区封闭状态造成了信息的闭塞和思想观念的陈旧，严重阻碍了商品经济的发展；"四感"的思想障碍要着重破除：认为山区基础差，开放、发展条件不具备的"自卑感"；认为外向型经济与山区关系不大的"麻木感"；对发展外向型经济项目难找、生意难做的"神秘感"；对外合资、对内联合，怕肥了别人、亏了自己，不敢承担风险的"惧怕感"。由于商品经济不发达，农村劳动力难以外出就业，闽西农村的比较劳动生产率相当低且呈下降趋势，闽西农村隐

形失业率明显提高。1985 年、1988 年、1990 年和 1992 年，龙岩地区农村社会总产值占全社会总产值的比重分别是 50.5%、48.29%、52.07% 和 53.06%，而农村劳动力占社会劳动者的比重分别是 64.36%、80.29%、81.27% 和 82.26%，农村劳动力占比的增加并没有让农村社会总产值的占比相应增加，反而存在农村社会总产值占全社会总产值的比重下降的情况，相应年份的农村比较劳动生产率从 0.711 到 0.601 再到 0.641 最后到 0.645，总体呈下降态势。1992 年，在邓小平同志南方谈话精神鼓舞下，闽西全面深化改革，继续完善以家庭联产承包为主的责任制，进一步调整农业结构，在山地综合开发和林业管理体制中引进股份制，加快发展和完善农村社会化综合服务体系，促进农村经济逐步向市场经济转变。农村一、二、三产业产值比例由 1990 年的 52.7∶33.2∶14.1 调整为 1995 年的 32.5∶43.4∶24.1；农、林、牧、渔产值比例由 54∶20.1∶24.3∶1.6 调整为 48.5∶16.1∶31.6∶3.8；粮经产值比例由 67.8∶32.2 调整为 53.8∶46.2。

（六）持续扶贫扶建，重视解决温饱问题

1984 年，龙岩地区行署出台《关于农村开展"双扶"工作的意见》《关于扶持贫困、边远老区和革命基点村建设的意见》两份文件。1985 年，龙岩地区被列为国家重点扶持的 18 块连片贫困区之一。中国扶贫开始进入第二阶段（1986~1993 年），国务院 1986 年成立贫困地区经济开发领导小组，拉开了有组织、有计划、大规模的"政府主导型"的农村扶贫开发的序幕。就在这一年，龙岩地区组织万名干部下乡，对贫困县乡进行全面、深入的调查摸底，将 9.1 万户贫困户登记造册，建立档案资料，并制订扶贫脱贫规划。从 1986 年起，福建省委、省政府派扶贫工作队到长汀、连城、武平和上杭 4 个贫困县开展扶贫工作，地、县、乡成立扶贫领导小组及办公室，确定人员编制，部分县（市）还在贫困村聘请了扶贫助理员；1989 年建立扶贫开发基金，重点用于扶持贫困乡村的生产项目开发。除了落实中央赋予贫困地区的各项优惠政策之外，福建省委、省政府也制定了 67 条扶贫优惠政策措施，龙岩地委、行署还提出了 5 条扶贫攻坚措施。经过"七五"（1986~1990 年）时期的努力，龙岩全区原有 9.1 万贫困户的 92% 基本解决了温饱问题（1990 年，中国农村贫困标准相当于人均年纯收入 300 元）。但贫困乡村的基础条件还很差，龙岩全区 5.32% 的行政村没有通电，23.8% 的行政村没通公路，31.8% 的行政村没通电话，还有 28 万人的饮水问题尚未解决。1991 年，龙岩地区扶贫基金会成立，争取美国国际扶贫发展机构在龙岩地区设立办事处，帮助开展扶贫工作，同时实施扶贫挂钩责任制。从 1991 年起，龙岩

结合扶贫攻坚任务，每年举办1~2期贫困村骨干农技培训班，同时建立健全农技推广网络，开展科技扶贫。1993年，龙岩地区成立扶贫开发协会。中国扶贫的第三阶段为八七扶贫攻坚计划阶段（1994~2000年），旨在集中力量在20世纪的最后7年基本解决全国农村8000万贫困人口的温饱问题，将国家重点扶持的贫困县调整为592个（按照1992年的人均收入，高于700元的县退出贫困县，少于400元的县全部纳入），分布在中西部的深山区、石山区、荒漠区、高寒山区、黄土高原区、地方病高发区以及水库区。从1994年起，在一两年内把中央用于广东、福建、浙江、江苏、山东、辽宁6个沿海经济比较发达省的扶贫信贷资金调整出来，集中用于中西部贫困状况严重的省（区）。1994年，在八届全国人大二次会议上，时任中共中央政治局常委、全国人大常委会委员长乔石在看望福建代表谈到扶贫工作时说：现在中央把闽西和省内其他贫困地区的扶贫问题交给了福建省，希望福建不仅要把前沿地区搞好，而且要把闽西这样的老区、山区很好地建设起来（中共龙岩市委党史研究室，1997）。1995年，龙岩地委、行署专门成立龙岩地区贫困户调查摸底工作领导小组，按照1994年农民人均纯收入650元和700元两个档次，对全区的贫困户开展全面的调查摸底，对原在册贫困户人均收入超过700元的给予剔除。调查摸底结果发现，龙岩全区人均纯收入700元以下的贫困户3.46万户、16.87万人，650元以下的贫困户2.86万户、14.1万人，贫困人口分布在全区127个乡镇、1250个村，且相对集中在53个贫困乡镇。1995年，全区形成中央、省、地、县（市）一条完整的挂钩扶贫网链。中国银行总行挂钩扶持长汀、连城、武平、上杭4个贫困县，省直28个单位挂钩扶持50个贫困乡，地区组织30家中央、省、地骨干企业挂钩31个经济不发达乡，组织51个地直机关挂钩32个特困村，各县（市）直机关单位、骨干企业与剩下的79个特困村挂钩扶贫，做到所有的贫困乡、村都有挂钩单位，各挂钩单位确定专人负责，在资金、技术、信息等方面给予大力支持。全地区在发展农村支柱产业的同时，加大对特困村、户的扶持，通过扶持专业户、专业村和龙头企业，引导、带动贫困户参与农业综合开发，使贫困村、户有稳定的经济收入来源。此外，各县（市）都实行重点扶持政策，对全地区安排攻坚的45个特困村、5961个特困户从农业税减免款中安排扶持每个村3万~5万元，每户200~300元，用于开发生产性项目，发展种养业。全地区又有1.16万户、5.82万人解决温饱问题，其中，4个贫困县就有8021户、3.96万人。经过多年努力，到"八五"（1991~1995年）时期末，龙岩地区的贫困人口下降到10.2万人，占全区农村人口的4.5%。

二、保证温饱、奔向小康阶段的闽西乡村发展实践

闽西农村居民的恩格尔系数 1996 年是 57.1%，在此之前超过 60%，而 1999 年是 52.8%，之后低于 50%，即 1996~1999 年的恩格尔系数在 50%~60%，处于温饱阶段，这一阶段主要处于"九五"时期（1996~2000 年）。1996 年 5 月，时任福建省委副书记习近平到闽西调研时强调，切实抓好脱贫致富奔小康工作，一是抓基础，确保粮食丰收；二是抓支撑，大力发展农业产业化；三是抓难点，切实做好扶贫攻坚工作；四是抓平衡，保证如期实现 3 个 80%，即确保 1997 年各县（市）都有 80% 的农户、80% 的村和 80% 的乡镇实现基本小康（龙岩地区地方志编纂委员会，1997）。

（一）抓基础，确保粮食丰收，优化农业经济结构

"九五"期间，闽西龙岩重视经济发展基础建设，把结构调整作为提高竞争力的关键性工作来抓，促进提升农业科技含金量，一方面，粮食单位产量增加；另一方面，产业结构不断高级化、合理化，农业经济结构调整成效明显。1996~1999 年，龙岩在调减粮食播种面积的同时，提高优质稻播种面积，粮食总产量增加，年人均粮食量分别是 408 千克、424 千克、434 千克和 442 千克；烤烟、蔬菜、食用菌、花卉、水果、茶叶等经济作物播种面积增加，粮经播种面积比例由 1995 年的 72∶28 调整为 2000 年的 66∶34，粮经产值比则由 53.8∶46.2 调整为 43∶57；复种指数由 1995 年的 240.5% 提高到 2000 年的 255%（徐维群、吴盛汉、陈琳，2005）。畜牧水产结构进一步优化，节粮型畜禽比例逐年上升，瘦弱型猪发展速度快，2000 年生猪存栏 197 万头当中，瘦弱型猪占 29%。淡水鳗、鳖、虾、蟹等养殖业发展势头良好。

（二）抓支撑，大力发展农业产业化，促进经济增量、农户增收

"九五"期间，闽西把推进农业产业化、加快脱贫致富奔小康作为发展战略，把农业产业化作为农村经济的重要增长点来抓。1996 年，龙岩地区成立农业产业化领导小组，下设办公室、项目开发办和资金协调办。地区财政安排 900 万元扶持产业化龙头项目 44 项，带动全地区实现新增产值 5 亿多元，新增食物总量 20 多万吨。1997 年，龙岩撤地设市，全市进一步加强农业产业化工作，市、县（区）两级成立了农业产业化领导小组，市财政拨出 1000 万元周转资金扶持 10 个重点龙头项目和一些具有趋势性的特色项目；年末，全市初步形成产业化龙头

企业 80 个，实现新增农业产值 4.4 亿元（1990 年不变价），新增食物总产量 23 万吨，果蔬、花卉、竹业、食用菌、畜禽、水产及其加工为主的主导产业形成一定规模，增加了经济总量。1998 年，龙岩市财政安排 100 万元贷款贴息资金扶持农业产业化龙头企业，本年度全市农业产业化龙头企业中，被列入省级农业产业化重点龙头企业的有 11 家，产值超亿元的产业有烤烟、猪、菜、竹、果、地瓜干、食用菌、鳗鱼、禽蛋、水产 10 个。1999 年，龙岩市人民政府印发《1999-2003 年农业产业化发展规划》，畜牧、水果、烟草和林竹被列为农业产业化支柱产业，食用菌、蔬菜、花卉被列为主导产业，瘦弱型猪、地瓜干、河田鸡、咸酥花生、白鹭鸭被列为重点产品。福建省农办、省财政厅和市财政分别下达 90 万元和拨出 200 万元贷款贴息资金扶持农业产业化龙头企业发展。龙岩全市 82 家产业化龙头企业共带动农户 27.8 万户，占农户总数的 47%，农户从产业中新增收入 2 亿元，户均增收 721 元。但农民人均实际纯收入 1996 年、1997 年、1998 年和 1999 年分别增长 9%、4.6%、4.3% 和 3.1%。农民人均实际纯收入增长速度减缓，农业收入对农民收入增长的贡献度下降，农民从事非农产业和打工收入成为收入增长的主要来源，外出打工的收入占农户纯收入的比重上升（徐维群、吴盛汉、陈琳，2005）。

（三）抓难点，切实做好扶贫攻坚工作，保温饱、奔小康

1996 年初，龙岩地区扶贫攻坚脱贫致富奔小康工作交流会在武平县召开，对全年的扶贫攻坚奔小康工作作了全面部署。龙岩地委、行署提出建立扶贫攻坚台账，对所有贫困对象进行重新核实登记，把地区 21308 户、10.2 万贫困人口列为 1996 年扶贫攻坚对象，纳入台账管理。"九五"期间，闽西龙岩提出以扶贫攻坚奔小康统揽农村各项工作的思路，扶贫工作动员面广、参与部门多、扶持力度大、投入资金多，形成自 1986 年以来的第二次高潮，完成《国家"八七"扶贫攻坚计划（1994-2000 年）》的各项目标。龙岩通过大规模实施"双千工程"（每户扶持 1000 元，当年家庭人均纯收入达 1000 元以上）、"造福工程"和"小额信贷"，落实干部挂钩贫困户包脱贫责任制及科技扶贫等措施，扶持贫困户发展"二短一中"或"二短一长"（2 个短期项目、1 个中长期项目）家庭经营种养项目，共有 4.89 万户、22.15 万人解决温饱问题，家庭年人均纯收入达 1200 元以上，部分农户已进入小康行列。在实施"造福工程"时，龙岩注重把贫困户的脱贫项目纳入当地农业产业化轨道，使贫困户接受龙头企业的辐射带动，增强其脱贫致富的能力。"造福工程"方面，各级政府投入 2992 万元补助资金（其中，省级

1360 万元、市级 816 万元、县乡级 816 万元）实施"造福工程"，帮助 6044 户、2.72 万人迁到生产生活条件较好的地方。

（四）抓平衡，城乡共同发展，城乡居民收入持续增长、消费结构优化

2000 年，龙岩市委、市政府坚持"以城带乡、以乡促城、城乡一体、共同发展"的指导方针，把"龙岩中心城市建设"作为促进对外开放、改善投资环境、推进全市经济社会快速发展的大事来抓。

一是抓城乡建设。"九五"期间，龙岩全市 7 个县（市、区）计划安排市主要建设项目 131 项，总投资 19.56 亿元；到 2000 年底，安排的项目基本建成，总投资达 21.23 亿元，超计划 8.53%；2000 年是龙岩实施"百镇千村"建设的第四年，各县（市、区）试点镇和农民新村建设取得较好成效，全市建制镇、集镇（乡）、村建设总投资 9.63 亿元，完成住宅建筑面积 194.7 万平方米，比增 11.1%，生产性建筑面积 19.8 万平方米，比增 80.2%；龙岩中心城市建成区面积扩展到 25 平方千米，人口规模 23.4 万人。

二是抓城乡公路建设。"九五"时期末，龙岩公路通车里程达 9972.97 千米，比"八五"时期末增加了 3124.62 千米，其中，高速公路 25.44 千米、一级公路 3 千米、二级公路 688.77 千米、三级公路 72.4 千米、四级公路 4496.3 千米，实施了行政村、革命基点村、300 人以上自然村的"通路工程"，在福建全省山区地（市）中率先实现行政村村村通公路。

三是抓邮政电信建设。1998 年，国家对邮电体制实施邮、电分营，龙岩市邮政局同年挂牌成立，加快了邮政传统产业的改造步伐，在办好邮递、集邮、金融三大类数十种传统业务的同时，不断开发新业务、拓宽服务领域，全市邮政资产总额累计 3.27 亿元，其中固定资产 2.47 亿元，是"八五"时期末的 3 倍；"九五"期间，龙岩市电信综合通信能力迅速增强，通信设备不断完善，到 2000 年底，全市电话交换机总容量达 46.82 万门，比 1995 年增加 26.99 万门；为帮助广大农村摆脱贫困，电信部门把通信建设重点逐步推向乡村，各县至乡镇和部分行政村架设光缆，至 2000 年，全市有光缆 4218 千米，比 1995 年增加 2773.3 千米；移动通信较快发展，1998 年 4 月结束了数字交换隶属厦门交换区的历史，至 2000 年底，龙岩移动通信分公司采用 GSM900/ 1800M 双频网络，拥有 288 个 GSM 数字移动基站，比 1995 年增加 274 个，实现全市所有乡镇、大村庄全覆盖；全市移动电话客户从 1995 年的 5397 户发展到 2000 年的 173863 户。

四是抓"两基""两全"促教育发展。1996 年，龙岩地委、行署颁发《关于〈中国教育改革和发展纲要〉的实施意见》，狠抓"两基"、落实"两全"①，不断改善办学条件、扩大教育规模，每万人口在园幼儿数、在校小学生数、在校初中生数分别是 373 人、1368.5 人、584.94 人，都居全省第一。1997 年底，7 个县（市、区）全部通过省的"两基"评估验收，成为全省第四个实现"两基"的地级市。"九五"期间，龙岩教育经费投入总体水平明显提高，小学、初中专任教师学历达标率分别由 1995 年的 92.34% 和 88.35% 提高到 2000 年的 97.1% 和 94.25%，教育教学质量也不断提高，中小学学生参加省级以上学科比赛、竞赛获得多项奖牌和较好名次，积极调整小学布局，全市小学从 990 所调整为 952 所，教学点缩减了 352 个。

五是抓城乡居民增收。"九五"期间，龙岩地区通过"四改"（改制、改造、改组、改善）加大国企改革力度，促进个体、民营、三资等类型的工业发展，通过调整优化工业结构使工业经济得以壮大，把农业结构调整优化、农业产业化经营、农业科技进步和农产品加工与流通作为农业的重点工作，促进各类市场主体竞相发展，持续抓城乡居民增收。1996 年，龙岩全地区城镇居民人均可支配收入 3662 元，农民人均纯收入 2306 元。2000 年，龙岩全市城镇居民人均可支配收入 6048 元，比上年同期增长 11.7%，扣除物价因素实际增长 9.8%，农民人均纯收入 2959 元，比上年同期增收 127 元，增长 4.5%，扣除物价因素实际增长 3.3%。

六是抓城乡居民消费结构优化。"九五"期间，龙岩地区城乡居民在衣、食、住、行等方面发生积极变化，消费水平提升、结构优化。2000 年，龙岩城镇居民人均粮食消费量为 102 千克，下降 27.9%，农村居民为 245.74 千克，下降 5.6%，粮食消费占食品支出的比重分别下降至 10.5% 和 25.4%，奶及奶制品、干鲜瓜果、水产品等消费量不断上升；居民穿着档次提高，讲究美观、舒适、名牌；居住条件大为改观，城镇居民人均住房面积 20.54 平方米，比增 1.35 平方米，农村居民人均住房面积 30.73 平方米，增加 3 平方米；交通与通信发展迅猛，城乡居民人均用于交通与通信的支出分别达 418 元和 178 元，比增 18.1% 和 39.6%，每百户城镇居民拥有摩托车 73 辆、农村居民 65 辆，拥有电话机分别为 89 部和 53 部，移动电话分别为 32 部和 14 部；城乡居民人均用于娱乐教育文化

---

① "两基"，即基本普及九年义务教育、基本扫除青壮年文盲；"两全"，即全面贯彻党的教育方针、全面提高教育质量。

服务的支出分别是 507 元和 295 元，比增 11.9% 和 4.6%。

三、总体小康、生活宽裕阶段的闽西乡村发展实践

闽西农村居民的恩格尔系数 2000 年为 47.6%，自此开始低于 50%，2015 年是 40.9%，之后低于 40%，即 2000~2015 年闽西农村居民的恩格尔系数在 40%~50% 区间，处于小康阶段，这一阶段主要处于"十五"、"十一五"和"十二五"期间（2001~2005 年、2006~2010 年和 2011~2015 年），也是中国扶贫的第四阶段和第五阶段的前半段。中国扶贫的第四阶段是以整村推进为主要特征的阶段（2001~2010 年），国务院印发了《中国农村扶贫开发纲要（2001—2010 年）》，把扶贫目标瞄准到村级，在全国确定了 14.8 万个贫困村，重点实施"整村推进"。此阶段逐步在农村全面建立了最低生活保障制度，对没有劳动能力或丧失劳动能力的部分农村贫困人口给予最低生活保障，初步形成了低保维持生存、扶贫促进发展的工作格局。2001 年，贫困线的标准提高到 865 元，到 2010 年，标准提高为现价 1274 元。中国扶贫的第五阶段是以精准扶贫为主要特征的阶段（2011~2020 年），国务院印发了《中国农村扶贫开发纲要（2011—2020 年）》，将 2011 年的扶贫标准提高到每人每年 2300 元（按照 2010 年的不变价），2015 年的标准是 2855 元。

（一）"十五"期间的闽西乡村发展实践

一是加快市场化进程，优化配置社会资源。2001 年龙岩市第二次党代会提出加快市场化进程，以市场手段优化和配置资源，盘活国有资产及各类社会资源，提高资源利用效率和效益。龙岩市积极落实财税优惠政策，社会投资趋于活跃，2003 年新注册个体工商户、私营企业分别增长 29.4% 和 50.1%，注册资本分别增长 59.9% 和 99.1%，全市非国有资本完成投资占全社会固定资产投资比重比上年提高 13.7 个百分点，规模以上工业中非国有、集体工业比重比上年提高 7.8 个百分点。2004 年新登记个体工商户数、从业人员和注册资本分别增长 52%、18.6% 和 26.8%。随着流通体制改革的不断推进，市场主体呈现多元化发展格局，各类超市、连锁店、便利店、专卖店、专业店和代理配送及电子商务等新型商业业态从中心城市向集镇中心逐渐推广。

二是加快农业产业化进程，提高农业生产力。"十五"期间，龙岩市不断推进农业产业化进程，传统农业向现代农业转变的步伐加快。全市农林牧渔业总产

值 2005 年达 133.5 亿元，年均增长 5.4%。粮食和经济作物的种植比例不断优化，特色农业快速发展，集体林权制度改革基本完成，一批农业产业化龙头企业竞相发展，农业产业化经营水平进一步提高，农村经济结构调整成效显著，农业生产能力不断提高。

三是加快农村人力资源开发，提高农民生活水平。2001 年开始，龙岩市成立了市、县、乡三级农村劳务开发领导小组及办事机构，在全省率先开展农村劳务开发工作，并把农村劳务开发列为全市国民经济和社会发展目标的重要内容，重点督查、考核，出台《关于促进农村劳动力转移及劳务输出的工作意见》《龙岩市农村劳务领导小组成员单位工作职责》等文件，各级政府在财政预算中安排劳务开发专项资金，不断加大农村劳动力转移培训力度。2003 年，全市举办的引导型培训规模达 89030 人、职业技能培训规模达 14724 人；2004 年，全面启动"万名农民职业资格证书"工程，对参加常识性引导型培训的农民实行教材费、学费、办证费"三免"，对参加职业技能培训的农民实行定额补助。党的十六大报告指出：农村富余劳动力向非农产业和城镇转移，是工业化和现代化的必然趋势。一方面，龙岩市通过农村人力资源开发，促进农民增收方式和农民身份的转变。许多农民从短期、季节性外出打工，发展为常年在外务工、经商，农民收入来自非农产业的比重大幅提高，少数农民从单纯外出打工到返乡创业，也有一部分人实现了从农民到市民的转变。2004 年，龙岩新增转移农村劳动力 6.2 万人，人均外出劳务收入 8930 元、增长 19.6%；2005 年，全市农民外出劳务总收入达 30 多亿元，人均月工资 700 多元。"十五"期间，龙岩全市累计培训农村劳动力 37.76 万人。另一方面，通过对农民减负和补贴，支持农业发展，增加农民收入。2001 年，我国全面实施退耕还林对农民直接补贴的政策，同时针对农村义务教育阶段贫困家庭的"两免一补"也开始实施。党的十六大之后，我国又陆续出台了以农业"四补贴"[①]为主要内容的促进农业生产的补贴政策，而且逐步扩大补贴范围并提高补贴标准（朱鹏华，2022）。2004 年，我国开始实行减征或免征农业税，2006 年 1 月起全面取消农业税。龙岩市积极落实国家相关政策，仅 2005 年，全市免征农业税及其附加和除烟叶外的农业特产税及其附加 5500 万元，发放粮食生产直接补贴 625 万元。

四是加快城镇化进程，促进以城带乡发展。由于耕地资源少，龙岩市农业内部需要的合理劳动力约为 40 万人，这意味着"十五"时期，龙岩需要转移 80 多

---

① "四补贴"，即良种补贴、农机具购置补贴、种粮直补和农资综合补贴。

万的农村人力资源。龙岩市大力推动加快城镇化进程，以城镇化和工业化发展吸纳更多劳动力就业，促进以城带乡发展。2005年，全市常住人口城镇化率达41%，比2000年提高5个百分点。"十五"时期，全市工业化进程加快，工业总产值由215.7亿元增加到386.6亿元，年均增长14.2%。

五是加快基础设施网络化进程，增强经济发展支撑力。"十五"时期，以交通、通信、能源、城市设施、环境保护等为重点的大规模基础设施建设继续得到加强，通过实施项目带动战略，全市固定资产投资规模增大、速度加快，为增强发展后劲奠定了坚实基础。2005年，龙岩全社会固定资产投资达到123.7亿元，年均增长12.8%。"十五"期间，全市投资总额达到404.3亿元；先后建成了漳龙高速公路、赣龙铁路、冠豸山机场等重点项目，开工建设了龙长高速等重大项目，完成了国省道改造和县乡公路改造；邮政电信事业迅猛发展，"数字福建，闽西工程"顺利实施，完成了一批城建项目。

（二）"十一五"期间的闽西乡村发展实践

"十一五"期间，龙岩市落实"工业反哺农业，城市支持农村"措施，突出发展、突出基础、突出保障，着力建设生产发展、生活宽裕、乡风文明、村容整洁、管理民主的社会主义新农村。

一是发展现代农业，繁荣农村经济。①扶持农村经济发展。制定和实施工业反哺农业、城市支持农村的具体政策措施，强化政府对农村的公共服务，建立以工促农、以城带乡的长效机制，促进农村工业化、城镇化稳步快速发展。坚持调整农业生产结构，加强农业科技创新能力和技术推广体系建设。加快农业科技进步，转变农业增长方式，提高农业综合生产能力。农林牧渔总产值从2006年的1315769万元增长到2010年的2123098万元，农、林、牧、渔业的比重由42.6：11.7：38.1：4.7调整为41.5：12.8：38.7：4.5。加大市场基础设施建设力度，整合农村商业资源，加强农产品产地批发市场建设，改造提升农村传统集贸市场，完善农村流通基础设施建设，逐步建立和完善以县城为中心、乡镇为节点、村级为基础的农村商品物流系统，促进农村消费水平提高，推动农村市场繁荣。龙岩全市农民人均生活消费支出由2006年的3442元增长到2010年的5245元。②提高粮食综合生产能力。鼓励开发耕地资源，推动耕地占补平衡政策落实。严格执行基本农田保护政策并强化基本农田建设，以治水改土为中心，以高产、优质、高效、田园化为目标，加大田、水、渠、路、山综合治理力度。积极推广高产、优质、低耗的农作物组合及粮食栽培综合配套技术，提高粮食单产和品质。虽然全市粮食作物播种面积由 2005 年的 2682273 亩降低为 2010 年的 2639951 亩，但粮食总产量却从 905881 吨增长到 986294 吨。③培植优势产业和特色农产品。强化品牌意识，通过大力扶持农业产业化龙头企业带动对优质特色农产品的建设力度。2010 年，龙岩全市市级以上龙头企业 69 家，其中，国家级 1 家、省级 15 家。积极申报农产品原产地标识制度，提高名牌产品的竞争力，重点发展畜牧、林竹、蔬菜、果茶、烟草（种植）五大优势产业和红心地瓜干、河田鸡、连城白鸭、咸酥花生、黄（乌）兔五大特色农产品。④构建农产品质量安全体系。积极宣传推广科学合理使用农药、肥料，全面推广低污染、无污染的生物农药和有机肥，实行和完善农产品质量标准，开展农产品质量认证，制定农产品质量认证和标识制度，完善检验检测手段，提升检验检测能力和技术水平，全面实施"食品放心工程"，建设一批农产品标准化和无公害生产示范区。

二是提高农民收入，促进生活宽裕。坚持把增加农民收入作为农业和农村的中心任务，在挖掘农业增收潜力的基础上提高农村非农产业发展水平和非农就业比重，拓宽非农收入渠道和来源。①广泛开辟农民增收渠道。坚持发展劳动密集型产品和高附加值产品，努力开拓农产品市场，不断挖掘农业增收潜力。继续完善和落实农业补贴政策的具体措施，保持农产品价格的合理水平，提高农民的生产积极性。加大扶贫开发力度，因地制宜实行整村推进，通过培训等方式提高贫困地区的人口素质，通过加大投入改善农村基本生产生活条件，通过易地扶贫把生活在条件恶劣地区的民众搬出，采取保底措施对丧失劳动能力的贫困人口进行救助。②积极促进农村劳动力就业。按照减少农民、富裕农民的要求，继续引导农村劳动力多渠道就业，实现劳动力就地转移和向城镇转移两条途径的有机结合。引导农村劳动力转变就业观念，广泛推介自主性、季节性、临时性等多种非全日制就业形式，减少农村劳动力隐性失业。加强劳动力市场准入建设，完善劳动预备制度，加大农村劳动力实用技术、务工技能和服务能力的培训力度，提高农村劳动力就业能力。"十一五"时期，龙岩新增城镇就业人数 13.6 万人，转移农村富余劳动力 27.5 万人。③持续不断地实施"造福工程"。"造福工程"因 20 世纪 80 年代末期福建省宁德市有搬迁群众在新居前贴上"造就一番新天地，福到万家颂党恩"的对联而得名[①]。龙岩市约有 27 万人居住在边远偏僻山区和地质灾害隐患点，围绕"搬得出、稳得住、富得起、共和谐"的目标，龙岩有组织

---

① "搬"出来的幸福生活！人民日报海外版整版报道福建"造福工程"[EB/OL]. https://news.fznews. com.cn/dsxw/20240205/4Tn1R5D6f8.shtml.

有计划、持续不断地实施"造福工程"，完成搬迁 24832 户、126882 人，有 1134 个自然村和 30 个行政村实现了整体搬迁，结合产业发展，改善生存条件，提高生活质量，提高搬迁户的收入水平，让农民逐渐走上致富路[①]。

三是提高农民素质，提升乡村文明。一方面，培育新农民。按照"培养有文化、懂技术、会经营的新型农民"的要求，通过发展农村教育事业，活跃农村文化体育活动，加强农村精神文明建设，完善农民职业技能培训制度，结合产业发展需要对农民进行实用技术培训，提高农民科学文化素质和就业能力。鼓励和引导农民通过加入并发展各类专业合作经济组织，增强科技致富能力、市场竞争能力和自主发展能力。另一方面，树立新风尚。扎实开展文明村镇创建活动，倡导健康、文明、科学的生活方式；大力宣传先进文化，鼓励村民学习科学文化知识；落实农村计划生育政策，普及"优生优育"；移风易俗，实施殡葬改革；创造睦邻友好、农民群众安居乐业的良好环境。

四是加大公共投入，促使村容整洁。一方面，改善农村公共服务。强化政府保障农村公共服务的职能，大力发展农村公共事业，逐步缩小农村居民在公共服务方面与城镇居民的差距。加强农村公共卫生和基本医疗服务体系建设，基本建立新型农村合作医疗制度，人人享有初级医疗保健。努力扩大通信的普遍服务，实现电话覆盖全市所有村镇的目标，加快网络宽带接入村镇步伐。增加农村交通设施投入，实现通行政村道路硬化。"十一五"期间，新建、改建省道 368 千米，硬化农村公路路面 4300 千米；龙岩市本级累计投入支农资金 12.7 亿元，全面完成行政村通水泥路、农村电网改造、"六千"水利工程[②] 和 20 户以上自然村通广播电视工程。坚持"政府主导、社会参与、自力更生、开发扶贫"方针，继续推进扶贫开发，改善贫困地区的生产生活条件，实施"造福工程"。另一方面，加强乡村规划建设。扶持农村基础设施建设，通过改水、改路、改厕、改圈、改房，推动饮用水质达标、排水沟渠明暗有序、硬化路面符合规划、厕所卫生符合要求、垃圾收集和转运场所无害化处理、农村住宅富有地方特色，促使村容村貌整洁优美。

五是完善村民自治，促进管理民主，健全村民自治机制，尊重农民意愿，严

---

① 山里山外两重天——我市实施农村"造福工程"纪实［EB/OL］. http://www.zhangkeng.com/zhangkengdongtai/37.html.

② "六千"水利工程，即千万农民饮水工程、千座水库保安工程、千万亩农田节水灌溉工程、千万方山地水利工程、千公里河道清水工程、千万亩水土流失治理工程。

格贯彻落实《中华人民共和国村民委员会组织法》，充分尊重农民的合法权益和民主权利。规范村民自治制度，明确村民的权利和义务。村委会根据本村实际制定或完善代表会议制度，拓宽村民对村务管理的参与途径和方式，使村民能够真正表达自己的意愿。全面实施村务公开，增加农村管理的透明度。成立村民公益事业理事会，负责农村公益事业建设。

（三）"十二五"期间的闽西乡村发展实践

"十二五"时期，龙岩市坚持工业反哺农业、城市支持农村和多予少取放活方针，以农民增收为核心任务，以农业产业化经营为根本途径，积极发展现代农业；夯实农业农村发展基础，扎实推进新农村建设；健全农民持续增收长效机制，提高农民自我发展能力。

一是积极发展现代农业。用工业化理念发展现代农业，以粮食安全、农产品有效供给和农民持续增收为目标，充分发挥比较优势，发展畜牧、蔬菜、林竹、茶业、红心地瓜干、烟草六大重点产业，提升河田鸡、连城白鸭、槐猪、黄（黑）兔、兰花、漳平水仙茶、花生七大特色产品，重抓标准化和质量安全、适度规模经营、现代农业园区、农产品加工业、品牌建设、培育新型农民、创新农业发展体制机制、水利改革发展八大工作重点，着力提高农业"三力"，即综合生产能力、抗风险能力和市场竞争力，着力强化农村基础设施和公共服务，深入推进农村改革，推进农业转型升级，建设海峡西岸绿色农业基地。

二是改善农村生产生活条件。整合涉农投入资金，加大农业支持保护力度。完善农村综合维修服务体系，完成农村饮水安全工程，实施农田机耕路建设工程，加快农村沼气建设，继续实施自然村道路硬化和农村公路安保工程，健全农村公路养护机制，实现村村通客车，加快城乡公交一体化步伐。"十二五"期间，龙岩市政策空间进一步拓展，落实参照执行西部地区政策105项，获得中央补助491亿元；城乡基础建设持续突破，在福建省山区市率先实现县县通高速，镇镇通干线、村村通客车也全面实现；城乡发展一体化持续推进，以中心城市为中心、县域城市为骨干、中心镇为纽带、美丽乡村为基础的新型城镇化格局加快形成；加强农村危房改造和以"空心房"拆除为主的村庄整理，深化"农村家园清洁行动"，推进村庄绿化，构建农村卫生保洁长效机制，优化农村人居环境。

三是扎实推进新农村建设。完善以工促农、以城带乡的长效机制，加大农村公共财政投入，推进城乡基本公共服务均衡、公平发展，推动公共设施向农村延伸，建设具有社区功能的现代新村。强化新农村规划、建设和管理。加强农村

"三资"管理，发展壮大农村集体经济。提升村民自治水平，保障农民参与政治事务、公共管理和公益事业的合法权益。加强扶贫开发工作，实施"造福工程"，加大对革命基点村、少数民族乡村扶持力度。"十二五"期间，龙岩市在全省率先启动精准扶贫工作，实施精准扶贫行动计划，全市减贫 11.5 万人，完成"造福工程"危房改造 3.7 万户，建成保障性安居工程 3.7 万套，解决 170.6 万农村人口饮水安全问题。加快推进新农村建设试点工作，培育一批有特色的示范典型。

四是拓宽农民增收渠道。引导更多资源投向"三农"，千方百计增加农民收入。落实强农惠农政策，健全农村社会保障体系，完善利益补偿、风险补助、价格支持政策，增加农民的转移性收入。优化种养结构，推广农林复合经营，挖掘农业内部增收潜力，增加农民的生产性收入。大力拓展多功能农业，推动生态农业、休闲农业与农家乐、农事体验、观光旅游、生态旅游结合，大力发展农村服务业，增加农民的经营性收入。继续实施农村劳动力职业技能培训工程，提高农民择业、就业、创业能力，培育新型农民，增加农民的工资性收入。保障土地承包经营权流转收益和农民投资参股的收益权，增加农民的财产性收入。龙岩市在全省率先实现城乡居民社会养老保险和市县福利中心建设全覆盖，城乡居民养老保险待遇实现倍增，合作医疗实现市级统筹。"十二五"期间，龙岩全市财政用于民生支出超过 720 亿元，占公共预算的 75%。

五是建设农业基础设施。继续整合各类涉农建设项目，不断推进农田基本建设。"十二五"期间，龙岩市完成基本农田建设 83.5 万亩。继续推动水源工程建设，续建何家陂水库和富溪一级水库。完善农田灌排体系，建设一批万亩中小型灌区续建配套与节水改造工程。加强粮食主产区小型水利基础设施建设，"十二五"期间新增农田有效灌溉面积 2 万亩。

四、相对富裕、全面小康阶段的闽西乡村发展实践

闽西农村居民恩格尔系数自 2016 年开始小于 40%，说明闽西乡村已进入相对富裕阶段。这一阶段是实施《中国农村扶贫开发纲要（2011-2020 年）》的后半段，也是在精准扶贫过程中冲刺全面小康的阶段。

（一）加快乡村基础设施建设，完善乡村发展环境

2016 年，闽西制定出台了《龙岩市新型城镇化和美丽乡村建设三年行动计划》《龙岩市农村家园三年行动计划》《龙岩市农村污水垃圾整治 5 年行动计划》，

124 个美丽乡村和 133 个省级"千村整治、百村示范"工程全部开工建设，村庄环境卫生基础设施进一步完善，农村垃圾处理长效机制进一步健全，农村家园清洁行动进一步深入开展。全面实施宜居环境建设行动计划和乡村"家园清洁行动"，大力创建绿色乡镇、水保生态村、绿色村庄，建设美丽宜居乡村。推进重要通道沿线、重要流域沿线、重点区域周边和具有特殊意义的村庄整治建设。

（二）提升基本公共服务水平，全力推进民生改善

推进城镇公共服务向农村延伸，通过现代信息技术等手段，让农民就地享受城市生活的便利与现代文明成就。加强农村基层基本医疗、公共卫生能力和乡村医生队伍建设。《2020 年龙岩市政府工作报告》指出：全市公共财政八成以上用于民生支出，全面建立困难群众基本生活保障机制、低保和特困供养标准自然增长机制，启动社会救助和保障标准与物价上涨挂钩联动机制，城乡居民基本养老保险金提高至每人每月 148 元，高于省定标准 25 元。城乡居民大病保险报销比例提高至 60%，建档立卡贫困人口比例提高至 65%。

（三）创新工作机制，推进农业转移人口市民化

全面落实福建省流动人口居住证制度，促进有能力在城镇稳定就业或生活的农业转移人口举家进城落户，并与城镇居民享有同等的权利和义务。深化农村综合配套改革，保障进城落户农民土地承包权、宅基地使用权、集体收益分配权，支持引导进城落户农民依法自愿有偿转让上述权益，解除农民进城后顾之忧。将农业转移人口纳入城镇职工基本养老、基本医疗保险或城镇居民基本医疗保险范畴，将进城落户的农业转移人口纳入城镇住房保障体系，将农业转移人口随迁子女纳入当地普惠性学前教育、免费中等职业教育招生范围，所有高中逐步面向农业转移人口随迁子女开放招生。

（四）深化精准扶贫，全力推进脱贫攻坚

落实中央、省、市的各类扶贫工作与政策，大力推行"9336"精准扶贫工作模式（"九到户""三位一体""三项工程""六项机制"），加大以工代赈、易地扶贫搬迁（"造福工程"）、金融扶贫、旅游扶贫、整村推进、危旧土坯房改造等扶贫工程投入力度。实施"九到户"政策措施，切实精准帮扶到户。启动返贫救助计划，对因灾、因病返贫的困难群众给予救助。采取"部门挂钩、资金捆绑、干部驻村"三位一体的综合措施，确保精准帮扶到村。重点实施三项富民增收工

程。实行脱贫工作责任制，切实落实党政一把手负总责的扶贫开发工作责任制，把省负总责、市县抓落实的管理体制和工作到村、扶贫到户的工作机制真正落到实处。坚持市、县、乡、村四级联动，层层落实责任制。强化脱贫工作责任考核，对贫困县重点考核脱贫成效。继续实施老区村跨越发展工程，推进革命基点村村道路建设、危房改造、债务化解、竹业生产发展等各项工作，因地制宜推动革命基点村生产发展、生活改善。2016 年以来，龙岩市委、市政府连续四年把脱贫攻坚列为全市"三大攻坚战"之一、列入市委大督查大落实和市、县两级绩效考评内容，作为重中之重的工作强力推进。全市 3.92 万户、11.07 万名贫困人口如期实现脱贫。

（五）巩固脱贫攻坚成果与乡村振兴有机衔接，致力于共同富裕

随着脱贫攻坚任务如期完成，乡村发展有了新目标。在巩固拓展脱贫攻坚成果的同时，有序推进政策举措、资金项目、工作力量等转向乡村振兴。2021 年印发的《龙岩市实现巩固拓展脱贫攻坚成果同乡村振兴有效衔接实施方案》指出，2025 年实现脱贫攻坚成果巩固拓展，乡村振兴全面推进，2035 年乡村经济实力显著增强，农村低收入人口生活水平显著提高，城乡差距进一步缩小，共同富裕取得实质性进展，强调把巩固拓展脱贫攻坚成果同乡村振兴有效衔接基础打得更牢、短板补得更实，为建设闽西革命老区高质量发展示范区打下坚实基础。

第二节　闽西乡村振兴路径创新
是应对现实的必然要求

自 2021 年开始，闽西致力于巩固拓展脱贫攻坚成果同乡村振兴有效衔接，在全面小康、相对富裕的基础上，推动乡村加快发展、城乡融合发展。但事实上，闽西乡村还难以吸引要素、城乡差距较大、数字乡村建设滞后，乡村仍是闽西革命老区高质量发展示范区建设的短板。缩小城乡差距、建设数字乡村和革命老区高质量发展示范区，要求闽西在实施乡村振兴战略过程中创新乡村发展路径。

一、缩小城乡差距需要创新路径

经过多年的努力，闽西龙岩城镇与乡村的居民收入比已由 2016 年的 2.11 降到 2023 年的 1.71，城乡收入差距有所缩小，但依然偏大。浙江省嘉兴市和湖州市 2023 年的城乡居民收入比分别为 1.53 和 1.57。对样本国家城乡居民收入差距情况的考察可以发现：一是从整体上看，经济发达国家的城乡居民收入差距较小，大部分发达国家和经济合作与发展组织（OECD）成员国的城乡居民收入比都在 1.25 以下，部分发达国家的城乡居民收入比小于 1；二是经济发展过程中，城市居民收入高于农村居民收入是一个普遍现象，伴随着经济的进一步发展，农村居民收入趋向于与城市居民相等，甚至可能向超过城市居民收入的方向演化（郭燕、李家家、杜志雄，2022）。闽西缩小城乡差距的任务依然艰巨，需要大力创新乡村发展路径，加快乡村发展，提高乡村居民收入水平。

（一）必须优化乡村布局

2020 年第七次全国人口普查数据显示，龙岩共有 113 个行政村（生活区）常住人口不足 100 人（见表 4-1），有 540 多个行政村常住人口不足 300 人，而 2010 年第六次全国人口普查时，行政村常住人口不足 100 人的有 46 个，常住人口不足 100 人的行政村个数十年增加了 1 倍多。

表 4-1 2020 年龙岩市常住人口不足百人的行政村（生活区）情况

县（市、区）	乡镇、街道	村庄名称及常住人口数	县（市、区）	乡镇、街道	村庄名称及常住人口数
新罗区 47	曹溪街	科桃村 61	长汀县 19	大同镇	建明村 90；七古村 49；正平村 49；天邻村 64；黄麻畲村 13
	龙门街	郭埔村 93		古城镇	马头山村 82
	铁山街	岭后村 7；增坪村 64；李九村 13；许岭村 21；下村坂村 35；罗厝山村 20；火德坑村 10		馆前镇	黄湖村 97
	红坊镇	赤坑村 86；岭背村 39		濯田镇	羊赤村 60；同睦村 64

县（市、区）	乡镇、街道	村庄名称及常住人口数	县（市、区）	乡镇、街道	村庄名称及常住人口数
新罗区 47	适中镇	竹华村 49；溪柄村 20；上屿村 96	长汀县 19	四都镇	新华村 79；琉璃村 77；下坪村 96；汤屋村 75；小金村 77
	雁石镇	白石孟村 33；民祠村 23；社尾村 93；赤村村 69		策武镇	高田村 44
	白沙镇	营头村 54；内村村 86；樟坑村 95；小溪村 91；吕洋村 71；苏一田村 91；孔党村 94；陈地村 69		红山乡	上坪村 90；元岭村 96
	万安镇	陈洋村 99；石城村 72；高池村 79		羊牯乡	吉坑村 75；百丈村 79
	大池镇	九里洋村 57	上杭县 16	临城镇	新丰村 83
	小池镇	牛眠石村 72；何家陂村 7		中都镇	复兴村 79
	江山镇	科山村 62；林祠村 92；上湾村 41；下湾村 32；新寨村 48；梅溪村 27		稔田镇	长滩村 39；歧坑村 60
	岩山镇	龙山村 73；丹畲村 73；小丁坑村 31；刘坑村 80；里寮村 46		南阳镇	联山村 81
	苏坂镇	石城村 58；芦林村 99；大坑村 53；黎山村 69		蛟洋镇	桃源村 8
永定区 14	湖雷镇	玉文村 97		旧县镇	迳美村 17；新康村 69
	高陂镇	曲峰村 32		湖洋镇	龙山村 23；上罗村 53；太平村 49；新山村 33
	抚市镇	桥河村 50		太拔镇	鲜水坑村 70
	峰市镇	高山村 84；桃泉村 56；黄寨村 67；新坑村 99		通贤镇	汉溪村 53
	城郊镇	樟尧村 81		茶地镇	官山村 8
	西溪乡	四联村 67		步云乡	云辉村 81

续表

县（市、区）	乡镇、街道	村庄名称及常住人口数	县（市、区）	乡镇、街道	村庄名称及常住人口数
永定区 14	金砂乡	秀山村 77	连城县 5	新泉镇	温坊村 43
	洪山乡	樟罗村 16；西联村 24		林坊镇	五磜村 62
	合溪乡	马子凹村 72		揭乐乡	布地村 20
	陈东乡	园东村 73		曲溪乡	白石村 79
武平县 7	中山镇	卦坑村 19		赖源乡	科明村 70
	岩前镇	杨梅村 36	漳平市 5	桂林街	石坂坑村 90
	东留镇	永福村 39		新桥镇	秀岐头村 79
	永平镇	塔里村 93		溪南镇	官林盂村 73；宝山林果场生活区 94
	象洞镇	中段村 43；芹磜村 33		南洋镇	永兴村 89
	下坝乡	石营村 79	总计 113 个行政村（生活区）		

资料来源：2020 年第七次全国人口普查数据。

但是在龙岩市 1819 个村庄中，摸底上报的结果是集聚提升中心村庄 537 个、转型融合城郊村庄 502 个、保护开发特色村庄 730 个、搬迁撤并类村庄 1 个、待定类村庄 49 个，搬迁撤并与待定类村庄总共 50 个（见表 4-2）。有些常住人口只有个位数的村在摸底时却没有纳入搬迁撤并与待定类村庄。行政村主要干部缺乏积极性主动上报搬迁撤并与待定类村庄或者尽力不让本村被兼并的可能原因，一是不想背自己任内把村搞没了的历史骂名，二是担心被兼并后自身的岗位缺乏保障。

表 4-2　龙岩市搬迁撤并与待定类村庄摸底情况

村庄类型	县（市、区）	乡镇、街道	村庄名称	村庄数（个）	小计（个）	合计（个）
搬迁撤并衰退类村庄	长汀县	庵杰乡	长科村	1	1	1
待定类	新罗区	适中镇	颜中村、溪柄村	2	28	49
		曹溪	中甲村、经杨村	2		
		红坊	岭背村、板子斜村	2		
		大池	九里洋村	1		
		江山	前村村、新田村、林祠村、上湾村、下湾村	5		

续表

村庄类型	县（市、区）	乡镇、街道	村庄名称	村庄数（个）	小计（个）	合计（个）
待定类	新罗区	万安	西源村	1	28	49
		龙门镇	内坂村	1		
		小池镇	何家坡村	1		
		雁石镇	坂尾村、陈村村、坷溪村、民祠村	4		
		白沙镇	吕洋村、珍坑村、内村村、营头村、田坑村、罗畲村、陈地村、产坑村、大盂村	9		
	上杭县	蛟洋镇	杨梅坑村	1	3	
		旧县镇	迳美村	1		
		才溪镇	曾坑村	1		
	武平县	东留镇	永福村	1	6	
		象洞镇	中段村、芹礤村	2		
		桃溪镇	新华村、新兰村	2		
		中山镇	卦坑村	1		
	长汀县	古城镇	马头山村	1	4	
		四都镇	下坪村、坪埔村、琉璃村	3		
	漳平市	南洋镇	永兴村	1	8	
		芦芝镇	月山村	1		
		拱桥镇	高山村、隔顶村	2		
		灵地乡	赤坂场村	1		
		永福镇	箭竹村	1		
		溪南镇	官林盂村、前坪村	2		

资料来源：龙岩市农业农村局摸底的《龙岩市村庄分类情况汇总表》和 2020 年第七次全国人口普查数据。

正如当年小学布局调整一样，现在的乡村也必须进行优化布局。龙岩市小学数量，1978 年为 4689 所，2000 年为 952 所、1570 个教学点，2022 年为 373 所。龙岩从 2002 年起，为整合农村教育资源配置，在农村开始大规模"撤点并校"。2013 年有报道指出，龙岩全市目前共保留完小 368 所，其中各县（市、区）城区 34 所，乡镇 99 所，其余的 235 所均分布在农村[①]。现在的闽西乡村，类似"村

---

① 透视龙岩边远农村小学现状 条件改善问题依旧多［EB/OL］. http://ly.fjsen.com/2013-10/22/content_12813449_all.htm.

民没有产业，村委也没有村财，全村 58 户村民，298 个户籍人口，而实际村里只剩 70 余位留守老人"[①]的村并不少见，随着乡村人口流失，规模不经济、生产生活不便且成本高昂问题日益突出，原本适应传统农业经济社会发展需要的乡村布局已难以适应工业经济社会和现代化发展的需要，闽西乡村布局优化具有必要性，也具有客观必然性。要通过优化乡村布局，形成集聚经济，从而缩小闽西的城乡差距。比如，龙岩市长汀县将工业园区附近作为集中建设的"造福工程"搬迁安置点，既可以解决搬迁群众就业和增收难题，又可以缓解企业用工难问题，促进了人口集聚，民众和企业实现"双赢"，并于 2020 年获评全国"十三五"美丽搬迁安置区。与扶贫开发时期的"造福工程"不同，现在的乡村布局优化要超越解决"一方水土养不活一方人"问题的范畴，涉及的范围更广、标准要求更高，主要是为了使村民能够更好地发展、在全面小康的基础上实现共同富裕，因此采取的措施也必将和以前大为不同，需要创新路径才有望获得成功。

（二）必须优化乡村要素投入机制

乡村要振兴，必然要增加投入，但要在明确要素投入去向的基础上完善多元投入机制。

1. 明确要素投入去向

龙岩市 2010 年农业以占全市 40.54% 的就业人员数创造了占全市 12.16% 的 GDP，2012 年农业以占全市 37.58% 的就业人员数创造了占全市 11.05% 的 GDP，2021 年农业以占全市 20.31% 的就业人员数创造了占全市 9.74% 的 GDP，2022 年农业以占全市 20.16% 的就业人员数创造了占全市 9.39% 的 GDP。[②] 数据表明，一方面，龙岩市农业以占全市较高比重的就业人员数创造了占全市较低比重的 GDP，说明农业劳动生产率偏低，农业劳动力还有转移的必要与空间；另一方面，农业就业人员约占全市就业人数的 1/5，在三次产业就业人数中最少，说明农业劳动力转移的难度将加大。

（1）农业劳动力将转移到哪里？农业劳动力转移受乡村推力与城镇拉力的综合影响，乡村经济活动的分散性造成的规模不经济与生产生活成本高以及发展的

---

① 龙岩科明村：山村"小菇"送"富"业［EB/OL］. https://mp.weixin.qq.com/s?__biz=MzUyMjY1MDQ4MA==&mid=2247529070&idx=1&sn=340f8f3680f9c2af53f578b325d8b242&chksm=f9caa471cebd2d675316277fed4e2bfd26ee9350faef447901adb456438c3ed4b8e88d5bfb03&scene=27.

② 根据《龙岩统计年鉴》相关年份的数据整理。

选择机会较少都是推力，城市与城镇的收入水平较高、可供选择的机会更多以及人居环境的改善都是拉力。但是，一方面，随着进入城市与城镇的人口的增加，竞争加剧与生活成本提高也会成为进入城市与城镇的阻力；另一方面，随着乡村振兴战略的实施，具有区位优势的乡村的吸引力也会增加。闽西既属于东部发达地区，也属于相对落后的山区，推力与拉力的综合作用的平衡处将主要落在生产生活较便利的乡村，闽西农业劳动力一部分将转移到城市和县城及其郊区，一部分将转移到国省干线附近、区位条件较优且有利于三产融合的乡村，其中乡镇政府驻地与交通便利的村是重要部分。

（2）资本与资金将投向哪里？资本是常见的核心生产要素之一，有效投入和配置资本是成功实施乡村振兴战略、推进农业农村现代化的一种重要决定因素（冯兴元、鲍曙光、孙同全，2022）。自从2013年中央一号文件首次明确鼓励工商资本投向农业农村领域以来，国家和地方政府相关部门不断出台鼓励社会资本投入乡村、促进农业农村现代化的政策文件，结果是社会资本投入农业农村的规模不断增大，投入农业产业化经营与非农生产经营等领域不断拓展，独资、合资、合作、联营、租赁等投入形式不断丰富。但社会资本的逐利本性使之倾向于投资更具有收益的非农或休闲观光农业等领域以及能够获取财政补贴的项目。财政资金主要用于乡村公共基础设施建设以及公共服务能力提升，或者以财政支农贷款贴息资金、风险补偿资金、奖补资金等形式，发挥财政资金撬动作用和金融支持保障作用，支持社会资本投入农业农村。《进一步加强涉农资金统筹整合推动乡村振兴的指导意见》（龙财农〔2020〕8号）提出，统筹整合政府奖补、村级自有资金、社会资本、金融资本、村民投资等资金，形成政府引导、社会资本投入、金融部门跟进、村集体参股、村民筹资筹劳等相结合多元化的乡村振兴投入长效机制。

2. 完善多元投入机制

一方面要优化投入去向。在区位选择上，要顺应乡村布局发展趋势，重点投向集聚提升类乡村，推动偏远村"居业分离"。在项目选择上，强化科技装备支撑，推动适应山区农业高质量发展的适用与关键核心技术攻关，强化"藏粮于地、藏粮于技"的物质基础。在投入方式上，鼓励通过土地流转或入股等形式，整合农村闲置资产资源，推动资源变资产、资产变资金、农民变股民，助力乡村产业壮大规模。要通过优化乡村空间布局，推动城乡建设用地增减挂钩结余指标在县域内有序流转，优先保障农村产业融合发展、乡村基础设施建设和公共服务补短板用地需求，有计划地让农村具备现代化的生产生活条件。另一方面要创新多元投入机制。鼓励多元主体对乡村进行投入，要健全多元投入主体的联动机制，既要政府、村民的投入，也要激发社会资本投入，还要金融部门支持，充分发挥各投入主体的合力，提高投入效率。加强投入激励，要进一步发挥财政资金和各种金融政策的作用，引导信贷担保业务向"三农"倾斜，不断撬动金融和社会资本按市场化路径更多投入乡村振兴。

二、建设数字乡村需要创新路径

数字乡村建设是乡村振兴战略的重要组成部分，也是推动乡村全面振兴的关键举措。数字乡村作为乡村数字化转型的具体实践，正以其独特的魅力开启农村智慧化的新篇章。闽西进行数字乡村建设具有必要性，但也面临不少挑战，适应乡村振兴发展需要，数字乡村建设需要创新路径。

首先，建设数字乡村具有必要性。2019 年 5 月，中共中央办公厅、国务院办公厅印发《数字乡村发展战略纲要》，对数字乡村建设作出系统安排。2021 年 7 月，中央网信办等七部门联合发布《数字乡村建设指南 1.0》，推动数字乡村建设取得积极成效，打造了一批具备复制推广价值的应用场景和典型案例。为了在新形势下更准确地把握数字乡村建设的重点任务和目标方向，2024 年 4 月，中央网信办等六部门联合印发了《数字乡村建设指南 2.0》。《龙岩市新型基础设施建设三年行动计划（2023—2025 年）》提出实施数字乡村工程。《2024 年数字龙岩工作要点》提出，深入推进数字乡村建设，做好省级数字乡村试点中期评估，推进城乡数字化协同发展。闽西需要通过数字乡村建设提升乡村产业发展水平、优化乡村治理、改善乡村民生福祉。具体地：一是提升乡村产业发展水平的需要。一方面，通过加强数字技术应用，提高农业生产信息化率，加速推进农业生产领域的数字化改造，可以促进乡村产业转型升级和发展水平提升；另一方面，通过强化农业设备支撑，完善农村信息基础设施，推动农村电商等乡村数字经济新型业态持续壮大，促进农业产供销有效对接市场，有助于农民增收和农业农村现代化。二是提升乡村治理水平的需要。数字化转型是提升乡村治理效能的必然要求，数字技术的应用为乡村治理提供了新的手段和渠道。通过数字化手段，一方面可以实现政务服务的在线化、便捷化，提高政府决策的科学性和精准性；另一方面有助于实现乡村治理的信息化、智能化，提高乡村治理的效率和透明度以及乡村治理的科学性和有效性。三是改善乡村民生福祉的需要。数字乡村建设有助于缩小城乡数字鸿沟，通过乡村医疗、教育、文化等公共服务信息化平台，促进优质资源共享和均衡配置，提升乡村公共服务水平，可以让更多农村居民共享互联网发展成果，满足农民群众日益增长的美好生活需要，提高农民群众的获得感、幸福感和安全感。

其次，建设数字乡村具有艰巨性。数字经济基础设施建设相对滞后、数字经济体量小且企业研发投入不足、数字人才总量不足且队伍结构不优、数字经济推进机制不够顺畅、数字经济发展环境有待优化、城乡"数字鸿沟"不小、实体经济数字化转型难度大、政府数字化治理能力需提升，闽西在数字经济发展方面存在的种种难题，给闽西数字乡村建设带来诸多挑战，也表明闽西建设数字乡村具有艰巨性。

最后，建设数字乡村需要创新路径。数字乡村建设提出的时间不长，而数字技术和数字经济发展变化却很快，这就要求深化数字乡村建设实践探索并及时研究总结创新发展路径。数字乡村既要考虑为谁建和如何建的问题，也要考虑建成之后的使用与运营问题。数字乡村建设，一要以人为本，为农民的现代化而建。要重视并优化农户的数字赋能过程，确保数字技术有效满足其需求并促进乡村经济社会发展。二要促进数字基础设施与应用场景适配。数字基础设施建设重点要从农村生活场景延伸至生产经营场景，协同推进农村公路、水利、电网、农田建设、农产品冷链物流、产地农产品追溯等基础设施数字化升级，补齐乡村网络基础设施短板，同时推动县、乡、村电子商务和快递物流配送体系相互贯通。既要补齐信息基础设施的短板，满足数字乡村建设的硬件条件，还要优化软件环境，不断扩展数字乡村建设的应用场景，确保数字技术能够在乡村建设中落地生效。三要强化政策协同与资源整合，促进数字乡村项目有效运营。数字乡村涉及的应用场景多，既涉及公共服务，也涉及经营行为，要准确把握不同场景下政府和市场的关系。要强化政策协同，系统地解决可能存在的重复建设、多元管理等统筹不足问题，确保数字乡村建设规范有序。要采纳开放性的设计思路，根据不同建设任务和建设内容，选择适宜的建设运营模式。要支持农民对数字乡村建设项目提供及时有效的反馈，增强项目的灵活性和接受度，使数字乡村建设能够依据乡村发展实际适时动态调整。

三、革命老区高质量发展示范区建设需要创新路径

福建省人民政府办公厅为落实《国务院关于新时代支持革命老区振兴发展的意见》（国发〔2021〕3号）部署而制定的《闽西革命老区高质量发展示范区建

设发展规划》提出，在推进经济高质量发展、深化改革创新、建设美丽中国、促进共同富裕、弘扬红色文化传承等方面，努力在全国革命老区高质量发展上走前头、作示范。闽西建设革命老区高质量发展示范区是国家赋予的时代使命，要通过评价了解闽西在全国主要革命老区当中的发展状况，以便采取措施更好地做好示范区建设。

本书从创新驱动、生态文明、扩大开放、城乡协调、共建共享、红色文化传承六个方面构建革命老区高质量发展综合评价指标体系，利用《中国城市统计年鉴》、20个革命老区所在城市的统计年鉴及国民经济和社会发展统计公报、中经网统计数据库，采用熵权TOPSIS法测算得到的革命老区高质量发展综合评价指标体系的赋权结果如表4-3所示。

表4-3　革命老区高质量发展综合评价指标体系的赋权结果

一级指标	二级指标	三级指标	指标属性	指标权重
创新驱动（0.234）	创新投入	科技支出占一般公共财政预算支出的比重（%）	正向	0.065
		每万人普通高等学校在校生数（人/万人）	正向	0.053
	创新成果	每万人专利授权量（件/万人）	正向	0.075
		服务业增加值占GDP的比重（%）	正向	0.041
生态文明（0.095）	绿色生产	单位GDP工业废水排放量（吨/万元）	负向	0.019
		单位GDP工业二氧化硫排放量（吨/万元）	负向	0.012
		一般工业固体废物综合利用率（%）	正向	0.013
	生态宜居	森林覆盖率（%）	正向	0.024
		城市建成区绿化覆盖率（%）	正向	0.015
		空气质量达到及好于二级的天数比例（%）	正向	0.012
扩大开放（0.212）	贸易开放度	全社会消费品零售总额占GDP比重（%）	正向	0.032
		进出口总额占GDP比重（%）	正向	0.083
	投资开放度	实际利用外资额占全社会固定资产投资比重（%）	正向	0.097
城乡协调（0.063）	城乡居民收入协调	城镇居民人均可支配收入/农村居民人均可支配收入	负向	0.014
	城乡居民消费协调	城镇居民人均消费性支出/农村居民人均消费性支出	负向	0.029
	城乡人口协调	常住人口城镇化率（%）	正向	0.020
共建共享（0.172）	知识共享	每百人互联网宽带用户接入数（户/百人）	正向	0.021
		人均拥有公共图书馆藏书量（册/人）	正向	0.030

续表

一级指标	二级指标	三级指标	指标属性	指标权重
共建共享 （0.172）	民生共享	财政教育支出占一般公共预算支出的比重（%）	正向	0.007
		每万人拥有医疗机构床位数（张 / 万人）	正向	0.013
		每千人拥有执业医师数（位 / 千人）	正向	0.044
		地方财政收入年增长率（%）	正向	0.009
	共建发展	人均地区生产总值（元 / 人）	正向	0.038
		GDP 发展速度（%）	正向	0.010
红色文化 传承 （0.224）	红色文化传承	爱国主义教育（研学）基地数量（个）	正向	0.035
		博物馆数量（个）	正向	0.036
	红色旅游资源	全国红色旅游经典景区名录（个）	正向	0.045
		红色旅游精品线路（条）	正向	0.068
		不可移动革命文物名录（处）	正向	0.040

（1）创新驱动是革命老区高质量发展的长期动力和内生动力。本书从创新投入和创新成果两个方面来衡量革命老区的创新驱动状况，其中创新投入指标以政府科技支出占一般公共财政预算支出的比重和每万人口中高等学校在校生人数来衡量，创新成果指标以每万人拥有的专利授权量和服务业增加值占 GDP 的比重来衡量。

（2）生态文明是以人与自然、人与人和谐共生、良性循环、持续繁荣为基本宗旨的文化伦理形态，是可持续发展的必然选择，是区域经济高质量发展的重要内容之一。本书从绿色生产和生态宜居两个方面来衡量革命老区生态文明发展状况，其中绿色生产指标以单位 GDP 工业废水排放量、单位 GDP 工业二氧化硫排放量及一般工业固体废物综合利用率来衡量；生态宜居指标以森林覆盖率、城市建成区绿化覆盖率、空气质量达到及好于二级的天数比例来衡量。

（3）扩大开放是革命老区实现高质量发展的必由之路和有效途径。本书从贸易开放度和投资开放度两个方面来衡量革命老区扩大开放情况，其中贸易开放度指标包括内贸依存度和外贸依存度两个方面，分别以全社会消费品零售总额占 GDP 比重和进出口总额占 GDP 比重来衡量；投资开放度指标以实际利用外资额占全社会固定资产投资比重来衡量。

（4）推进城乡协调发展是实现共同富裕的内在要求，是实现革命老区高质量发展的重要基础。本书从城乡居民收入协调、城乡居民消费协调及城乡人口协调三个方面来衡量革命老区城乡协调发展的状况，其中城乡居民收入协调指标以城镇居民人均可支配收入与农村居民人均可支配收入之比来衡量；城乡居民消费协调指标以城镇居民人均消费性支出与农村居民人均消费性支出之比来衡量；城乡人口协调指标以常住人口城镇化率来衡量。

（5）共建共享体现了以人民为中心的发展思想，是革命老区高质量发展的重要目标之一。本书从知识共享、民生共享和共建发展三个方面来衡量革命老区共建共享的发展状况，其中知识共享指标以每百人互联网宽带用户接入数量和人均拥有公共图书馆藏书量来衡量；民生共享指标以财政教育支出占一般公共预算支出的比重和每万人拥有医疗机构床位数来衡量；共建发展以人均地区生产总值来衡量。

（6）红色文化传承与发展是建设中国特色社会主义先进文化，提升国家文化软实力的客观需要，是培育和践行社会主义核心价值观，助推社会主义市场经济发展，实现"两个百年"奋斗目标的客观需要。本书从红色文化传承和红色旅游资源两个方面来衡量革命老区红色传承的发展状况，其中红色文化传承指标以爱国主义教育（研学）基地数量和博物馆数量来衡量；红色旅游资源以全国红色旅游经典景区名录、红色旅游精品线路及不可移动革命文物名录的数量来衡量。运用熵权法测算 2019 年和 2022 年 20 个革命老区高质量发展综合评价指数值的结果如表 4-4 所示。

表 4-4　2019 年和 2022 年 20 个革命老区高质量发展综合评价指数值

城市	2019 年	2022 年	城市	2019 年	2022 年
	评价值	评价值		评价值	评价值
长治	0.3410	0.3245	张家界	0.2869	0.3071
丽水	0.3714	0.4538	郴州	0.4213	0.4604
六安	0.3253	0.3356	梅州	0.2576	0.2559
三明	0.3033	0.3291	汕尾	0.3516	0.4281
龙岩	0.4054	0.4767	百色	0.2623	0.3121
赣州	0.4347	0.5473	巴中	0.2415	0.2433
吉安	0.4300	0.5350	遵义	0.3241	0.3378
临沂	0.3863	0.4441	延安	0.3423	0.3508
信阳	0.2771	0.2982	庆阳	0.2377	0.2516
黄冈	0.3025	0.3610	平均值	0.3278	0.3660
恩施	0.2530	0.2888			

2022 年与 2019 年相比，闽西龙岩综合评价指数值提高了一名，由第四名提升为第三名，但综合评价指数值只提升 0.0713，增幅排在第五名。闽西龙岩综合评价指数值较高，但还存在一些短板，每万人普通高等学校在校生数、一般工业固体废物综合利用率、空气质量达到及好于二级的天数比例、地方财政收入年增长率、全社会消费品零售总额占 GDP 比重、城镇居民人均消费性支出与农村居民人均消费性支出比等指标排位较低，在创新投入、生态文明建设、民生共享、城乡协调等方面的可提升空间较大，农民消费水平有待大力提升。在乡村振兴过程中，闽西需要大力创新路径，补齐综合评价中的指标短板，缩小城乡差距，提升村民消费水平。

第三节　闽西乡村振兴路径创新
是迎接未来的必然选择

2021 年中央一号文件指出：要把全面推进乡村振兴作为实现中华民族伟大复兴的一项重大任务，举全党全社会之力加快农业农村现代化，让广大农民过上更加美好的生活。党的二十大提出以中国式现代化全面推进中华民族伟大复兴。习近平总书记强调，"中国要强农业必须强，中国要美农村必须美，中国要富农民必须富。"相较于工业、城市和市民，无论物的现代化还是人的现代化，抑或是公共服务和治理现代化，农业、农村和农民都处于相对滞后的状况。在全面推进中国式现代化的新征程中，"三农"必须尽快现代化。随着发展阶段变化，闽西为了更好更快推动农业、农村和农民实现现代化，必然需要推动乡村更好更快发展，遵循旧的发展路径适应不了现实需求，也不能够迎接未来的挑战，应对挑战必须大力创新乡村振兴的发展路径。

与省内其他地级市相比，龙岩市乡村经济发展水平较低但重要，这一判断可以通过相关数据进行佐证。选取农村居民人均可支配收入（元）、第一产业增加值（亿元 / 万人）、农林牧渔业总产值（亿元 / 万人）、粮食总产量（万吨 / 万人）、蔬菜播种面积（万亩 / 万人）、肉类总产量（万吨 / 万人）、蛋品总产量（吨 / 万人）、乳品总产量（吨 / 万人）、水产品产量（万吨 / 万人）9 个指标（指标单位中的每万人指的是乡村的常住人口）作为乡村经济发展水平及其重要性的衡量指标（利用各市 2019 年相关统计公报的数据）进行聚类分析，结果可以将福建省乡村经济发展水平及其重要性分为五类（见表4-5）。第一类是乡村经济发展水平低但乡村经济又很重要的南平市，第二类是乡村经济发展水平较低但乡村经济重要的龙岩市、三明市、宁德市，第三类是乡村经济发展水平一般而乡村经济重要性也一般的福州市和莆田市，第四类是乡村经济发展水平较高而乡村经济重要性却较不重要的泉州市和漳州市，第五类是乡村经济发展水平高但乡村经济重要性却不重要的厦门市。

表 4-5　福建九地市乡村经济的发展水平与重要性聚类

类别	地区	乡村经济发展水平	乡村经济重要性
第一类	南平	低	很重要
第二类	龙岩、三明、宁德	较低	重要
第三类	福州、莆田	一般	一般
第四类	泉州、漳州	较高	较不重要
第五类	厦门	高	不重要

闽西实施乡村振兴战略，主要目标是提升乡村经济发展水平而不是刻意降低乡村经济的重要性。闽西多山多林和闽江、九龙江、汀江（韩江）"三江源"的客观现实决定了闽西即使实现了现代化，乡村在闽西都有不可忽视的重要性。闽西乡村在现代化的过程中，农业强、农村美、农民富、"三农"现代化是理想目标不断化作现实并必须为之努力的过程。

一、农业需变"强"

习近平总书记强调，全面推进乡村振兴、加快建设农业强国，是党中央着眼全面建成社会主义现代化强国做出的战略部署。强国必先强农，农强方能国强。

一是提高农业生产效率的需要。闽西农业增加值占 GDP 的比重已低于 10%，但农业就业人数约占全市总就业人数的 20%。面向现代化，提高收入水平，闽西农业必须提高效率，一方面农业就业人口必须减少；另一方面农业产量要大体保持稳定，产值还须提高。这就要求闽西农业努力具备供给保障强、科技装备强、经营体系强、产业韧性强、竞争能力强的特征①，各方面特征的获取都需要创新农业发展路径。

二是落实粮食安全战略属地责任的需要。贯彻落实党中央、国务院和省委、省政府关于保障国家粮食安全的决策部署，坚持粮食安全党政同责，压实属地责任，也要求闽西提升粮食综合生产能力，促使农业变强。《龙岩市国民经济和社会发展第十四个五年规划和2035年远景目标纲要》提出实施产业兴农行动，着力稳面积、攻单产、优品质、强产能，坚决制止耕地"非农化"，稳定粮食生产，确保粮食播种面积稳定在190万亩，粮食总产稳定在82.5万吨。《2023年龙岩市政府工作报告》提出，加强粮食生产、储备、流通能力建设，严守耕地保护红线，推进高标准农田建设，确保完成省下达粮食生产任务，守好"闽西粮仓"。在我国粮食生产的人工、土地、农资成本等快速增加而粮食价格涨幅很小的情况下②，种粮效益始终偏低，如何采取创新举措提高闽西农民种植积极性需要研究。

三是践行大农业观的需要。强农业需要践行大农业观，落实大农业观需要创新农业发展。习近平总书记强调"要树立大农业观、大食物观"。大农业观突出农业多功能思维、突出农业全产业链思维、突出农业可持续发展思维、突出农业大市场思维。闽西践行大农业观要加快构建现代农业大产业体系（推动农产品加工业升级、发展特色农业产业、培育乡村新产业新业态），加快构建现代农业大生产体系（全方位开发国土资源、发展多元化农业科技、提高农业抗风险能力），加快构建现代农业大经营体系（培育壮大新型农业经营主体、健全专业化社会化服务体系、促进小农户同现代大农业有效衔接）③。

总之，要使闽西农业强，要有强有力的农业科技创新体系做支撑，要有高效完善的生产经营组织体系，要有强化农业支持的法规和政策体系，要有强大的农产品供给能力和市场竞争力，要有强大的农民自我增收能力和有效缩小城乡居民收入差距的机制，这些都需要创新乡村发展路径。1997年时任福建省委副书记习近平同志来龙岩调研时指出，"龙岩地区是一个农业地区，农业地区走上致富

---

① 强国必先强农　农强方能国强〔EB/OL〕. http://www.moa.gov.cn/ztzl/ymksn/rmrbbd/202302/t20230216_6420851.htm.

② 保障种粮效益　提高农民种植积极性〔EB/OL〕. http://yn.people.com.cn/n2/2024/0313/c378440-40773442.html.

③ 建设农业强国要牢固树立和切实践行大农业观〔EB/OL〕. http://www.rmlt.com.cn/2024/0205/694870.shtml.

的道路，走上发达之路，靠农村产业化是一条出路"，强调"抓产业化要因地制宜，靠山吃山，靠水吃水"。龙岩要牢记总书记的重要嘱托，大力发展特色现代农业，促进农业高质高效。

二、农村需变"美"

一是提高农村人民生活品质的需要。中国式现代化是人与自然和谐共生的现代化，提高人民生活品质是中国式现代化的内在要求。农村美才能满足人民的生态需求。闽西需要进一步创新发展路径，在不减少农业产能的基础上减少传统肥料、农药，降低面源污染，改善人居环境，让村容村貌一步步亮丽，逐步提高农民群众的生活品质。

二是提升生态文明水平的需要。闽西是闽江、九龙江、汀江三条江的发源地，是我国南方重点集体林区、福建省三大林区之一，森林覆盖率近80%，常年位居全省首位，在生态文明建设中涌现出了水土流失治理"长汀经验"、林改"武平经验"等先进典型。汀江—韩江流域建立上下游横向生态保护双向补偿制度，如果上游到确定监测点的水质达标，则下游地区给予上游地区补偿，如果上游到确定监测点的水质未达标，则上游地区给予下游地区补偿，这样就有效调动了上游改善水环境和下游拨付补偿资金的积极性，显著提升流域水环境质量，成为生态环境部推进的九个生态保护补偿典型案例之一[①]。中共福建省委、福建省人民政府2024年印发的《关于更高起点建设生态强省谱写美丽中国建设福建篇章的实施方案》提出，构建从山顶到海洋保护治理大格局，深入推进闽江、九龙江流域生态环境综合治理，加快美丽河湖建设。生态文明建设，闽西重任在肩，要进一步创新生态文明建设和生态产品价值实现路径，让闽西的绿水青山底色更亮，金山银山成色更足，生态文明建设水平更高。

三、农民需变"富"

一是共同富裕的要求。共同富裕是社会主义的本质要求，也是社会主义优越性的根本体现。共同富裕不但体现在物质方面，也体现在精神文化和生态方面。

---

① 生态补偿典型案例（3）｜构建跨省流域生态保护补偿制度，推动汀江—韩江流域治理下好"一盘棋"共护一江水［EB/OL］. https://mp.weixin.qq.com/s/5WaiH5uO-9JN3qLWsr_jGw?.

闽西乡村人民的物质生活相对富裕，精神文化生活存在短板，人居环境需提升，离农村基本具备现代生活条件的目标还较远，农民富的提升空间还较大。需创新乡村发展路径，促进闽西乡村人民实现共同富裕。

二是文化传承的需求。文化传承创新既是丰富精神文化的需要，也是通过文化赋能铸牢中华民族命运共同体意识的需要。闽西河洛文化（闽南文化）、客家文化、红色文化资源丰富，拥有世界文化遗产 1 处、全国重点文物保护单位 16 处（124 个点）、省级文物保护单位 137 处（241 个点）、县保单位 533 处（565 个点），有国家级非物质文化遗产项目 10 项、省级非物质文化遗产项目 59 项、市级非物质文化遗产 293 项，有文化文物部门管理的博物馆（纪念馆）13 家，其中国家一级博物馆 1 家、国家二级博物馆 2 家、国家三级博物馆 5 家，有中国历史文化名村 14 个、中国传统村落 73 个。要创新闽西文化传承方式，让文物"活"起来、让非遗"热"起来、让文艺"火"起来、让场馆"亮"起来、让书香"飘"起来、让广电"强"起来，带动农民物质和精神文化"富"起来。

四、"三农"需要现代化

农业强、农村美、农民富三者联系紧密并分工协同，统一于实现农业农村农民"三农"现代化的乡村发展总目标之中。农业强主要是壮大乡村产业，提高农业实力，为乡村发展奠定经济基础；农村美主要是保护传承好乡村生态，为乡村发展提供条件，同时良好的生态环境就是最普惠的民生福祉；农民富主要是农民享有丰富的物质、精神生活和良好的生态环境，是乡村发展的目的。农业现代化侧重于产业或经济维度，农村现代化侧重于社会和生态维度，农民现代化侧重于文化和人的发展维度。农业现代化、农村现代化和农民现代化是相互交融的有机整体。全面推动乡村振兴战略作为中国式现代化发展的必要环节，不但是指建设美丽乡村，还是真正实现以人民为中心的乡村振兴，不仅满足农民全面发展的多重需要，还为农民的全面发展创设良好社会空间（李超，2023）。党的二十届三中全会提出，城乡融合发展是中国式现代化的必然要求，必须统筹新型工业化、新型城镇化和乡村全面振兴，促进城乡要素平等交换、双向流动，缩小城乡差别，促进城乡共同繁荣发展。

在乡村振兴过程中，闽西要围绕提高农业综合生产能力、农村公共服务供给能力、农民自我发展能力三大目标，强化以工补农、以城带乡，推动形成工农互促、城乡互补、协调发展、共同繁荣的新型工农城乡关系，不仅关注技术进步，还要推动组织创新，不仅重视生产力发展，还要调整生产关系，不仅要求提高全要素生产率，而且要求提升农业核心竞争力，不仅要追求农民收入稳定增长，还要确保乡村生态环境可持续。要促进农业全面升级、农村全面进步、农民全面发展，让农业农村农民现代化不断推向更高层次。

第五章

闽西乡村振兴路径创新的案例借鉴

全国各地在实施乡村振兴战略的过程中涌现出不少典型，主要包括城市带动型、特色小镇带动型、三产融合带动型、生态农业带动型和旅游产业带动型的乡村振兴典型。本章分析这些乡村振兴典型案例，以便为闽西乡村振兴提供路径创新借鉴与参考。

第一节　超大城市带动乡村振兴的典型案例

四川省成都市"小组微生"新农村综合体建设模式是超大城市带动乡村振兴的典型范例。成都市作为国家战略——成渝地区双城经济圈建设的超大城市，自2014年开始，遵循形态、业态、文态、生态"四态合一"的理念，进一步探索统筹城乡改革，实践"小规模、组团式、微田园、生态化"（"小组微生"）新农村建设模式。成都市持续提升乡村规划建设理论，经过四次跃升即四个阶段，总结出"小组微生"新农村建设模式。第一阶段，从2003年到2007年，成都市经历了城乡一体化发展到被批准设立为全国统筹城乡综合配套改革试验区，按照工业、农民、土地"三个集中"的思路，采取"五不一扶持"的举措，成功打造出成都市锦江区三圣乡"五朵金花"特色农业和生态旅游观光的五个主题景点[①]，被评为国家4A级旅游景区；第二阶段，成都市在2008年汶川地震后的重建过程中，遵循发展性、多样性、相融性、共享性"四性"原则，提出了具有"小组微生"关键要素的新农村建设；第三阶段，为了解决农村空心化问题，成都市2011年提出产村相融的产业结构调整战略，以产村单元形式打造独具特色的新农村，2014年探索出了"小规模、组团式、微田园、生态化"（"小组微生"）新农村建设模式；第四阶段，成都市2017年出台《关于成片成带推进"小规模、组团式、微田园、生态化"新农村综合体建设的意见》，对"小组微生"新农村综合体的建设布局进行了规划，提出沿高速路、主干道成片成带布局，到2020年，建成"小组微生"新农村综合体400个以上（张怡，2020）。"小组微生"新农村综合体建设模式演进过程详见表5-1。近年来，成都市又以国家城乡融合发展试验区建设为契机，推进城乡在规划、功能、产业、人才、文化、创新、治理等方面的"七个融合"，构建新型工农城乡关系，以大城市带大农村，促进城乡融合高质量发展[②]。

表5-1 成都"小组微生"新农村综合体建设模式演进过程

阶段	开始时间	新农村建设模式	主要内涵
第一阶段	2003年	三个集中 "五朵金花"	工业向集中发展区集中、农民向城镇集中、土地向规模经营集中；以城带乡、以工促农、城乡互动、协调发展；将规划引入乡村建设
第二阶段	2008年	灾后重建 "四性"原则	发展性原则；多样性原则；相融性原则；共享性原则
第三阶段	2011年	产村相融 "产村单元"	以内生动力解决农村空心化问题；发展特色产业，一镇一主业、一村一特色、策划到产品
第四阶段	2014年	"小组微生" 农耕文明	小规模、组团式、微田园、生态化；体现田园风貌、新村风格、现代生活，方便农民生活

[①] 成都市按照城乡统筹、一体发展的思路建设新农村［EB/OL］. https://www.gov.cn/jrzg/2006-06/18/content_313550.htm. "五不一扶持"是指在新农村建设时，不征地、不拆迁、不失业、不失利、不失权和加大财政扶持；五个主题景点即三圣乡的"五朵金花"，分别是"花乡农居""幸福梅林""江家菜地""荷塘月色""东篱菊园"。

[②] 成都为何瞄准"城乡融合"［EB/OL］. https://www.163.com/dy/article/IN2IAJH10512B07B.html.

一、成都市"小组微生"新农村建设模式的具体做法

1."小规模"谋划乡村建设

"小规模"主要从空间和数量两个方面理解。空间上,"小规模"出于节约用地考虑,小规模聚居、一户一宅,建设规模小;数量上,以20~30户(最多不超过50户)为一个组团,几个组团整体规划成一个规模不大的新村,总户数控制在100~300户(熊晴桠,2020)。通过统一规划,优化总体布局和服务半径,构建"15分钟生产生活圈"农村综合体,让农民群众享受到与城市居民同质量的基础设施和公共服务,真正让农民享受到现代文明。

2."组团式"优化资源配置

集成运用农村产权制度改革、农村土地综合整治等统筹城乡改革的各项元素,从体制机制上进行突破创新,在新村中心区域布局居住、服务和生产组团,推动新农村社区实现三个组团功能:一是住宅功能,即农房组团;二是公共服务功能,即支持住宅功能的服务设施,如学校、商店、卫生所等;三是产业功能,如现代农业产业园、农产品加工区或者为旅游业提供服务的餐饮和娱乐设施。

3."微田园"留住农村本底

新农村建设的"微田园"风光通过保留乡村原有的生活和生态场景,留住乡土本色和农村特有风貌。保留川西民居建筑风格,保护原有林盘和农家风俗以及传统文化,顺着田园肌理进行景观打造,保留田园风光,对自然环境产生破坏的程度微小,同时适当融入现代文明。

4."生态化"保护自然人文

成都市的"生态化"建设包括两个方面:保持自然生态本底和保持乡土文化生态。通过保护林盘的林木资源和河岸的生态环境与特色小镇建设融合发展,加强环境治理,充分保留生态本底和乡土文化,促进山、水、林、院协调统一。

二、成都市"小组微生"新农村建设模式的主要成效

成都市"小组微生"建设模式通过统一规划,优化新村布局,不但方便了农民的生产生活,还有利于保留与传承乡土特色文化、促进和美乡村建设以及乡村有效治理,提升了村民的幸福感和获得感。

一是方便农民生产生活。开展"小组微生"建设,原来村庄的各类土地资源可以有效整合,建设用地也可以进行有效整合组团,既能够推动达到适宜的居住

密度和居住条件，又能更高效地建设配套的基础设施并更有效、更便捷地享受公共服务，还可以发展配套产业，能够极大提高农民生活现代化的可能性，也能够方便村民就近就业。

二是保留地域特色文化。"小组微生"模式特别重视川西民居建筑风格、农家风俗及传统文化等乡村景观、生活场景的保持，有助于保留与传承乡土特色文化。

三是促进和美乡村建设。"小组微生"模式设法坚持尊重自然、顺应自然，在乡村建设过程中，重视山、水、林、田、路与人之间关系的和谐处理，在改善生态环境的同时促进人与自然和谐共生。

四是推动乡村有效治理。"小组微生"模式构建起"1+3+6"治理机制（1是指以村党支部建设为核心；3是指议事会、监事会、业委会，分别负责讨论决策新村建设管理的相关事项、新村事务的日常监督、新村建设管理事项的组织实施；6是指方便乡村生产生活并促进新村和谐发展的自治组织或市场主体，包括专业化物管、专业化社工、志愿者服务、百姓智囊团、文艺宣传队、调解委员会），充分发挥农民主体作用，不断理顺村（社区）自治组织与基层党组织、集体经济组织、社会组织之间的关系，提升基层治理能力，解决了"民心怎么聚"的问题，实现了民事民议民管民受益。成都市"小组微生"幸福美丽新村模式荣登"2016中国三农十大创新榜"。

三、成都市"小组微生"新农村建设的主要经验

一是"小规模"的主要经验。"小规模"并不一定意味着规模小，它是因地制宜的产物，平原地区和山地地区规划出来的新村的规模不一样，平原的规模较大而山地的规模较小，目的在于通过以聚居点的"小规模"建设，有效促进农村人口转移和治理，让农民的生产生活更加便利。对新农村进行"小规模"建设的关键作用是有助于实现新农村建设的科学规划，便于新农村基础设施合理配置，有利于解决农村的"空心村"问题。

二是"组团式"的主要经验。以农田的"组团式"高标准建设，提高农田的产量，为粮食安全多做贡献；以资源的"组团式"专业化分布，提高资源的利用率，促进农民增收；以土地的"组团式"科学性整理，优化土地的功能布局，促进城乡统筹。"组团式"对新农村建设的决定作用是推动农村产权制度改革，在促进农业规模经营的基础上实现产业升级，提高农民增收的可能性。

三是"微田园"的主要经验。以农地的"微田园"养护，促使土地原有属性基本不变；以农房的"微田园"建设，重构乡村生活空间；以村民的"微田园"管理，撬动农村治理机制创新。"微田园"对新农村建设的主导作用是保留和传承乡村传统文化，提升乡村田园景观，促进村民建管自治。

四是"生态化"的主要经验。以水系、农田的"生态化"整治，改善水土和农田环境，促进农业健康发展；以地域的"生态化"保护，促进乡土文化生态和地域自然生态多样性发展。"生态化"对新农村建设的支撑作用在于保护基本农田、建设生态文明，促进地方特色文化和植被得到保护与发展。

四、成都市"小组微生"案例的启示

一是乡村建设要进行统一规划与布局优化。首先要方便农民生产生活；其次要推动农村自治管理；最后要适应农村发展趋势。

二是乡村建设要注重土地组团化发展。首先要促进农业规模经营；其次要提高资源利用效率和土地经济效益；最后要优化用地布局以实现城乡统筹。

三是乡村建设要注重田园景观提升。首先要重构乡村生活空间；其次要保护乡村风貌并提升景观功能；最后要促进建管并重。

四是乡村建设要注重生态环境保护。首先要确保耕地根本地位；其次要实现生态资源的有效利用；最后要保护地域特色及传统文化。

第二节 特色小镇带动乡村振兴的
典型案例

安吉鲁家村田园综合体项目可以说是特色小镇带动乡村振兴的一个典型。鲁家村位于浙江省湖州市安吉县递铺镇的东北部，曾经是一个出了名的贫穷村，通过美丽乡村田园综合体项目打造，如今已成为全国首个家庭农场集聚区、美丽乡村精品示范村，是中国美丽乡村的新样板。国家级田园综合体试点鲁家村项目的市场影响力大家有目共睹，深感认同。时任国务院副总理胡春华对鲁家村以小火车串联各个家庭农场的思路，以及通过美丽乡村建设，改善人居环境，推进产村融合，完成"三变"的举措十分认可。

一、鲁家村田园综合体的成功做法

一是充分利用村庄的现有资源。挖掘村庄现有宅基地、集体建设用地、闲置土地、山林等资源，积极进行土地流转，把土地资源变成资本，并开展招商引资活动，让工商企业进入。首先是充分利用政府的支持政策，撬动村庄沉睡资源，促进资源变资产；其次是充分利用以企业为代表的市场力量，通过企业经营村庄资源促进经营市场化，带动更多资本进入村庄；最后是政府的有为激发市场的有效，两者共同作用，激发农民主体性的发挥，促使农民在产业发展中积极主动作为。

二是做好村庄发展与运营规划。邀请专业团队梳理村庄脉络，对村庄的环境、产业、旅游等一体化规划，并将规划的落实与运营管理有机结合，打造合理的乡村空间格局、产业结构、生产方式和生活方式，通过便利的生产生活条件、大量的就业机会与美丽乡村吸引人，让更多的年轻人回到村庄就业创业，进一步促使美丽乡村转化为美丽经济。

三是促进产业融合创新。鲁家村充分利用竹叶（竹林竹海）和茶叶（安吉白茶）这"两片叶子"的资源优势，主推一二三产融合发展，延伸农业产业链，提升农业种植附加值，发展创意农业，把田园变乐园，村庄变旅游景区；提高农产品加工生产附加值，让生产劳动更具乐趣、让加工生产更具体验性，开发伴手礼等土特产品；创新营销方式，打开农产品销路，扩大知名度；以打造全国首个家庭农场聚集区为目标，在全村范围内规划建设了18家既有差异又相互联系的特色农场。

四是以市场为导向创新模式。鲁家村积极有为推动市场有效，以企业为主体创新带动，通过"公司＋村＋家庭农场"的模式，引导农田向农场、村庄向景区、村民向股民转变；利用市场机制让农场开发多样性的乡村旅游产品，各个农场既分别设立休闲项目，又通过若干条旅游线路有机组合，具有多种旅游功能的旅游休闲项目进一步融合成具有特色的"田园综合休闲旅游"。

二、鲁家村家庭农场集群模式的打造

一是做好总体设计。鲁家村邀请专业团队对全村按照4A级景区标准进行规划设计，将乡村旅游规划、村庄规划和产业规划"三规合一"，打造18个在功能和布局上各具特色的家庭农场，又通过合理的旅游线路设计，将分散的农场串点成线，使 18 个家庭农场既相互独立又在旅游线路中形成一个有机联系的整体。

二是搭好组织架构。鲁家村引入一家旅游公司，并以旅游公司占股 51% 和鲁家村集体占股 49% 成立鲁家乡土旅游公司，鲁家乡土旅游公司又设立三家分别负责营销宣传、农场管理、乡村旅游培训的公司，同时吸引外部资本对 18 家农场进行进一步投资与运营管理，形成了"村＋公司＋家庭农场"的组织运营模式。

三是合理分配利益。鲁家村统一使用"鲁家村"品牌，通过品牌打造获得的发展红利由鲁家村集体、旅游公司、家庭农场主按照事先确定的比例进行分配，村民则从村集体中享受分红之外，能够获得"股金＋租金＋薪金＋养老金"的多种收入。比较合理的利益分配机制使鲁家村村集体、旅游公司、家庭农场主和村民都能从鲁家村的发展中获得比较满意的收益，在调动各方积极性的同时有利于鲁家村的良性发展。

三、鲁家村田园综合体的案例启示

一要有效盘活各种资源。鲁家村首先盘活村庄的土地资源，接着采取类似众筹的方式，借助社会化的力量，解决资金、人才短缺问题，让鲁家村能够有效盘活资源、资产、资金并进行充分利用。这个过程需要政府积极有为，促进市场有效，进而带动农民主体性的发挥。在这个过程中，有为政府通过制度创新吸引市场主体投资，资源资产化使市场有效，进而激发农民主体的积极主动参与。

二要统一规划并分工合作。鲁家村聘请专业团队对村庄的脉络进行梳理，对 18 个农场的定位、功能、布局进行总体设计，既体现各自的特色，又通过合理的旅游线路开发让各家农场既能合理分工又能相互合作。

三要建立合理的利益分配机制。鲁家村让投资方占股 51% 的优惠条件吸引资本进村投资，并以鲁家村集体占股 49% 成立新公司，再吸引外部资本投资家庭农场，形成"公司＋村＋家庭农场"的组织运营模式。新成立的公司既负责营销宣传、农场管理、乡村旅游培训，也负责家庭农场辅助设施及其配套服务的整体有机规划，并采取措施吸引外部资本投资和运营管理农场的细分项目。所形成的公司、村集体、村民、外部资本的利益共享合作共赢机制，为鲁家村的成功运作与持续发展奠定了可行的基础。

第三节 三产融合带动乡村振兴的
典型案例

"袁家村模式"可以说是三产融合带动乡村振兴的典型。"袁家村模式"的诞生地袁家村位于陕西省咸阳市礼泉县烟霞镇北面唐太宗李世民昭陵九嵕山下，处在西咸半小时经济圈内，有直达西安和咸阳的客运大巴，也有往返咸阳的公交，交通便利。袁家村依托当地特色旅游资源，仅用十来年时间，就以民俗特色将自身打造成为广受欢迎的乡村旅游胜地，被认定为国家 AAAA 级旅游景区，被誉为"关中第一村"，被评为中国十大美丽乡村，成为中国乡村旅游现象级的"网红"。袁家村村民根据旅游餐饮业发展需要，大力发展食品加工业，进而推动现代农业发展，探索出了一条由三产带动二产并倒逼一产的逆向三产融合促进乡村振兴的发展路径[1]。但这条路径形成的历史并不长，21 世纪初，袁家村乘改革开放机遇而发展起来的村办企业陆续关停，村民不断外出谋生，村庄逐渐"空心化"，袁家村的集体资产差不多只剩下一座旧水泥厂房（周立、奚云霄、马荟，2021）。为了为村民谋出路并振兴村庄，袁家村当时的党支部书记决心带领村民以旅游业为抓手谋求产业转型，探寻全面小康和共同富裕的道路，经过十多年转型发展，取得了非常明显的成效：一个人口不到 300 人的平原小村，却吸纳了3500 多人就业，带动周边 2 万多名农民增收，村民人均年收入 15 万元以上。

一、"袁家村模式"发展历程中的主要事件与关键阶段

定位为"关中民俗旅游"的"袁家村模式"经历了起步、完善、稳定和飞跃四大阶梯式的发展阶段，极大地提升了"袁家村"品牌效应[2]。从 2007 年开始，袁家村的村干部动员村民将自家房屋改造为农家乐并把废弃水泥厂一带修建成康庄老街，首批建成作坊街和 5 户农家乐，接待游客 3 万人次；2008 年，袁家村

---

① "空心村"到中国最美乡村：陕西袁家村的发展传奇［EB/OL］. https://roll.sohu.com/a/653910774_121652319.

② 经典案例—袁家村［EB/OL］. https://www.sohu.com/a/314269511_825181/.

的农家乐经营户发展到 15 户，作坊街的村民制作出当地特色小吃或手工艺品并出售，接待游客 10 万人次；2009 年，袁家村建设了小吃一条街并扩建作坊，丰富了民俗旅游项目和旅游业态，带动周边村民就业增收，接待游客 50 万人次；2010 年，袁家村开始打造民宿和精品客栈，着手做乡村度假旅游，同时推动收益较好的作坊先行探索股份制改革，成立股份合作社，解决内部分配悬殊问题，接待游客 80 万人次；2011 年，辣子坊、醋坊、面坊、豆腐坊、酸奶坊等八大作坊的大股东退股让利，小股东入股分红，接待游客 120 万人次；2012 年，袁家村产业和空间不断拓展，开始陆续打造酒吧街、艺术街，建设关中古镇，引进非遗文化、亲子类项目，增加夜间消费活动，接待游客 180 万人次；2013 年，开办袁家村农民学校，入选第二批"中国传统村落"，接待游客 260 万人次；2014 年，开始创新旅游业态，寻求多元化发展，建成艺术长廊，被认定为国家 4A 级景区，被评为中国十大最美乡村，带动村民共同致富，年接待游客 350 万人次；2015 年，建成回民街和祠堂街，成立小吃街合作社，进行新一轮的入股分红，同年开始实施"进城"战略，在城市开体验店，把袁家村的特色小吃和绿色无公害农产品推向城市，且每一家体验店都是一个合作社，年接待游客 450 万人次；2016 年，陕西省委一号文件提出"推广袁家村模式"，全面实施"出省"战略，输出袁家村的品牌和管理模式，建成书院街，接待游客 500 万人次；2017 年，袁家村被确定为国家级农村综合性改革试点，接待游客 560 万人次[①]；2018 年，袁家村牵头成立乡村振兴"百村联盟"，6 家体验店在西安开业，《乡村振兴看中国——创新袁家村》在 CCTV-7 播出，全面推广"袁家村模式"，接待游客 580 万人次；2019 年，星巴克、名创优品入驻，袁家村入选第一批全国乡村旅游重点村名录，接待游客 600 万人次，旅游收入 10 亿元，袁家村呈现出多元化、国际化的发展态势；2020 年，袁家村五星级温泉度假酒店开业，成立咸阳袁家乡村振兴培训学院，袁家村被评为"2020 全国乡村特色产业亿元村"，年游客接待量依然达到 600 万人次；2021 年，CCTV-5 专题报道"乡村振兴·袁家村换新颜"，接待游客 650 万人次以上；2022 年，袁家村瑞斯丽温泉度假酒店开业，CCTV-1《朝闻天下》播放袁家村——从"空心村"到乡村旅游"明星村"，接待游客 660 万人次；2023 年，入选第一批"全国农村集体经济发展典型案例"，

---

① "袁家村"：西部 NO.1 的文化旅游项目是如何炼成的？[EB/OL]. https://www.sohu.com/a/401252663_266939.

接待游客880万人次，年旅游总产值超12亿元[①]。"袁家村下一步的发展战略是整合全国优质农副产品，把袁家村的品牌推向全国，实现产业多元化，助力乡村振兴。"2020年袁家村党支部书记郭占武在接受采访时如是说。"袁家村模式"从民俗旅游到乡村度假旅游，从"前店后厂"把农副产品加工成美食小吃和工艺品到把农副产品延伸到农作物种植、养殖的产业链纵向发展，从"袁家村"品牌形成吸引众多游客到把"袁家村"品牌推向城市和全国各地，其发展历程中的主要事件与关键阶段见表5-2。

表5-2 "袁家村模式"发展历程中的主要事件与关键阶段

发展阶段	时间历程	主要事件
起步与发展初期	2007~2010年	2007年，创办农家乐，修建康庄老街，民俗旅游起步，接待游客3万人次；2008年，增加农家乐，建作坊街，接待游客10万人次；2009年，建小吃街，扩建作坊，带动邻村增收，接待游客50万人次；2010年，打造民宿和精品客栈，发展乡村度假旅游，把作坊转为合作社，解决内部分配悬殊问题，接待游客80万人次
完善与增长期	2011~2014年	2011年，八大作坊的大股东退股让利，小股东入股分红，接待游客120万人次；2012年，袁家村产业和空间不断拓展，陆续打造酒吧街、艺术街，建设关中古镇，引进非遗文化、亲子类项目，增加夜间消费活动，接待游客180万人次；2014年，开始创新旅游业态，寻求多元化发展，被评为中国十大最美乡村、国家4A级景区，带动村民共同致富，接待游客350万人次
稳定与提升期	2015~2017年	2015年，建成回民街和祠堂街，成立小吃街合作社，进行新一轮的入股分红，开始实施"进城"战略，每一家体验店都是一个合作社，接待游客450万人次；2016年，全面实施"出省"战略，输出袁家村的品牌和管理模式，接待游客500万人次；2017年，被确定为国家级农村综合性改革试点，接待游客560万人次
飞跃与推广期	2018年以来	2018年，发起乡村振兴"百村联盟"行动，6家体验店在西安开业，全面推广"袁家村模式"，接待游客580万人次；2019年，星巴克、名创优品入驻，袁家村接待游客600万人次，旅游收入10亿元；2020年，袁家村五星级温泉度假酒店开业，成立咸阳袁家乡村振兴培训学院，接待游客600万人次；2022年，袁家村瑞斯丽温泉度假酒店开业，接待游客660万人次；2023年，入选第一批"全国农村集体经济发展典型案例"，接待游客880万人次，年旅游总产值超12亿元

① 袁家村超越兵马俑：1年10亿的背后［EB/OL］. https://mp.weixin.qq.com/s?__biz=MjM5NDQzNzE0Mg==&mid=2652052980&idx=2&sn=47d251f8ac89bbdee16c166e5df84fa1&chksm=bd607c8d8a17f59bbac61feb221db80a527b5598a61f8db6d59a8db721fb1bbd2e0985628a94&scene=27.

二、"袁家村模式"包容性发展的演变逻辑与共建共治共享机制

1. "袁家村模式"包容性发展的演变逻辑

"袁家村模式"包容性发展的环境、经济、制度和文化四个维度在不同发展阶段都得到体现并丰富为新的内涵（徐虹、王彩彩，2019）。①在环境保护背景下，袁家村原有高耗能、高污染的村办企业诸如水泥厂被淘汰，发展关中民俗旅游是寻求替代性产业的结果。袁家村一开始发展旅游时就特别重视人与环境的协调，由生产生活和饮食商贸等人文景观以及田园果林休闲区和垂钓区等自然景观组成的关中印象体验区，通过合理规划与科学布局，实现自然景观与人文景观的协调共生①。②袁家村在乡村旅游起步期，村干部一方面将村庄作为熟人社会的社会资本，鼓励相互信任的村民把自家的房屋改造成农家乐和家庭作坊，另一方面为吸引经营者入驻，承诺对所有经营户在收回成本前不收取任何费用，进行"放水养鱼"②，体现了经济包容性。③当旅游发展有收益时，为避免产业同质化导致的无序竞争，采取股份合作社形式，制度包容性成为重要保障，合作社成为协调利益分配的重要手段。④环境保护、经济发展、制度建设推动袁家村旅游包容性发展的过程中，村民的文化素养越发重要，文化包容性成为重要抓手。为了提升村民发展能力，袁家村办起了夜校，还成立了咸阳袁家乡村振兴培训学院，围绕乡村"五大振兴"开展理论研究、教育培训。

2. "袁家村模式"的共建共治共享机制

首先，共建机制是"袁家村模式"形成的基础。发展初期从村民将自家房屋改造为农家乐，作坊街的村民制作出当地特色小吃或手工艺品并出售，到建设小吃一条街、扩建作坊，丰富民俗旅游项目和旅游业态，再到打造民宿和精品客栈，着手做乡村度假旅游；增长期从八大作坊进行股份制合作社改造，到陆续打造酒吧街、艺术街，建设关中古镇，引进非遗文化、亲子类项目，增加夜间消费活动，再到创新旅游业态、寻求多元化发展；提升期从建成回民街和祠堂街，成立小吃街合作社，到实施"进城"战略，在城市开体验店，再到全面实施"出省"战略，输出袁家村的品牌和管理模式；推广期从发起乡村振兴"百村联盟"

---

① 袁家村："从无到有"的乡村旅游品牌创建之路［EB/OL］. https://czh.xauat.edu.cn/info/1015/1176.htm.

② 袁家村兴盛的六大机制［EB/OL］. http://journal.crnews.net/ncjygl/2021n/d10q/bqjj/945100_20220228070547.html.

行动，全面推广袁家村模式，到星巴克、名创优品、瑞斯丽温泉度假酒店入驻，再到中央电视台多次报道。袁家村不同时期的发展，都是村干部带领村民深入挖掘资源并聚集资金和人才、共同建设共同努力的结果，这是"袁家村模式"形成的基础。

其次，共治机制是"袁家村模式"形成的关键。袁家村村民的生产生活场景就是最好的旅游吸引物，"袁家村"的品牌能够为村民带来源源不断的收益，村民既是资源的使用者，同时又是资源的贡献者，村干部带领村民以股份制为切入点创办各种农民合作社，在县委县政府驻袁家村综合服务办公室的引导和监督下，由村委员领导下的公司、协会组成内部组织，通过共同治理机制形成自主治理规则，在满足游客多样性需求的同时避免了同质化恶性竞争。有效的共同治理机制及相应的规则使袁家村旅游资源和"袁家村"品牌得以可持续利用，是"袁家村模式"形成的关键。

最后，共享机制是"袁家村模式"形成的目的。"袁家村模式"形成与发展的目的在于促进村民共同致富。袁家村采取基本股、混合股、交叉股、调节股、限制股五部分构成的股份制经营模式[①]，入股自愿、照顾小户，发挥了入股分红、共享收益的优越性，包容性的机制设计让村民能够享有公平参与旅游发展及其收益分配的机会，也让村民更有动力推广"袁家村模式"，朝共同富裕道路迈进。

三、"袁家村模式"的启示

一是坚守集体经济，追求实现共同富裕。"袁家村模式"是在村干部集中统一领导下，全体村民积极参与，为实现共同富裕而顽强拼搏的一个成功案例。袁家村探索出了一套股份合作的利益联结机制，村集体下属公司经营管理合作社，采取公平竞争的方式让资质最优质的公司经营某一品类，同时强化供应链管理来严控质量，通过兼顾公平的股权设置和收益分配机制，能够有效地促进集体经济壮大和利益共享。

二是强化信誉承诺与监督，严格把控食品安全。如何提高信誉让游客放心消费是旅游行业的痛点。袁家村在处理乡村旅游的"痛点"上狠下功夫，一方面是商家的承诺，小吃街的商店都在明显的地方挂着"店主发誓承诺""原材料追踪

---

① 发言｜农村集体经济如何发展壮大？这场会议划了重点［EB/OL］. http://www.gjnews.cn/zhengxie/2021/177233.html.

供应链"等信誉承诺；另一方面是村委会的监督，对各作坊合作社生产农副产品与在袁家村经营的商户对农副产品的采购进行约定，保障双方利益，也让广大游客能够放心地品尝到原生态的美食。

三是打造爆款产品，突出核心卖点。袁家村围绕市场的现实需求并深挖市场的潜在需求，策划生成多个项目，彰显关中乡愁文化，打造一批批能迅速吸引顾客群的爆款产品，并根据产品特点在招商过程中对商户的产品制作技术进行严格筛选，突出每个产品的核心卖点。如把酸奶、香醋等关中美食小吃以及关中乡愁文化故事打造成袁家村最富有旅游吸引力的"爆款产品"。

四是持续创新业态并拓展产业链，保持产业兴旺。袁家村不断挖掘当地资源并结合关中民俗文化进行持续创业创新（纪丽娟，2022），从农家乐、关中小吃到乡村度假旅游，从民俗文化展示到非遗和艺术创意空间体验，从丰富乡村业态到实施"进城""出省"战略，从满足旅游餐饮需要到食品加工再到现代农业发展，从单个的基础产业到上下关联的产业门类，袁家村能够保持产业兴旺、可持续发展，持续创新业态并拓展产业链是关键。

第四节　生态农业带动乡村振兴的典型案例

弘毅生态农场带动蒋家庄村振兴是生态农业带动乡村振兴的一个典型。2006年成立于山东省临沂市平邑县卞桥镇蒋家庄村的弘毅生态农场是中国科学院植物研究所研究员蒋高明带领一支由十多个人组成的科研团队建立起来的实验型农场。弘毅生态农场的成功实践曾以"平邑农民种地'六不用'"为题在2019年12月24日的《人民日报》（海外版）进行了介绍[①]。

一、弘毅生态农场的主要做法

1. 如何改良土壤？

土壤的健康状况会影响农作物的质量。只有健康的土壤才能生长出健康的粮食。高质量的土壤是保障粮食数量与质量的基础。弘毅生态农场一方面从源头

---

① 平邑农民种地"六不用"（不用化肥、农药、除草剂、地膜、人工合成激素、转基因）[EB/OL].
http://paper.people.com.cn/rmrbhwb/html/2019-12/24/content_1963095.htm.

减少工业的点源污染和农业的面源污染；另一方面通过腐熟的牛粪替代化肥、经技术发酵处理的人粪尿和杂草入田，以及通过高效堆肥技术生产有机肥，增加肥源，改善土壤的营养成分，促进土壤生态系统健康。

2. 如何处理秸秆？

弘毅生态农场通过多种方式处理秸秆。一是秸秆粉碎还田，进行旋耕处理；二是研发"微储鲜秸草"技术，把秸秆转化为饲料养殖肉牛，更多腐熟的牛粪又为改良土壤提供了肥源；三是把秸秆制成有机肥替代化肥。

3. 如何控制害虫？

弘毅生态农场采用"物理＋生物"方法来控制虫害，一方面通过特殊光谱诱捕，比如使用高频紫外诱虫灯诱捕害虫；另一方面利用天敌昆虫控制害虫，通过生产多种有机粮食和蔬菜，利用多样化的作物吸引更多天敌昆虫来捕食害虫。

4. 如何控制杂草？

弘毅生态农场主要通过物理与生态除草来控制杂草。物理除草包括人工＋机械除草，秸秆覆盖抑制杂草，利用水、光、热等物理因子除草，采用乔灌草相结合的物理隔离带，阻隔草籽飞入，控制田间自生杂草；生态除草包括通过控制种源使草不结种子，利用秸秆中的生化物质抑制杂草，通过占据杂草生态位实现"以草治草"。

5. 如何告别农药残留？

告别农药残留最好的办法是从源头停用农药。弘毅生态农场通过促进农村环境的多样性保障生态健康，促使野生动物多样性、栽培物种多样性、驯养物种多样性，保护森林、湿地、草原、海滨等多样性的环境。微生物、植物、动物等一旦足够丰富，便能够形成相互关联的生态网络，多样性造就稳定性，不使用农药也能达到生态平衡。

6. 如何帮助农民增收？

实际上，对于农民来说，增产与否并不重要。谷贱伤农，农民首先渴望的是增收，而不是增产。传统农业在大多数情况下，只利用谷穗，而茎秆和根部都丢弃或烧掉，不但浪费还会造成环境污染。在弘毅生态农场，不仅利用谷穗的经济价值，茎秆也被充分利用，主要用来喂牛，牛粪作为有机肥可以替代化肥，是一种收益；有机牛肉更是一种收益。此外，用物理方式捕获田里的虫子，用来喂鸡，这比喂饲料更有收益，还可以避免农药喷杀虫子造成的环境污染。弘毅生态农场因此能够做到增产增收。

二、弘毅生态农场建设的成效

弘毅生态农场大力探索现代生态农业的科学原理与应用技术，经过十多年的建设，取得了明显成效。

一是探索出有效方法促农田高产。农场自主研发出秸秆转化为优质饲料的技术，用由秸秆做成的饲料喂养肉牛，牛粪回田成为作物的肥料，形成良性循环。成功探索出"物理＋生物"防治害虫的方法，有效控制了有机农田和果园的虫害。通过"物理＋生态"控制杂草，获得国家发明专利，有效控制了农田杂草和果园杂草。有效除草和防害虫，加之深翻田地、施加有机肥、保墒等措施，弘毅生态农场成功地把低产田改造成为高产田。

二是耕地固碳成碳库。采取有机种植模式可将当年捕捉的二氧化碳通过有机肥固定在土壤中，除了提高粮食安全外，还对温室气体排放与固持起到重要的作用，农田成为很有潜力的碳库。

三是环境改善且生物更具多样性。不用化肥、农药和地膜，"物理＋生物"防治害虫、"物理＋生态"控制杂草，改善了农田生态环境，让生物更具多样性；养殖动物的饲料几乎都是植物型的，没有添加剂，保障了动物福利。

四是带动村民致富和乡村绿色振兴。弘毅生态农场从源头控制有害物质进入农田，采取措施促进农作物增产的同时保证农产品的优质安全，深受消费者特别是高收入群体的欢迎，采取朋友圈模式或会员制，使有机农产品生产与销售简化了中间环节。因生态农产品有益健康，消费者愿意以相比普通农产品更高的价格购买。弘毅生态农场通过技术的传帮带并沿着主要生产公路布局作业区，以村级版的"一带一路"和"生态化＋合作化"的管理模式[1]，带动农民通过发展生态农业而增收致富。弘毅生态农场既发展了自己也发挥了示范带动作用，本村农民除了在弘毅生态农场获得人工费外，还额外增加了因生态科技带来的收益，比如通过"以奖代治"农村污水处理、农田基本改造等专项资金的投入，既美化了村庄也让更多农民留下来就地增收，在助力弘毅生态农场发展的同时促进乡村绿色振兴。

---

① 弘毅生态农场十大看点与村民发起的"一带一路"模式［EB/OL］. https://www.mzfxw.com/e/action/ShowInfo.php?classid=12&id=81422.

三、弘毅生态农场发展模式的启示

1. 生态农业值得大力推动

一是发展生态农业具有生态价值。生态农业从源头上控制农药、化肥的使用，能够减少农产品的农药残余，而且生态农业是循环农业，具有固碳减排和改善生态环境的功能。二是生态农业具有经济价值。随着生活水平的提高，很多消费者已经由原来吃得饱向吃得安全、吃得健康转变，生态农产品的需求空间较大，发展生态食品已成为新一轮农业产业结构优化的重要方向。三是生态农业具有社会价值。生态农业需要在具有良好生态环境的乡村开展，其发展需要大量的劳动力留在当地乡村就业，有利于避免乡村"空心化"，所生产的生态农产品对改善健康水平、减少"病从口入"有助益。

2. 生态农业需要科技支撑

生态农业不同于传统农业，其效益要得到有效发挥，必须依靠科技。弘毅生态农场本身就是一个科技型农场、研究型农场，是一个技术含量很高的农场。这里有大量的研究生和研究人员，与当地农民一起试验，既向土地要效益，也向生物多样性要效益。

3. 生态农业需要政策支持

一是出台政策大力推广高效生态农业模式。生态农业固碳减排和改善生态环境的功能具有很强的正外部性，需要代表公共利益的政府大力支持才能得以推广。二是扶持优质生态农产品营销。一方面要规范市场行为，建立诚信机制，保证生态农产品的信誉与优质优价；另一方面要资助网络营销平台建设，推动生态名优农产品电子商务发展，进一步释放城市居民的购买力。三是建立高效生态农业实验示范区。选择有良好条件的农业大县或乡村，开展试点示范并大范围推广高效生态农业技术。

第五节 旅游产业带动乡村振兴的典型案例

丫山景区的发展是旅游产业带动乡村振兴的一个典型。丫山地处江西省赣州市大余县黄龙镇大龙村，距县城 9.5 千米。20 世纪 90 年代，大龙村的矿产资源逐渐枯竭，村民收入结构单一，面临着环境污染、村庄衰落等问题。在乡村振兴的大潮下，这座曾经"半空心化"的山村，盘活绿水青山，激活农民主体积极性，独辟蹊径开发生态旅游，以特色旅游产业发展促使乡村从破败中获得重生，成为赣南革命老区乡村建设的样板。

一、丫山主要做法

1. 创新旅游资源转化

丫山是天然氧吧，森林覆盖率高达 92.6%，最高峰海拔 906.2 米，空气质量、水体和土壤环境质量均达到国家一级标准。2007 年，大余县章源生态旅游有限公司正式成立，启动立项丫山生态旅游项目，开始把丫山打造成一个生态旅游景区。

丫山景区一开始依靠特色生态旅游资源，定位为传统自然类景区，以观光游为主。丫山遵循"不移山、不砍伐、不填塘、不倒房"的"四不"开发原则和"森林是主，人是客，人要绕树走，路要绕树开"的自然法则，最先开发卧龙谷瀑布群，打通约 3 千米的生态景观步道。2008 年，景区充分利用 20 千米山地森林防火带，开发了丫山森林越野猎艳之旅、涉水之旅、惊险之旅三条风格不一的越野赏景旅游线路。2009 年，景区全面按照国家 4A 级景区的质量等级创建要求，完善基础设施，提升旅游功能，争取游客人气。高山泳池、瑜伽广场、太极广场以及数十个运动休闲景观平台在丫山的绿林竹海间陆续投建，在地特色"儒释道"文化和阳明心学文化被充分挖掘，书院、画院、兰香谷、真三厅、知行国际活动中心等文化设施不断完善，在观光型生态旅游的基础上增加了文化休闲体验功能。

2015 年，丫山重新思考景区的既有资源价值，谋求转型升级。以"政府＋企业＋农户"以及"旅游＋体育"为切入点，采取共建、共赢、共享的形式持续性开发，着手从传统旅游景区向运动休闲小镇升级。规划面积 30000 亩、投资近 21 亿元建设丫山乡村生态度假景区，项目建设内容包括丫山景区游览及基础设施、农业观光设施、旅游文化和体育公园、养生养老健康产业设施、餐饮住宿等服务类设施、乡村风情度假园区六大主体工程。利用荒山荒坡、农家菜园及大量闲置的农具等，创意打造了"A哆"三大山乡主题特色生态乐园（"A哆"是大余当地方言，表示惊讶、惊叹和刺激的一种语气词）；围绕"农居、农趣、农乐、农味"四种乡味，突出"山水、故园、民俗、小吃、农趣"五种乡村文化来打造，规划建设生态度假区、农趣体验区、农商休闲区三大区域，建设高山有机茶园、百果园、生态养殖园、高产油茶园、百亩蔬菜园、万亩竹林等乡村旅游亮点，建设综合服务区、农副产品加工厂、A哆自助餐厅、凤园、山与山间农家餐馆等配套服务设施，打造农商街（一条集乡味、乡景、乡情、乡趣于一体的美食旅拍休闲街区）、民宿街、云野驿、大龙山生态酒店等特色民宿、酒店以及禅宗文化、全方位研学等六大文化基地。2016 年，可同时承载、举办 4000 人规模文体赛事及休闲活动的 13 千米天行健环山景观步道建成；2017 年，室内配套国际健身房、乒乓球场、瑜伽馆、拳击馆、竹林网球场的运动康复中心以及户外 20 余个森林运动健身平台建成，同时开发了新动力场地越野基地。丫山进行了阶梯式开发，在海拔 200~400 米处创立乡村休闲区，开展家庭聚集亲子游；在海拔 400~600 米处运营森林康养度假游；在海拔 600~800 米处打造越野探险体育游。

近年来，丫山又着力打造以"生态 +"为主题特色的新型旅游综合体。"生态 + 运动休闲"模式，利用森林防火带和水系开发越野体验项目和线路，以汽车生活为切入点，打造了新动力越野、房车营地等一批运动休闲基地，集聚了探险拓展类、养生保健类等 5 大类 39 种特色运动休闲产业集群项目；"生态 + 康养"模式，在森林中建设了瑜伽馆、有氧健身操场地等 20 多个康养项目，推出 50 多项健康疗养方式。

总之，丫山通过创新旅游资源转化，促进"旅游 + 农业""旅游 + 文化""旅游 + 康养""旅游 + 体育"相互融合，可以开展包括文化休闲、森林康养、研学与团建、养老养寿、山地越野、生态度假等主体多样的旅游活动。

2. 拓展旅游市场空间

丫山以非常丰富的文体赛事和活动，促进了整个营销工作的开展，不断提升名气与人气。一是开展全员营销。丫山持续组织活动与赛事并开展全员营销，不断提升名气与人气。一年四季有节事，春有春笋节、醒牛节，夏有泼水节、啤酒节，秋有美食节、丰收节，冬有年货节等，加之越野英雄会、健行节、马拉松、团建和企业年会等精品活动，每个活动都是一种营销手段，人人是营销员，处处是品牌窗，不断汇聚人气财气。二是开展渠道营销。在省会城市南昌、长三角中心城市上海、粤港澳大湾区一线城市广州等地设立营销中心，起到辐射带动作用，深耕全国市场，在推介丫山生态旅游、国家运动休闲特色小镇的同时，致力于把丫山打造成为粤港澳大湾区的康养度假乐园及生态"米袋子""菜篮子""果盘子"直供基地。三是开展媒体营销。以国家广电总局对口支援大余为契机，加强与《朝闻天下》等栏目、凤凰网、人民网、新华网以及《中国旅游报》等全国媒体合作，推介丫山景区和特色小镇的典型经验。全员玩抖音，引导客人打卡发拍，激活新媒体营销。创新旅游营销方式，搭建丫山旅游"O2O"电商综合服务平台，成立了一个 12 人的直播团队，开展"旅游 + 直播"，让游客在线体验丫山的自然与人文景观和个性化服务，也为大洋彼岸的青少年介绍客家文化和客家美食。

从一开始的县委县政府支持到丫山名气和品牌效应的提高，大余县越来越重视丫山的带动作用，确定了"以丫山为龙头，周边联动"的发展路径，丫山景区的影响力进一步扩大，游客从原来主要来自赣州转变为越来越多的来自外地。随着大余融入赣州一小时城市经济圈以及赣北与赣南高铁于 2019 年 12 月和赣深高铁于 2021 年 12 月先后通车，为省会城市南昌和粤港澳大湾区的市民走进丫山提供了便捷，丫山的黄金旅游圈越做越大。丫山国家级旅游度假区的主要客源已从赣州各地转为粤港澳等地，80% 的游客来自大湾区旅游团队和自驾游客人。丫山开始从"老区顶流"全面走向"湾区引流"。

3. 坚持共建共赢共享

大余县委、县政府充分发挥协调和指导功能，创新体制机制，出台政策支持丫山景区运营公司坚持经济、生态和社会效益有机统一，把当地农民组织起来，合理开发旅游资源，通过"三变三金"和三级受益模式，带动周边村民脱贫致富。政府、企业、群众共建、共赢、共享丫山旅游全产业链的成果。一是"村民变员工"。丫山景区现有固定员工 600 余人，八成以上为当地村民。二是"员工变股东"。农户可以把闲置的山林和耕地"折价"入股景区。三是"股东变老板"。丫山景区采取"模块化经营，物业化管理"的经营模式，经物业统一管理下，将各个细分产业分包出去，员工或农户也有机会当老板。这样，农户可以得到"三金"：景区务工拿薪金、农资租赁收租金、资源入股得股金。也有三级受益：一是"景区＋土地＋房屋"。景区租用农户的房子、土地、林地，无论景区盈亏，农户都能够获得固定租金；在合同期内，景区无偿对租赁的房子进行改造或装饰装修，房产权仍归农户所有，将房子交由公司运营，前 5 年与公司以 2 : 8 的比例分成，之后分成比例改为 8 : 2。二是"景区＋岗位＋补贴"。村民可以进景区工作，获取工资；本村老人还可以领取赡养补贴。三是"景区＋产业＋项目"。景区围绕旅游产业链拓展系列项目，带动村民就业创业。在实践中，企业将生态、生产、生活与山区第一、第二、第三产业高度融合，无限创意"生态＋"，探索出超越传统的"三变三金"模式，比如景区成立丫山民俗演艺团，创新提供技能培训和演出场务等工作机会，通过设立科学合理的考核激励机制，村民学习才艺可获得额外收入，打造丫山旅游全产业链完美闭环。

二、丫山主要成效

1. 不断取得试点或荣誉

丫山景区 2009 年正式启动创建国家 AAAA 级旅游景区工作并在 2012 年获

评，2015 年成为全国青少年户外体育活动营地，2016 年入选中国美丽休闲乡村，2017 年入选国家首批运动休闲特色小镇试点名单，2018 年获得"中国十大美丽乡村"荣誉称号，丫山模式被《世界旅游联盟旅游减贫案例 2018》收录，2019 年入选首批全国乡村旅游重点村、第一批国家森林乡村，被命名为国家运动休闲特色小镇，被授予森林养生国家重点建设基地，2020 年荣获国家体育产业示范单位（体育旅游类），2022 年入选国家级森林康养试点建设基地，被授予中国传统文化养生基地和中国养生食品研究基地，被列为全国特色小镇标杆，2023 年被确定为国家级旅游度假区，入选全国乡村文化产业创新影响力典型案例（特色村镇类）和第五届"中国服务"·旅游产品创意案例。

2. 旅游效益越来越明显

丫山景区自 2015 年成为江西省首个 5A 级乡村旅游点以来，每年接待游客 100 万人次以上，旅游门票收入超过 1000 万元[1]。从 2015 第六届环鄱阳湖国际自行车大赛序幕赛开始，到 2017 中国·大余山地马拉松赛、奥园·2018 大余国际山地马拉松赛、2018 中国·大余国际越野赛车嘉年华、全国首届房车露营大会、江西省群众登山大会等，丫山景区累计举办了国家级、省级、市级 31 类共 300 余次运动赛事，参赛人数 200 多万人次（谢长庚，2020）。2018 年旅游接待人次达 200 万人；2019 年旅游接待人次达 220 万人，全年综合收益达到 2.1 亿元左右；2022 年累计接待游客 213.54 万人次，实现旅游总收入超 1.9 亿元，对区域经济带来近 10 亿元的综合拉动效应。丫山景区突出生态饮食、生态憩息、生态养生、生态健身、生态观光五个主题，形成了"综合印象区、乡愁记忆区、运动畅怀区、云野忘情区"的特色格局，走出了一条生态保护与旅游产业发展良性循环之路。

3. 有力地带动乡村振兴

丫山以特色旅游发力，坚持"家庭、家族、家乡"的用工原则，培养本土人才、振兴乡村文化，引导产业个性化经营、村庄多元化发展，配套农业种植、养殖，布局农产品加工、特色木塑环保建材加工与食品加工为主的生态加工业以及生态餐厅、主题酒店和全域运动休闲康养服务体系，推动一二三产业深度融合，把好生态变成好产品，促进生态价值变现，形成了可输出、可复制的"丫山模式"，实现了乡村振兴"五子登科"，即改变了乡村的样子、美化了村民的房子、增加了村民的票子、培养了山区的孩子、吸纳了远方的才子。丫山常住人口从

---

① 第一批全国乡村旅游重点村发展经验介绍第60篇：江西赣州大余县黄龙镇大龙村［EB/OL］. https://www.sohu.com/a/397530471_822716.

2007 年的不到 300 人发展到如今的 4500 多人，丫山特色小镇 15 分钟社区生活圈覆盖率 100%[①]。丫山国家级旅游度假区直接带动 2000 多个农户、间接带动周边 7 个乡镇近万个农户致富；2023 年，大龙村村集体经济收入达 102.5 万元，村民人均收入达 3 万元[②]。

三、丫山案例启示

1. 坚持龙头带动发展

丫山的改变，源于从大龙村走出去的农家子弟唐向阳，2007 年他做了一个让大家不可思议的决定，成立大余章源生态旅游有限公司并担任董事长，投资丫山，开发黄龙镇大龙村乡村旅游，把丫山打造成一个生态旅游景区。公司与大龙村村民共建、共赢、共享丫山旅游全产业平台，通过丫山旅游不断发掘、整合、激活山区生态资源，以先富带动后富。通过土地流转、"公司 + 农户"、公司就业、指导创业等方式，鼓励、引导当地农户参与景区的建设与运营。打造梯田项目，开发成旅游体验项目，复兴传统农耕文化；创建全国幸福乡村示范点，建设共享村，与最热闹的 A 哆乡村、农商街形成乡村品牌亮点，发展共享经济；组织农户承包商会谈，大力开发林下经济，特别是竹笋等产业；统筹营销，分流客群，比如将散客度假客群分流至农家民宿等；鼓励员工自主创业，做到人尽其才，比如设计人才可自行成立公司，一方面满足丫山的设计工作需要，另一方面还可以利用公司的平台，承接丫山以外的设计。先后引入颐养善居、乡村事业发展、旅游开发、体育发展、农业与教育集团等 16 家投资企业，不断汇入产业资本要素，形成了产权明晰、符合市场规律、具备可持续特征的特色小镇商业运营模式，实现了社会资本进得来、留得住、能受益。

需求的激发及其供给的有效相结合是村民无能为力的，需要龙头企业带动。丫山景区（公司）开辟六大生态林农基地发展生态农业，建设农产品加工中心和物流供应与营销渠道发展生态加工业，打造八大主题度假酒店以及会务活动、运动休闲康养服务中心发展现代服务业，一方面满足旅游发展需求；另一方面也为

---

① "第一轮全国特色小镇典型经验"推广［EB/OL］. https://www.sport.gov.cn/zbzx/n5639/c918240/content.html.

② 万千气象看中国｜幸福丫山的"生态密码"［EB/OL］. https://www.ncnews.com.cn/xwzx/ncxw/snxw/202407/t20240710_2078544.html.

村民提供就业以及把农副特产销往千家万户的机会，实现增收致富。

2. 不断创新旅游业态

丫山自旅游立项时，便开始以市场为导向，不断创新旅游发展业态，从观光型生态旅游起步，到生态度假型景区，再到瞄准一站式全龄化休闲康养度假目的地。2007~2012 年，是丫山景区的起步阶段，发展传统观光型生态旅游，同时作为国家 4A 级旅游景区不断丰富业态和旅游功能。2013~2019 年，丫山景区推出了一系列转型升级举措，建设生态度假型景区和森林康养基地，致力于从传统旅游景区向运动休闲小镇升级。2020 年以来，丫山全力创建国家级旅游度假区。大余县对照国家级旅游度假区创评标准，出台了景区建设提升方案①，明确了51项工作任务，先后对安防监控、旅游标识牌、游客服务设施等方面进行集中对标提升。同时，为提高员工综合素质，通过"走出去"和"请进来"两种方式，对服务人员进行强化培训。丫山景区一方面制订了翔实、专业的创建规划，在软硬件功能体系匹配上，全面践行或超越国家级旅游度假区标准执行；另一方面在以企业总裁、董事长、总经理为核心的"丫山争创国家级旅游度假区指挥小组"的调度、动员下，丫山旅游度假区全员空前团结，上下一心，分工明确，责任到人，各司其职，奋力攻克重重难关，最终使丫山在2023年被确定为国家级旅游度假区。

3. 完善利益分享机制

丫山景区的成功在于坚持"政府引导、企业主体、要素融合、机制创新"的思路，不断完善利益分享机制。大余县委、县政府发挥协调与指导功能，创新体制机制，出台支持政策；企业非常注重让村民成为旅游开发主体，鼓励、引导、扶持农户参与景区的各项建设与运营，促进景区与农户的互利共赢；丫山景区统筹民居、聘用村民、统一管理的三级收益分配方案黏合农业生产的各要素，建立紧密和谐的村民、村集体与社会资本利益联结机制，这是乡村开发可持续推进的关键。丫山以森林为载体，建设集休闲、观光、度假、运动、养生、养老等特色于一体的森林康养度假胜地和国家级旅游度假区，构建了生态产品"产业链""创新链""价值链"，成功的秘诀在于以"共创"实现"共进"、以"共建"实现"共享"、以"共谋"实现"共赢"②。

---

① 在丫山遇见"梦里老家"——大余丫山创建国家级旅游度假区速写［EB/OL］. http://www.jxdy.gov.cn/dyxxxgk/c100358/202110/c18be4a528104d02b3812fbd0bbe0262.shtml.

② 大余县念好生态文明"三字诀"，奏响绿色发展"最强音"［EB/OL］. http://www.jxdy.gov.cn/dyxzf/c114005/202207/f8b1c2a96eee49c3bd93ffd882d6e266.shtml.

第六章

闽西乡村振兴路径创新的逻辑遵循分析

振兴乡村必须紧扣近代以来中国乡村发展的历史轨迹，闽西乡村为中华人民共和国的建立和发展做出重要的历史贡献，闽西乡村人民已全面小康并致力于中国式现代化建设，这是闽西乡村振兴路径创新应遵循的历史逻辑；马克思主义农业农村发展理论、马克思主义城乡融合发展理论、人民立场和人的全面发展理论以及习近平总书记关于乡村振兴的重要论述，这是闽西乡村振兴路径创新应遵循的理论逻辑；外部力量不断支援、内部动力持续生成、合力推动城乡等值，这是闽西乡村振兴路径创新应遵循的现实逻辑。

第一节　闽西乡村振兴路径创新
应遵循的历史逻辑

一、振兴乡村必须紧扣近代以来中国乡村发展的历史轨迹

新时代，乡村振兴战略的提出是沿着近代中国乡村发展的历史轨迹而跃升来的。在近代中国复杂的历史背景下，广大乡村的经济遭到了严重的破坏，农民生活艰难贫困。民国时期，旨在通过对农村政治、农业经济和农民素质的现代性改造促进乡村区域发展的乡村建设运动，形成了"定县模式""邹平模式""北碚

模式"三种典型模式。但应用改良主义方法的乡村建设运动难以改变当时中国的命运，正如毛泽东指出的：改良主义解决不了中国的问题，中国的社会需要彻底的革命。中华人民共和国的成立为我国农村发展奠定了良好的制度基础和发展条件。1949~1978 年，我国首先是着手破除封建土地剥削制度，任务到 1952 年完成，之后是以农促工、以工统农的阶段。这一阶段"三农"发展成效显著，但乡村振兴还不是主要任务。改革开放将工作重心转移到社会主义现代化建设上来，邓小平指出："我们要实现的四个现代化，是中国式的现代化。"改革以农村家庭联产承包责任制为突破口，政策是很成功的，正如邓小平指出的：农民积极性提高，农产品大幅度增加，大量农业劳动力转到新兴的城镇和新兴的中小企业；总不能老把农民束缚在小块土地上，那样有什么希望？党的十四大至党的十五大期间，社会主义市场经济的实施很大程度上提高了农业发展效率，更多的农村劳动力向城镇转移。党的十六大至党的十七大期间，主要是进行社会主义新农村建设，农村经济社会不断取得新进展。党的十八大以来，中央把"三农"工作提高到治国理政的新高度。"人类始终只提出自己能够解决的任务。"从党的十九大报告的"实施乡村振兴战略"到党的二十大报告的"全面推进乡村振兴"，说明我国具备了"实施乡村振兴战略"的条件，可以提出"全面推进乡村振兴"的任务，"三农"工作进一步发生了历史性转移。解决"三农"问题，实现乡村振兴和城乡融合发展是以中国式现代化奋力推进强国建设、民族复兴伟业的必然历史逻辑。

二、闽西乡村为新中国的成立和发展做出重要的历史贡献

闽西乡村为中华人民共和国的建立做出重要的历史贡献。中国革命走的是"农村包围城市，武装夺取政权"的道路，农村对中国革命的成功具有特殊重要作用。闽西是中央苏区主要组成部分，是中央苏区的经济中心，长汀曾被誉为"红色小上海"，在配合中央主力开展反"围剿"战争以及捍卫中华苏维埃共和国首都瑞金的安全等方面发挥了重大的作用。闽西是毛泽东思想的重要发祥地。毛泽东在古田写下了《星星之火，可以燎原》这篇光辉著作，标志着中国革命道路理论的初步形成。古田会议确定了思想建党、政治建军的重要决议。闽西是共和国将帅锻炼成长的摇篮，作为红军长征出发地之一，中央主力红军长征队伍中有闽西儿女 26000 多人，途中 6000 名闽西子弟兵血染湘江，史称"绝命后卫师"。在长期的革命斗争中，闽西人民为中华人民共和国的成立做出了巨大牺牲和重大贡献。习近平曾说："闽西和江西赣州的一部分是中央苏区，对党和革命的贡献

是最大的。"（本书编写组，2022）主力红军长征以后，闽西党组织和革命武装坚持革命斗争，土地革命的部分果实一直保留到新中国成立，是全国赢得"红旗不倒"光荣赞誉仅有的两个地方之一。

闽西乡村为中华人民共和国的发展做出重要的历史贡献。中华人民共和国成立到改革开放以前，我国的战略举措主要是通过从农村提取农业剩余支持城市和工业建设，使中国在短期内完成工业化。改革开放特别是实行社会主义市场经济体制以后，大量农民工进城务工经商，支撑了我国出口导向发展战略的实施，相应地也让大量要素流向城市。有研究指出：1978~2012 年，农村资金净流入城市地区年平均 7617.93 亿元；先后有 3 条主渠道，在市场经济制度确立以前，工农产品价格"剪刀差"的方式是主渠道，市场经济制度确立后的 15 年内，财政税费成为主渠道，2008~2012 年，金融成为主渠道；整体而言，农村资金净流出的规模在逐渐增加，2010~2012 年净流出资金平均都在 1 万亿元以上，比 35 年间的年平均水平高得多（周振、伍振军、孔祥智，2015）。中华人民共和国成立以来，福建特别是闽西长期以农村人口占大多数，福建苏区市一直到 2009 年，城镇化率都低于 50%，第六次全国人口普查（2010 年）的城镇化率只有南平和三明超过一半，分别是 50.7% 和 51.1%；宁德 2012 年的城镇化率才过半，为 50.6%；龙岩直到 2013 年的城镇化率才过半，为 50.9%。长期以来，闽西乡村以工农产品价格"剪刀差"、农业四税（农业税、屠宰税、牧业税、农林特产税，2006 年跟全国一道取消）、农民工等形式为城市发展和工业化服务，有力地支撑了我国发展战略的实施，为新中国的发展做出了重要的历史贡献。

三、闽西乡村人民已全面小康并致力于中国式现代化建设

闽西乡村人民已全面小康。《2020 年福建省人民政府工作报告》指出：脱贫攻坚取得重大进展，贫困村全部摘帽，省级扶贫开发工作重点县全部达到退出标准；做好革命老区、中央苏区脱贫奔小康工作，确保全面建成小康社会和"十三五"规划圆满收官。2021 年，习近平代表党和人民庄严宣告，我们实现了第一个百年奋斗目标，在中华大地上全面建成了小康社会。龙岩市全面推行"九措到户"[①]，创新实施激励性扶贫模式并在全省推广，《2021 年龙岩市政府工作报

---

① 龙岩市"九措到户"扶真贫、真扶贫［EB/OL］. http://theory.people.com.cn/n1/2016/1129/c401815–28906725.html.

告》指出，脱贫攻坚取得决定性胜利，省级贫困县、贫困乡镇、贫困村全部退出，11万建档立卡贫困人口提前一年全部脱贫、"一个都不落下"。包括闽西乡村在内的龙岩人民正致力于中国式现代化建设。《2023年福建省人民政府工作报告》指出：奋力谱写全面建设社会主义现代化国家福建篇章，让中国式现代化在八闽大地绽放蓬勃生机、展现独特魅力。《2023年龙岩市政府工作报告》指出：努力在推进中国式现代化中展现龙岩作为！

第二节　闽西乡村振兴路径创新
应遵循的理论逻辑

实施乡村振兴战略是马克思主义与当代中国实际相结合的新成果，其理论来源包括马克思和恩格斯农业发展理论、城乡融合理论以及消除三大差别理论等。习近平总书记继承并发展了马克思、恩格斯对农业重要性和城乡关系的认识，形成了关于"三农"工作和乡村振兴的重要论述。马克思主义农业农村发展理论、城乡融合发展理论、人民立场和人的全面发展理论以及习近平总书记关于乡村振兴的重要论述，为乡村振兴实践及其路径创新提供了理论遵循。

一、遵循马克思主义农业农村发展理论

马克思和恩格斯认为，农业是人类社会生存和发展的基础产业，是国民经济的基础，是其他产业部门发展的基础，农业劳动是其他一切劳动得以独立存在的自然基础和前提，超过劳动者个人需要的农业劳动生产率是一切社会的基础。因为"食物的生产是直接生产者的生存和一切生产的首要条件""人们为了能够创造历史，必须能够生活"。他们认为，土地的合理分配和使用是农业发展的关键，随着生产力的发展，农业必须实现现代化，他们主张将农民组织起来，发展农村集体经济，提高农业生产力。习近平总书记继承并发展了马克思、恩格斯对农业农村重要性的认识，强调指出："农业基础地位任何时候都不能忽视和削弱，手中有粮、心中不慌在任何时候都是真理""没有农业农村现代化，就没有整个国家现代化"（习近平，2022）。农业农村现代化是我国社会主义现代化建设的重要组成部分；农业现代化的实践路径是走中国特色农业现代化道路；农村现代化既

包括"物"的现代化，也包括"人"的现代化；农业农村现代化关键在科技、在人才（谢若扬、王树梅、梁伟军，2023）。

二、遵循马克思主义城乡融合发展理论

马克思和恩格斯城乡融合发展理论揭示了城乡关系从分离到融合演进的一般规律，即城乡关系一般会依次经历城乡依存、城乡分离、城乡融合三个阶段（白永秀、王颂吉，2014）。生产力是推动城乡关系演变的根本动力。生产力落后时，社会分工比较简单，城市与乡村并没有多大差别；生产力大发展但又发展不足时，具备了社会大分工的条件但个人屈从于分工，城乡分离、城乡差别扩大；城乡分离对生产关系的变革提出了要求，随着生产力的不断发展，城乡关系必然会走向融合，实现城乡融合需要高度发达的生产力来创造坚实的物质基础，还需要通过变革生产关系和社会分工方式来创造必要的社会条件。要实现城乡融合发展，必须优化产业结构，要通过建立农业产业化组织来促进农业发展和产业协调，城乡产业协调是城乡融合发展的前提（仲德涛，2020）。从理论逻辑看，乡村振兴战略依循了马克思主义乡村发展和城乡关系的思想（刘儒、刘江、王舒弘，2020）。习近平总书记继承并发展了马克思、恩格斯对城乡关系的认识，强调指出："能否处理好城乡关系，关乎社会主义现代化建设全局""重塑城乡关系，走城乡融合发展之路"（习近平，2023）。

三、遵循人民立场和人的全面发展理论

人民立场是马克思主义理论的鲜明品质。马克思和恩格斯充分肯定人民在推动历史发展中的主体地位，认为人民群众的劳动创造了社会的物质财富和精神财富，推动了社会的发展和进步，认为未来社会"生产将以所有的人富裕为目的""所有人共同享受大家创造出来的福利"。马克思和恩格斯认为，人的"自由而全面的发展"是人的发展的最终目标。人的全面发展包括体力、智力、实践、社交等能力的发展，也包括家庭、职业、社会交往等社会关系的发展，还包括个性、道德与精神的发展。人的全面发展既要求社会赋予每个人发展的客观条件以及均等机会，使每个人都能平等地发挥其能力，也要求把人作为发展的目的、把人当作主体。马克思和恩格斯关于人民性的论述为实施乡村振兴战略提供了理论指导（刘非、曹哲，2020）。习近平总书记指出："坚持人民性，就是要把实现

好、维护好、发展好最广大人民根本利益作为出发点和落脚点。"人的全面发展既是一个逐步实现的历史过程，也是一个理想的目标。江泽民同志在庆祝中国共产党成立八十周年大会上的重要讲话中第一次把"人的全面发展"作为社会主义的本质要求提出来（韩庆祥、亢安毅，2002）。党的二十大报告指出"促进物的全面丰富和人的全面发展"，把"人的全面发展、全体人民共同富裕取得更为明显的实质性进展"纳入2035年我国发展的总体目标当中。

四、遵循习近平总书记关于乡村振兴的重要论述

习近平总书记关于乡村振兴的重要论述明确了乡村振兴战略的目标、要求、任务、工作重心、领导核心等重点内容，为闽西乡村振兴路径创新提供了根本遵循。

（一）乡村振兴战略的目标

党的十九大报告提出，乡村振兴战略的总目标是实现农业农村现代化，并以国家"三步走"的战略安排为参照系，按照近期、中期和远期的细分目标对乡村振兴的实施步骤进行战略部署。实施乡村振兴战略，是中国特色社会主义进入新时代做好"三农"工作的总抓手。习近平总书记强调："任何时候都不能忽视农业、不能忘记农民、不能淡漠农村""要加快推进农业现代化，夯实农业基础地位，确保国家粮食安全，提高农民收入水平"。

（二）乡村振兴战略的要求

产业兴旺、生态宜居、乡风文明、治理有效、生活富裕是实施乡村振兴战略的总要求。习近平总书记指出，"产业兴旺，是解决农村一切问题的前提""产业兴旺，乡亲们收入才能稳定增长"。产业兴旺给乡村带来的自我造血机能可以促进乡村人才、生态、文化、组织等方方面面的兴旺。习近平总书记强调，生态宜居是乡村振兴的内在要求，要"让农村成为安居乐业的美丽家园"。习近平总书记指出，乡风文明是乡村振兴的紧迫任务，乡村振兴既要塑形也要铸魂，既要"富口袋"也要"富脑袋"。习近平总书记强调，治理有效是乡村振兴的重要保障，要加强和改进乡村治理。习近平总书记指出，生活富裕是乡村振兴的根本目的，检验农村工作成效的一个重要尺度，就是看农民的钱袋子鼓起来没有。

（三）乡村振兴战略的任务

习近平总书记把深化农村土地制度改革、推进农村集体产权制度改革、完善农业支持保护制度以及健全自治、法治、德治"三治结合"的乡村治理体系作为全面推进乡村振兴的四大战略任务。实施乡村振兴战略，必须抓住关键环节，围绕钱、地、人等要素强化乡村振兴制度性供给。"钱"的问题，关键是健全投入保障制度，创新投融资机制，加快形成财政优先保障、金融重点倾斜、社会积极参与的多元投入格局，不断坚持农业农村优先发展，加快补齐农业农村发展短板。"地"的问题，关键是深化农村土地制度改革，建立健全土地要素城乡平等交换机制，加快释放农村土地制度改革的红利，但正如习近平总书记所强调的："不管怎么改，不能把农村土地集体所有制改垮了，不能把耕地改少了，不能把粮食产量改下去了，不能把农民利益损害了。""人"的问题，关键是畅通智力、技术、管理下乡通道，培养造就一支懂农业、爱农村、爱农民的"三农"工作队伍。

（四）乡村振兴战略的重心

习近平总书记在深入考察"三农"问题发展的历时性和现时性的基础上，确定了农业农村优先发展、城乡融合发展、小农户和现代农业发展有机衔接、加快推进农业农村现代化、精准扶贫精准脱贫并持续巩固攻坚成果的乡村振兴战略重心。习近平总书记明确指出："能否处理好城乡关系，关乎社会主义现代化建设全局""从城乡关系层面看，解决发展不平衡不充分问题，要求我们更加重视乡村"。

（五）乡村振兴战略的核心

坚持和完善党对"三农"工作的领导是乡村振兴战略的核心。习近平提出：实施乡村振兴战略，必须加强和改善党对"三农"工作的领导，提高新时代党领导农村工作的能力和水平。"农业农村农民问题是关系国计民生的根本性问题，必须始终把解决好'三农'问题作为全党工作重中之重。"办好农村的事情，实现乡村振兴，关键在党。始终确保乡村振兴凝心聚力、行稳致远的关键是党在农业农村农民工作中要总揽全局、协调各方。农村要发展，农民要致富，关键靠支部。只有夯实农村党支部在乡村振兴工作中的领导核心地位，才能有效解决"三农"问题，实现乡村各项事业的发展。

第三节　闽西乡村振兴路径创新
应遵循的现实逻辑

乡村振兴战略实践的现实逻辑不仅是对中国社会发展现实、发展环境、发展阶段的回应，更是体现社会主义的本质——实现共同富裕的根本要求（史乃聚、杨卓、李海源，2022），是破除城乡二元结构和实现"两个百年"奋斗目标的规约性（刘非、曹哲，2020）。顺应历史的趋势、农民的意愿，因地制宜与以农民为中心是新时代乡村振兴的核心实践逻辑（张红阳、方圆，2022）。外部力量不断支援、内部动力持续生成、合力推动城乡等值，是闽西乡村振兴路径创新应遵循的现实逻辑。

一、外部力量不断支援

乡村振兴不能只依靠乡村，闽西乡村振兴必须且正在得到外部力量的不断支援。《国务院关于支持赣南等原中央苏区振兴发展的若干意见》（国发〔2012〕21号）提出，给予包括闽西在内的原中央苏区特别的政策支持。根据该文件精神制订的《赣闽粤原中央苏区振兴发展规划（2014—2020年）》把闽西龙岩的全境纳入，规划提到的重要事项基本得到落实，原中央苏区振兴发展的政策效应不断显现。《国务院关于新时代支持革命老区振兴发展的意见》（国发〔2021〕3号）提出，相关省（自治区、直辖市）要将革命老区振兴发展列为本地区重点工作。《福建省"十四五"老区苏区振兴发展专项规划（2021—2025年）》对包括闽西在内的福建省原中央苏区振兴区、闽东苏区组团等老区苏区发展总体布局、振兴发展目标、主要任务和政策措施进行了规划，强调优先支持将老区苏区县（市、区）列为省级乡村振兴重点县，逐项分类优化政策，逐步实现由集中资源支持脱贫攻坚向全面推进乡村振兴平稳过渡。《闽西革命老区高质量发展示范区建设发展规划》（闽政办〔2022〕55号）提出：加快推动《闽西革命老区高质量发展示范区建设方案》支持政策落地实施，加强与国家对口部委的沟通汇报，争取尽快落实对示范区执行西部大开发相关政策，用好用足国家对示范区建设的各项扶持政策；省直各有关单位优先将本领域改革试点、探索示范任务赋予示范区。

以对口支援或对口合作为例，中央国家机关及有关单位对口支援、广州市和厦门市与龙岩市建立对口合作关系（相关情况见表6-1），为闽西革命老区高质量发展、乡村振兴注入了强大动能。

表6-1 国家有关单位对口支援龙岩、广州和厦门与龙岩对口合作情况

县（市、区）	对口支援单位	厦门对口合作单位	广州对口合作单位
新罗区	国家电网有限公司	集美区	黄埔区（广州开发区）
永定区	文化和旅游部	翔安区	天河区
漳平市	国务院台办	集美区	南沙区、花都区
长汀县	中国建筑集团有限公司	海沧区	白云区、从化区
上杭县	退役军人部	同安区	番禺区
武平县	国家开发投资集团有限公司	思明区	海珠区、荔湾区
连城县	住房和城乡建设部	湖里区	越秀区、增城区

资料来源：根据《新时代中央国家机关及有关单位对口支援赣南等原中央苏区工作方案》《新时代进一步深化厦门龙岩山海协作实施方案》《广州市与龙岩市对口合作实施方案》整理。

早在20世纪90年代初，根据福建省委、省政府的安排，厦门就与龙岩建立了结对帮扶关系。2014年5月，同时享受特区和苏区叠加政策的厦门龙岩山海协作经济区（简称"厦龙合作区"）得到福建省政府批复设立，这是福建省唯一的市际合作经济区。2022年3月出台的《闽西南协同发展区关于深化新时代山海协作的实施方案》明确厦门市结对龙岩等市。福建省委、省政府2023年11月出台的《关于进一步做深做实新时代山海协作推动区域协调发展的意见》明确厦门市与龙岩市建立对口协作关系，龙岩各县（市、区）也与厦门各区进行结对。厦门和龙岩双向奔赴，在教育医疗、文化旅游、基础设施、科创协作、生态文明、人力资源和社会保障等领域进行深度对接与合作，以海带山，以山促海，使"山"与"海"各自的比较优势得以更好地发挥。[①]

2023年2月，广东省与福建省联合印发《广州市与龙岩市对口合作实施方案》，要求深入推进广州和龙岩对口合作工作，探索"老区＋湾区"对口合作新模式。通过"红旗不倒 英雄花开"龙岩红色故事会走进广州、"百万老广游龙岩"等形式，开展红色文化教育、文旅康养合作；按照"广州企业＋龙岩资

---

① 厦龙携手 山海同行——接续奋斗推动山海协作走深走实［EB/OL］. http://ex.chinadaily.com.cn/exchange/partners/82/rss/channel/cn/columns/j3u3t6/stories/WS660a7277a3109f7860dd7d64.html.

源""广州市场＋龙岩产品""广州总部＋龙岩基地""广州研发＋龙岩制造"合作思路，建设专业园区；建设广州—龙岩农特产对口合作专馆，在广州开展闽西特色农林产品产销对接活动，推动龙岩的生产基地入选为粤港澳大湾区"菜篮子"生产基地，助推乡村振兴；也在教育科技、生态环境、医疗卫生、国资国企、金融资本、基础设施、干部人才交流等方面开展合作，为龙岩高质量发展注入了强劲动力。[①]

《新时代中央国家机关及有关单位对口支援赣南等原中央苏区工作方案》（国办发〔2021〕15 号）把龙岩市 7 个县（市、区）纳入对口支援，期限为 2021 年至 2030 年。从 2020 年 5 月开始，每两年一批，至 2024 年 5 月，已有三批中央国家机关、央企对口支援龙岩挂职干部到闽西开展工作，在政策、资金、项目争取等方面取得明显成效。

一是争取了一批政策资金支持。国台办、住建部、文旅部、退役军人事务部、国家电网、中建集团、国投集团等都出台了对口支援龙岩市 7 个县（市、区）的方案。《革命老区重点城市对口合作工作方案》（发改振兴〔2022〕766 号）等文件的出台得到了对口支援部委央企的大力支持，2022 年 5 月国家发展改革委印发的《革命老区重点城市对口合作工作方案》建立发达省市与革命老区重点城市对口合作机制，支持龙岩市（赣闽粤原中央苏区）与广州市建立对口合作关系。住建部帮助龙岩市入选政府采购支持绿色建材促进建筑品质提升政策实施范围城市名单；文旅部帮助永定区成为中国数字文旅产业发展论坛常态化举办地；国家电网推动新罗区与国网英大产业基金、龙岩投资集团三方成立 10 亿元的龙岩鑫达基金；中建集团、国投集团与福建省政府签署战略合作框架协议，将"落实对口支援长汀县工作""全方位推动对口支援武平工作"写入框架协议。

二是突破了一批重大项目建设。国台办帮助协调漳平市抽水蓄能电站成功列入国家、省抽水蓄能电站选点规划，并正式开展前期工作，整体项目进展情况比预期提前了 3~5 年。退役军人事务部投入 2445 万元支持上杭县烈士纪念设施提升改造工程，帮助协调上杭县成功推动开行"红古田"号中欧班列；支持上杭深化与军口单位合作关系，促成铜杆铜线、电解铜箔等产品销往军口单位，累计实现销售额 13.9 亿元。国家电网帮助新罗区引进投资 12 亿元的太阳环保型电缆生产项目建成投产，实现了新罗区电力装备龙头企业零的突破。国投集团投入

---

① 广州龙岩对口合作走深走实：山海携手　共谋发展〔EB/OL〕. http://fj.people.com.cn/n2/2023/0907/c181466-40561219.html.

3205余万元用于武平县民生事业和东留镇黄坊村党建项目建设，推动武平象洞鸡、百香果等特色农产品进入"国源通"、央联e家等线上销售扶贫采购平台。

三是建成了一批产业园区。国台办帮助漳平现代农业产业园成功申报农业产业融合发展项目，获资金补助近1亿元，打造的永福夜游项目工程已成为赏樱游客打卡点之一。住建部与连城县挂牌共建新型建筑材料产业园，并推动连城县成功签约总投资50亿元的赛特新材、投资30亿元的福建美东稀土材料等项目。文旅部帮助协调永定区与中国文化传媒集团共建数字文化产业园"一基地、两中心"。国家电网帮助新罗区全力加快能源互联网产业园建设，不断调整优化入园产业布局，至2023年3月，共引进生产性项目12个，总投资68.4亿元，已投产项目7个，总投资41.5亿元。中建集团投入5110万元用于绿色建材产业园建设，出台《对口支援长汀绿色建材产业园帮扶方案》，对入园企业给予产品优先采购、定向战略采购、保支付等政策倾斜。

四是打造了一批试点示范。住建部指导龙岩市成功申报国家首批海绵城市示范城市，获得中央财政3年9亿元支持；帮助连城县成功申报全国传统村落集中连片保护利用示范县，获国家专项资金3750万元；协调推动全国市长研修学院（住房和城乡建设部干部学院）现场教学基地（2022—2025）在连城县委党校揭牌成立。退役军人事务部指导龙岩市获评"全国双拥模范城"，指导上杭县、连城县获评"全国双拥模范县"，协调推动上杭入选红色旅游融合发展试点单位、客家祖地族谱入选中国档案文选遗产名录；帮助协调上杭金铜产业获评"国家外贸转型升级基地"，推动古田退役军人服务站获评全国百家红色退役军人服务站。文旅部帮助永定区成功承办全国乡村旅游工作现场会，成功创建省级旅游度假区。中建集团帮助长汀县推进长征出发地——中复村革命传统教育基地建设。

外部力量不断支援为闽西乡村振兴提供了强有力的支持，但现有支援更多是通过政府推动的，通过路径创新推动市场主体和社会力量助力闽西乡村振兴还有待加强。

二、内部动力持续生成

闽西积极将外部支援力量转为内部动力，促进经济社会发展和乡村振兴，通过"老区＋湾区""老区＋特区"的龙岩—广州、龙岩—厦门对口合作，为龙岩加快发展注入新鲜血液。2024年4月，龙岩市人民政府与厦门市人民政府签订《新时代山海协作协议书》，探索两市的区县对口协作、乡镇之间和村党组织之间联动，深化人力资源信息共享与服务对接、劳务协作，开展农业生产方面的产学研协作，建立长期稳定的农产品供销关系，接续推动乡村振兴[1]。龙岩采取重点产业双链驱动招商机制加强与厦门的联动，2023 年，龙岩全市有 254 个签约项目来自闽西南地区，占比 38%，总投资 384 亿元，为增强自身造血功能注入新鲜血液[2]。广州市在 2023~2027 年对口合作期内，每年统筹安排 1 亿元专项资金支持龙岩市对口合作工作，福建省级财政给予 1:1 配套。2024 年上半年，两地开展教育对口交流 20 次，互访交流人数达 886 人次，广州医学专家来龙岩义诊 10850 人次；龙岩接待广东游客 185 万人次，同比增长 14%，接待广州游客 45 万人次，同比增长 50%。龙岩市已有 40 个生产基地入选粤港澳大湾区"菜篮子"生产基地，也逐步成为承接粤港澳大湾区产业梯度转移的重要基地。[3]

龙岩市出台《关于进一步做好对口支援工作的十二条措施》《关于龙岩市推进中央国家机关、央企及省有关单位对口支援工作方案》，形成了"联络员牵头抓总协调、7 家中央对口支援单位挂职干部具体负责、省派挂职干部协助负责、各层级挂职干部相互协作"的对口支援工作管理体系，推动对口支援工作走深走实，促进闽西革命老区高质量发展。

在借力外援的同时，龙岩市加大对乡村的投入，推动生成乡村发展的内部动力，效果明显。从龙岩统计年鉴显示的 2018 年与 2022 年的数据对比来看，村道通车里程由 3725 千米增长到 4054 千米；农业机械总动力由 944961 千瓦增长到 1052603 千瓦；农林牧渔业产值由 4213506 万元增长到 5461407 万元；农村居民人均可支配收入由 17154 元增长到 24407 元；农作物播种面积由 3122544 亩增长到 3363550 亩，但农药使用量由 5050 吨下降到 4465 吨，农用化肥施用量由 107376 折纯吨下降到 96263 折纯吨。

但促使闽西乡村振兴的内部动能持续生成，还需要多方主体协同努力。要推动有为政府与有效市场共同发挥作用，在改善和优化基础设施、乡村布局、金融、法制等影响交易费用的企业外部环境方面，市场难以做到，需要政府因势

---

① 厦门龙岩山海协作协议书签订　围绕 10 项重点任务助力革命老区发展 [EB/OL]. https://new.qq.com/rain/a/20240403A05BJQ00/.

② 立足"山"的实际，发挥"海"的优势　厦门龙岩走好协同发展"共富路"[EB/OL]. http://fj.people.com.cn/n2/2024/0403/c181466-40798939.html.

③ 龙岩市坚持改革创新深化广龙对口合作，不断健全体系、拓宽领域、狠抓项目——打造"老区+湾区"区域协调发展样板 [EB/OL]. https://www.163.com/dy/article/J7ANT9140514R9KE.html.

利导积极作为；政府作为也有边界限制，目的是支持生产性企业家而不是非生产性企业家，推动传统农民向现代农民、职业农民发展，让农民有力（有能力、有发展动力），增进有效市场。要壮大村级集体经济，提高村级集体经济"造血"功能，让集体更有动员能力。要发挥社会组织链接各方资源、广纳专业人才的优势，促成乡村居民与城市居民、农业技术人才与普通农民相互联结，整合农户的利益诉求并将其与国家政策资源有效对接，助力培育各类"土专家""田秀才"，同时在农技指导、产品营销、资金服务等方面提供指导，助推乡村经济转型升级。

三、合力推动城乡等值

实施乡村振兴战略很大程度上是因为乡村衰退引起的乡村发展不可持续。只要外部的预期收益大于在乡村的收益，农民就有外出谋求收益的动力，城乡差距越大、外部收益越大，农民离开乡村的动力越足，乡村劳动力要素流失就不可避免。只要乡村的投资收益小于预期收益，城市的资本就不会下乡，乡村收益越小，就越难以吸引到外部的要素进入。城乡差距越大、城乡越不等值，乡村振兴的难度越大。通过路径创新促使更多要素进入乡村并让更大收益留在乡村，在内外部力量共同作用下促使城乡等值化，乡村才有望振兴。党和政府通过构建外源性支撑力量凝聚资源，通过重构农村社会场域重建内生性社会基础，通过赋权增能培育农民主体性为核心的内生动力（陈秀红，2023），为基层落实乡村振兴战略提供了极大的政治能量。从外源性支撑力量构建来看，一是"五级书记"直接领导和负责乡村振兴，凝聚了强大的政治力量；二是涉及乡村振兴的法律、规划、意见、通知等文件不断出台，构建了有力的支撑制度；三是党领导企业事业单位、社会组织、"城归"以及社会精英等多元共治主体参与乡村振兴，整合了广泛的社会力量。从内生性社会基础重建来看，一是通过加强农村基层党组织建设，带动村社组织再造，让农民重新组织起来；二是通过创新农村集体经济的组织形式和发展模式，壮大集体经济，为农村内生发展提供基础和保障；三是通过基层党组织领导，重构分利秩序与利益共同体，推动利益共享。从农民主体性为核心的内生动力培育来看，一是通过发挥文化的涵育功能，激活农民的自信和自主性精神，重塑乡土文化认同；二是通过党组织加强动员实现对农民的"赋权"，保障农民参与权；三是通过教育引导，挖掘农民优势和潜能，提升农民的自我发展能力。从路径创新的发力方向来看，一是在数量上要减少农民；二是在素质上要提升农民；三是在目标上要富裕农民。

第四节　闽西乡村振兴路径创新的逻辑分析框架

乡村振兴的过程实质上就是我国农业农村现代化的过程（贺卫华、赵琭嘉，2022），也是通过城乡融合实现共同富裕的过程。如果在现代化进程中把农村农民落下，到头来"一边是繁荣的城市，一边是凋敝的农村"，这样的现代化是不可能取得成功的，既不符合我们党的执政宗旨，也不符合社会主义的本质要求。

城乡不等值，造成乡村要素严重流失进而使乡村衰落。党和政府适时启动乡村振兴战略之后，以及在新时代支持革命老区振兴发展的背景下，闽西老区苏区乡村振兴应朝什么方向努力？其乡村振兴应遵守什么逻辑？从城乡等值视角来看，乡村要振兴，必须回答以下三个问题：一是乡村能否有效增加投入产出，二是乡村能否留住更多收益，三是城乡能否等值化。只有在促进乡村等值化的基础上，乡村才能够振兴，据此构建闽西革命老区乡村振兴的逻辑分析框架（见图 6-1），即城乡不等值—乡村衰落—党和政府启动乡村振兴战略—老区苏区政策支持—乡村增产—乡村增收—城乡差距缩小—乡村与城镇等值化—乡村振兴。

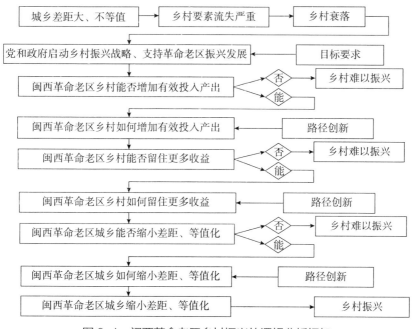

图 6-1　闽西革命老区乡村振兴的逻辑分析框架

第七章

城乡等值化视角下的闽西乡村振兴路径创新

"城乡等值"既是一种理念，也是一种目标，将成为中国缩小城乡差距的必然结果（李增刚，2015）。城乡等值可以从总体层面以及个人和家庭层面去理解：总体层面城乡等值的核心内涵是在城乡生产和生活方式等方面不同类，但在居民就业机会、劳动强度、工作条件、收入水平、居住环境、社会保障和生活便利程度等方面是等值的（杨晓航，2014）；个人和家庭层面城乡等值主要是从个人或作为整体的家庭主力成员看来，在城乡付出的等量代价能够享有大体相当品质的生活。目前，中国的总体情况是乡村不如城市，存在明显的城乡不等值。城市偏向政策是中国城乡差距形成的本质原因，并且这种政策主要表现在支出与投资上，包括地方政府财政、科教文卫、公共服务的支出和工业固定资产投资等方面（武小龙，2018）。有研究指出：1952~1990年国家通过工农产品"剪刀差"、农民储蓄和农业税三种方式为实现工业化从农业部门汲取资金累计高达9528亿元；1979~2001年国家通过土地征购制度从农业和农村汲取的资金超过2万亿元（蔡海龙、李静媛，2024）。

从城乡经济活动的各大环节来看，以劳动力要素为例，城乡从生产到再生产会形成如下非等值的过程（见表7-1）：①生产环节。乡村优质生产要素到城市打工，以农民工形式参与城市生产时则成为普通的劳动者，留在乡村从事生产的则是次优生产要素。②分配环节。农民工作为普通生产要素只能获得较低占比的分配，在乡村获得的收入也较低。③交换流通环节。城市生产的工业品下乡需要更多的成本，同样质量的工业品在乡村就会更贵或者质量更差才可能同价，乡村生产的农产品主要是必需品且消费市场主要在城市，需要城乡的物流成本，加之受国际市场冲击，农产品的收益不高。④消费环节。在城市的农民工收入较低，在乡村的村民收入也较低，村民的物质消费水平也就比城市的低，在教育、保健等提升人力资本方面的精神文化消费水平也较低。⑤再生产环节。消费水平较低造成乡村的人力资本积累不足，城市继续留用之前的大多数农民工且进一步吸收更多的优质民工，数量减少了的次优要素留在乡村从事生产活动，新的城乡经济活动环节再次展开。

表 7-1　城乡从生产到再生产经济活动形成的非等值过程

环节 区域	生产	分配	交换流通	消费	再生产
城市	优质乡村要素作为城市普通劳动者	农民工分配占比较低	工业品在城市生产并交换，成本较低	城市的物质与精神文化消费水平较高	继续留用之前的大多数农民工且进一步吸收更多的优质民工
乡村	次优要素留在乡村	乡村村民收入较低	工业品下乡及农产品进城的物流成本更多由乡村承担	乡村的物质与精神文化消费水平较低	数量减少了的次优要素留在乡村

闽西革命老区城乡非等值主要表现在以下几个方面：城镇与农村居民的可支配收入差距大、城镇与农村居民的恩格尔系数差距明显、不少村民生活还很不便利且大多远离文化消费场所（郑国诜，2023）。要改变城乡从生产到再生产经济活动形成的非等值过程，需要优化闽西乡村布局与人居环境，提高闽西乡村有效投入和产出，促进更多的收益留在闽西乡村，致力推动闽西城乡等值化发展。

第一节　优化闽西乡村布局与人居环境

一、优化闽西乡村布局的必要性分析

党的二十大提出以中国式现代化全面推进中华民族伟大复兴。《2024 年福建省人民政府工作报告》指出，推进中国式现代化是最大的政治。只要还有大量农民工在城乡来回奔波，就不能说中国实现了现代化；农民工要么在城市有业可就、有家可居，落户变成市民，要么返回到农村，但不是回去原来意义的村庄，而必须是重构了的农村，即实现再造的社会服务与城市均等化了的村庄，重构后的乡村一定是幸福指数不亚于城市的乡村^①。

（一）现有的乡村布局适应不了社会发展需要

村庄星罗棋布、无规律地散布在耕地周边，产生这种分布状况的原因：一是在以前以传统农业为农民主要收入时期，居住在农田周围方便耕作；二是自古以来传统农村就是以家庭为单位聚居，长此以往就形成了农民散居小聚落的固定形式。但是由于院落分布广、人口密度小，因此在进行农村基础设施改造时资金投入量较大、产出价值较小会成为农村建设与发展的制约因素。农村仅依靠农业就能生存的时代已经结束，新时代实施乡村振兴战略，农村地域空间及其综合价值必须重构并进行科学规划与布局（王景新、支晓娟，2018）。在村庄狭小范围内，既无法构建现代农业产业体系、生产体系和经营体系，更无法推动农业向第二、三产业延伸，实现农村第一、二、三产业融合发展（杨华，2019）。

（二）乡村不再是农民工实际回流区位或意愿地

农民工回流绝非简单地重返乡村，曾经居住在村庄的农民工倾向于向主城区和城乡结合区而不是乡镇中心流动，农民工务工前到回流后这段时期居住区位的城镇化趋势明显，居住在主城区的比重增势显著（张甜、朱宇、林李月，2017）。农民工回流的意愿地多为大中城市，而实际回流区位以农民工源地附近的县城和小城镇为主，乡镇中心地和县城是正向回流的主要区位，村庄则为主要的负向区位（高更和、曾文凤、罗庆，2019）。县城在劳动力回流决策中扮演重要角色，距离县城越近，回流的可能性越大，本县非农就业机会越多，吸引外出劳动者回流的可能性也越高（殷江滨、李郇，2012）。中小城镇是绝大多数农民工市民化的现实选择，而新生代农民工更愿意留在城市，市民化能力也更强（李练军，2015）。21世纪的第二个10年以来，农民进城务工的逻辑基本上都转为城市安居，农村不再是归宿（何雪峰，2020）。而以县和镇为核心的就地（近）城镇化能够满足那些亦工亦农以及从事农业生产的农民的现实需求（聂飞，2018）。

---

① 王立胜. 我为什么从副市长转去做学术研究？［EB/OL］.（2023-12-06）[2024-07-28]. https://mp.weixin.qq.com/s?__biz=MzkxNzY4MDMxMw==&mid=2247545330&idx=4&sn=7e0ca173649f28bd2e335f725df1287f&source=41#wechat_redirect.

（三）布局调整有窗口期且不能只在乡村内优化

我国乡村形态正经历快速演变阶段，村庄格局继续不断分化、融合、聚集、衰落并存，有些村庄逐步与城镇融合，有些村庄会因产业兴而聚集更多要素，有些村庄则难以停止衰落。未来，乡村人口会进一步减少，有些村庄甚至会消亡，在这样的背景下，优化调整乡村布局是必要的，需统筹谋划。

今后 15 年是破除城乡二元结构、健全城乡融合发展体制机制的窗口期（习近平，2022）。中共中央 2022 年 11 月批准的《乡村振兴责任制实施办法》规定：地方党委和政府以县域为重要切入点加快城乡融合发展，推进空间布局、产业发展、基础设施、基本公共服务等县域统筹；市级党委和政府发挥好以市带县作用，县级党委和政府以县域为单位组织明确村庄分类，优化村庄布局。福建省人民政府办公厅印发的《闽西革命老区高质量发展示范区建设发展规划》（闽政办〔2022〕55 号）提出：合理布局县域生产生活空间，打造一刻钟经济圈、生活圈；引导一般小城镇完善基础设施和公共服务，吸引城市要素流入，承接农民就近就业，增强服务农村、带动周边功能。农民相对集中居住是改变农村零散面貌、提高农民生活品质的重要举措①。从长期趋势看，大部分距离中心地半小时以上车程的村庄都会逐步收缩，要把宅基地制度改革作为城乡空间布局优化的一项重要的配套改革事项，不解决宅基地制度问题，城乡空间调整难以推进（陈明，2021）。

目前，我国绝大多数村庄达不到科学的公共服务规模，解决方案是从制度上将产权单元、居住单元、治理单元分置（陈明，2021）。生态宜居的治理空间至少是县域范围。治理的制度、规范和体制机制需要在县域范围内进行统一创设（杨华，2019）。要把县域作为城乡融合发展的重要切入点，推进空间布局、产业发展、基础设施等县域统筹（习近平，2022）。如何合理布局产业、分布人口，是国家现代化进程中至关重要的问题；城乡融合发展要把县域作为切入口，把县城建成一个给全县人民提供生产生活服务的中心，把乡镇建成一个主要是给农民提供生产生活服务的节点，同时城、镇、村要一体设计、一体推进基础设施、公共服务等方面的建设（陈锡文，2024）。要尊重城乡居民的空间选择权，消除那些不合理的城乡发展空间制约因素，调整城乡空间的不相融结构，使城乡空间要素得到合理流动，进而形成城乡有别而合理的空间分布格局，走符合中国国情的

---

① 李强总理谈乡村振兴：三个关键词、三个价值、三个空间、三个趋势［EB/OL］.（2022–12–11）
［2022–12–11］. https://mp.weixin.qq.com/s/g7kA6hRe4yBMRFTWBhtH2A.

融合发展之路（林聚任、刘佳，2021）。

基于区位视角，根据空间场力的大小，可以把乡村划分为三类：第一类是内源空间场力大于外源空间场力的乡村（以下简称 N>W），属于内源吸引型乡村；第二类是内源空间场力等于外源空间场力的乡村（以下简称 N=W），属于通道型乡村；第三类是内源空间场力小于外源空间场力的乡村（以下简称 N<W），属于外源吸引型乡村（郑国诜，2023）。第一类乡村的经济将发展壮大，易于振兴；第二类乡村的经济将维持动态平衡，需要增加内部吸引力才能振兴；第三类乡村的经济将会萎缩，在没有外源大力支持的情况下会趋于衰败。要分类施策，优化闽西革命老区三类乡村的布局和环境。要科学规划、合理设计、稳步推进，坚持一任接着一任干，避免"来个文件，刮一阵风，雨过天晴无人问"（陈晓莉、吴海燕，2018）。

二、分类优化闽西乡村布局与人居环境

目前，乡村振兴的对象是抽象的乡村，探索在实践中振兴乡村，需要找到具体有效的乡村振兴单元，联结度高、规模适度的单元即为有效的乡村振兴单元（李华胤，2019）。从前面优化闽西乡村布局的必要性分析可以看出，乡村是人口流出地，而农民工实际回流区位和意愿地都不在村，以村为乡村振兴单元因规模偏小、缺乏要素特别是人力资本的吸引力而不具可行性，即使勉强为之也不具可持续性，乡村人口必然会收缩但又不可能全部城镇化，流动的均衡处趋向于乡镇政府驻地和生产生活较便利的村。《中华人民共和国土地管理法》规定，由省级人民政府授权的设区市可以批准乡（镇）土地利用总体规划。因此，在闽西市域范围内开展乡村振兴，要以县域作为基本单元，而在具体实践操作时，有效的乡村振兴单元宜以乡（镇）为单位。乡镇作为乡村振兴单元在实践中体现了可行性，温州市以乡镇为单元进行产业振兴建设，激发了乡村的主动性和积极性，使乡村振兴战略更加顺利、扎实地向前推进（丁少平、陶伦、吴晶晶，2020）。乡村振兴在实践中存在两种模式，一种是在地振兴，另一种是异地振兴，对缺乏振兴内生基础与本土资源的农村而言，集镇式的异地乡村振兴之路不失为有效的路径（张红阳、方圆，2022）。韩婷婷、马文亚和郭宁（2023）利用中心乡镇带动周边腹地的乡村振兴单元识别方法体系，研究发现山东省滨州市惠民县属于撤并搬迁类的村庄占48.25%。湖南全省合并建制村约占39%，从而使村民委员会能更好地完成行政管理任务，提供公共服务（胡平江，2020）。闽西属于山区，以

乡（镇）作为乡村振兴单元时，总体上就存在上述三类乡村：内源吸引型乡村（N>W）、通道型乡村（N=W）和外源吸引型乡村（N<W）。

（一）巩固内源吸引型乡村（N>W）的发展成效

内源吸引型乡村主要有两种情况：一种情况是能够吸引外来人口常住的城郊融合型乡村，另一种情况是能够吸引外来人口观光休闲度假的特色保护类乡村。城郊融合型乡村的劳动、资本等生产要素较充足，而土地（自然资源）较稀缺，理顺城乡关系，化解城乡融合阻点，是这类乡村的政策要点。巩固此类乡村振兴发展成效，要加强管理，为外来人口融入城镇提供便利；统筹规划，完善土地开发利用功能；加强污染设施的配套建设，防止中心城区外迁工业污染转嫁；抓农业产业化生产、加工、流通载体建设，完善农业产业化的利益调节、政策调控机制；引导农业与旅游、教育、研学、文化、康养等产业深度融合，打造观光农业带、绿色产业带，让常规农业向休闲农业、生态农业、创汇农业领域延伸拓展。针对特色保护类乡村，政策要点在于发挥乡土特色，激发乡村发展内生动力。要发挥政府、农民、市场、社会多元主体的合力作用，做好农文旅融合文章，推动"+旅游"和"旅游+"互促互进。通过乡土教材编撰、研学基地建设、主题活动开展等形式使特色资源与历史遗存得以活化；要保护传统格局，营造乡村氛围；完善基础设施，提高接待能力；塑造文化形象，凸显特色优势；重视差异服务，避免同质竞争；开发人力资本，培育乡土人才；动员社会力量，形成支持网络；拓展农业功能，提升旅游效应；协调主体利益，注入发展活力。特色保护类乡村一定要避免单纯规划发展旅游业来推动乡村振兴，目前龙岩保护开发特色村庄700多个，能够通过发展乡村旅游振兴的占比连一成都难以做到，大部分特色保护类乡村还得谋求非旅为主的产业来振兴。

（二）提升通道型乡村（N=W）的集聚能力

通道型乡村主要是乡镇的政府驻地和生产生活较便利的村，需要大力提升集聚能力才有望实现振兴，如果不抓住乡村布局调整的机遇期和窗口期，放任要素自然流失，则不少有望振兴的乡村也可能衰退，到时进城失败的农民工的退路就会更加有限。这类乡村的政策要点是以乡镇作为乡村振兴单元，使之成为乡村振兴的主力军和带动者。要统筹乡村资源，以部分村庄宅基地的腾退和人口转移为抓手，提升乡镇政府驻地及中心村的集聚与辐射带动功能。一要改善乡村生产生活环境。基础设施建设方面，要完善医疗卫生、文化教育、文体活动等公共服务基础设施，以及道路、安全饮水、垃圾分类治理、污水处理、电力电信、畜禽粪污处理工程、厕所改造、清洁能源、公共空间绿化建设等重大基础设施，使乡村各区域间的功能相互衔接，空间发展互通互补，各项基础设施配套；风貌文化方面，要从建筑院落空间格局、街巷肌理空间、节点标识空间的角度，美化居民点生活环境空间；生态环境方面，要统筹考虑山、水、林、田、路布局，构建一个包含对既有山水环境的保育、农林用地的管控、村落形态的营建的生态格局，美化道路景观环境，进行居民点间道路空间的绿化整治提升，通过不同形式、不同材质的路面铺装，营造出多样化的出行体验，同时将文化元素融入道路两侧空间，形成乔灌草立体化道路景观，使自然和人文融为一体，优化乡村宜居的生态环境空间。二要增加乡村的就业与发展机会。一方面要深挖乡村产业核心竞争力。要以延伸产业链特别是农业产业链为抓手，推动现有乡村核心产业结构优化升级，通过产业兴旺吸引更多要素集聚，系统化管理各类农产品、信息、人才等资源，形成三产联动、融合发展格局，延伸产业势能，推动经济结构转型升级。依托人口的聚集，实现多业态发展导入，促进各个产业链整合，形成具有地域特色的核心市场竞争力的产业集群，使乡村产业成为自身发展的一个新的经济中心点，辐射带动周围乡村发展。另一方面要激发乡村资源禀赋。从区域资源禀赋、经济基础和农业生产能力出发，科学制定产业发展方向、发展模式、发展领域。按照"扶优、扶强、扶大"的原则，培育具有比较优势的大型农业龙头企业，形成"龙头企业+合作社+基地+农户+市场"一体化的经营模式，打造农企利益共同体。三要增强乡村组织活力和文化吸引力。构建乡村自治管理平台，完善乡村内部自治管理平台机制，引导村民参与乡村建设与发展，并协助监督民主管理、乡村事务管理。组织新型乡贤服务乡村振兴，构建良好的乡村治理体系的组织基础、经济基础和人文基础，通过各种措施增强各类乡村组织的活力和乡村文化的吸引力，以乡村组织活力和乡村文化吸引力建设来增强乡村振兴的动力。

（三）助推外源吸引型乡村（N<W）居业分离

外源吸引型乡村的劳动、资本等生产要素较稀缺，而土地（自然资源）较丰富，要防止要素过量流失并发挥自然资源丰富的优势，采取"居业分离"的模式发展壮大生态产业。这类乡村的政策重点在于有退有进，从难点中寻求突破。一是做好"退"的工作，腾退原有宅基地，搬到迁入地能安居且生活改善。出台偏远村整体搬迁安置办法，坚持政府引导、村民自愿、规划先行、稳步推进的原则，对自愿退出宅基地并允许复垦（复垦后的耕地或林地的使用权依然规村民所有）的村民给予一定标准的补助，引导村民搬到乡镇政府驻地或中心村的规划安置区，也鼓励有条件的村民到县城或市区购买安置房，让搬出的村民能够安居，将鳏寡老人或无法搬迁的特殊群体安置到村委会幸福院生活。迁入地既要通过产业发展吸纳搬迁户就业，保证收入来源，也要通过在安置区设立小区自治委员会或志愿者服务队解决邻里日常问题，化解邻里矛盾，让搬迁群众能安居且改善生活。二是做好"进"的工作，要素进入迁出地能乐业且实现价值创造。要助力迁出地必要的交通改善，适当在生产性基础设施方面进行投入并避免在休闲、娱乐等生活性设施方面的投入，因为乡村宜居生活性设施建设涉及三个维度，建设是一维、使用是一维、管护是一维，建设需投入、使用出效益、管护要成本，乡村宜居生活性设施投入不少、使用不多、成本偏高，不具有可持续性。要进一步拓展龙岩市"供销农场"全托管模式[①]，不仅要按照农业生产托管社会化服务模式种粮，还要探讨迁出地如何以托管或者互助组织的形式推动生态补偿与生态产品价值实现。迁出地除了种粮以解决田地抛荒问题之外，还有林下经济、生态补偿以及生态系统服务如何开展的问题。可以采取"生态银行"模式（崔莉、厉新建、程哲，2019），创新生态价值产业实现路径和生态产品价值实现支撑体系，建设生态补偿的资金来源、补偿渠道、补偿方式和保障体系，通过迁出地创造更多价值，让搬出的村民能够乐业且分享更多"绿水青山"带来的价值。

第二节　提高闽西乡村有效投入和产出

闽西的很多乡村都存在要素过度流失的现象，要促使乡村振兴，流入乡村的要素必须大于流出乡村的要素。要素主要包括可转移的非区域性要素和难以转移的区域性要素，乡村投入既涉及外部的非区域性要素，也涉及本地的区域性要素，外部进入乡村的要素遵循市场化逻辑和行政化逻辑，外部的非区域性要素与本地的区域性要素如果不匹配，则产出效果差，匹配度越高产出效果越好，要素的匹配性还要随着发展条件的变化而变化。但受限于地理封闭、农业弱质以及人力资本匮乏，乡村发展所需要的创新资源集聚、产业链发育很难由自发市场自动

---

① 龙岩探索"供销农场"全托管服务，破解种粮效益低、谁来种粮、耕地抛荒等难题［EB/OL］.
https://fjrb.fjdaily.com/pc/con/202407/12/content_381941.html.

实现（贺立龙，2019），这就既需要政府作为，又要防止政府乱作为，必须促进政府更加积极有为带动市场运行有效。

一、要素进入闽西乡村的制度与实践逻辑

（一）要素进入闽西乡村的制度逻辑

革命老区与乡村振兴的双重支持政策的叠加效应成为要素进入闽西老区乡村的制度基础。党中央、国务院出台一系列政策文件对全面推进乡村振兴作出总体部署，为要素进入闽西乡村提供了制度依据。中共中央印发的《中国共产党农村工作条例》对于确保新时代农村工作始终保持正确政治方向具有十分重要的意义。《中华人民共和国乡村振兴促进法》提出坚持农业农村优先发展，坚持农民主体地位，坚持人与自然和谐共生，坚持改革创新，坚持因地制宜、规划先行、循序渐进，为全面实施乡村振兴战略提供了有力的法治保障。中共中央、国务院《关于实现巩固拓展脱贫攻坚成果同乡村振兴有效衔接的意见》为实现巩固拓展脱贫攻坚成果同乡村振兴有效衔接设立了5年的过渡期，做到"扶上马送一程"。《中共中央 国务院关于全面推进乡村振兴加快农业农村现代化的意见》对加快推进农业现代化、大力实施乡村建设行动、加强党对"三农"工作的全面领导进行了规定。《国务院关于新时代支持革命老区振兴发展的意见》对因地制宜推进振兴发展、增强革命老区发展活力、增进革命老区人民福祉、健全政策体系和长效机制进行了规定和部署。多年的中央一号文件对全面推进乡村振兴进行了部署。为贯彻落实党中央、国务院对乡村振兴和革命老区振兴发展的部署，福建省委、省人民政府印发了《关于实施乡村振兴战略的实施意见》《关于全面推进乡村振兴加快农业农村现代化的实施意见》《关于新时代进一步推动福建革命老区振兴发展的实施方案》等一系列文件，省政府组成部门出台贯彻落实文件，比如福建省发展改革委印发了《福建省"十四五"老区苏区振兴发展专项规划》、福建省民政厅出台了《贯彻落实新时代进一步推动福建革命老区振兴发展实施方案的若干措施》，龙岩市也结合闽西革命老区乡村发展的实际，出台贯彻落实意见和配套措施，为更多要素进入闽西乡村奠定了政策制度基础，有力地推动闽西农村农业优先发展、乡村全面振兴。但任何一项政策出台，不管初衷多么好，都要考虑可能产生的负面影响，考虑实际执行同政策初衷的差别，考虑同其他政策是不是有叠加效应，不断提高政策水平（习近平，2023）。国家、省市出台的革命

老区与乡村振兴的双重优惠政策，需要闽西抓住机遇并充分利用，更好发挥政策的叠加效应，促进更多要素进入闽西乡村。

（二）要素进入闽西乡村的实践逻辑

要素进入闽西乡村的实践主要遵循市场逻辑和行政逻辑。市场逻辑方面，在投入乡村的要素中，如果无利可图，逐利的市场主体就没有积极性。乡村建设项目，大多使用的是财政资金或者向上级政府申请资金奖励或补助，在项目建成之后，往往因为缺乏运维经费而影响到项目的应有功能。有研究表明：一个独立居民点适当规模要达到5000~15000人，每个住区单元至少5000人才能支撑一所合格的小学，住区单元约15000人才能配套中学、公共设施和商业设施（陈明，2021），门槛人口5000人以上才能够相对有效地为乡村地区提供基本便利的服务（龙花楼，2013），闽西很多乡村达不到这样的人口规模，因此市场主体缺乏对这类乡村投入要素的积极性。行政逻辑方面，上级政策需要下级进行贯彻落实，虽然位阶越高的政策文本政治势能越强，但其内容也会越宏观，无法对技术性和专业性的具体操作做出因地制宜的设计，如果没有进一步的具体政策跟进，就会导致势能在传导过程中耗散和消弭（孙迎联，2024）。闽西乡村的经济活动规模多数偏小，为避免投入的财政资金产生不了预期的效果或者达不到上级部门的要求，地方政府往往"点"上采取易于见成效的乡村作为示范典型，"面"上通过遴选出优先批次和后续批次作为乡村振兴的优先次序。因此，由政府主导投入乡村的要素，常见的形式是一批试点之后接着另一批的试点，并主要通过项目给予支持，而且越是成效明显的试点越有机会争取到新项目，要素投入就越多。

二、投入闽西乡村要素的产出效率分析

乡村最重要的产业一般是以农业为代表的第一产业，因此选择闽西龙岩第一产业投入产出与福建全省进行比较，旨在发现闽西乡村要素的投入产出效率。根据表7-2的数据，从三个方面进行分析：一是以第一产业就业人员数为代表的劳动力要素投入产出效率分析，二是以农业机械动力为代表的资本要素投入产出效率分析，三是总体的要素投入产出效率分析。

表7-2　闽西第一产业投入产出与福建全省的比较

年份	全省一产就业人员数（万人）	全省总就业人员数（万人）	全省农业机械动力（万千瓦）	全省一产就业人员数／总就业人员数（%）	全省农业机械动力／一产就业人员数（千瓦／人）	全省一产生产总值（亿元）	全省一产产值占GDP比重（%）	全省一产产值占GDP比／一产就业人员数占总就业人员数比（%）	全省一产就业人员人均产出（元／人）
2017	418	2236	1232.42	18.7	2.94	2215.12	6.6	35.3	5299
2019	369	2210	1237.73	16.7	3.35	2595.53	6.1	36.5	7034
2022	299	2174	1296.71	13.8	4.34	3076.20	5.8	42	10288

年份	闽西一产就业人员数（万人）	闽西总就业人员数（万人）	闽西农业机械动力（万千瓦）	闽西一产就业人员数／总就业人员数（%）	闽西农业机械动力／一产就业人员数（千瓦／人）	闽西一产生产总值（亿元）	闽西一产产值占GDP比重（%）	闽西一产产值占GDP比／一产就业人员数占总就业人员数比（%）	闽西一产就业人员人均产出（元／人）
2017	39	138	93.06	28.3	2.39	227.88	10.5	37.2	5843
2019	31	132	97.58	23.5	3.15	287.34	10.7	45.7	9269
2022	26	129	105.26	20.2	4.05	311.27	9.4	46.5	11972

（一）劳动力要素投入产出效率分析

从一产就业人员数占总就业人员数比重与一产产值占GDP比重的比较来看，2017年，福建全省以18.7%的劳动力投入，产出6.6%的GDP，而闽西以28.3%的劳动力投入，产出10.5%的GDP；2019年，福建全省以16.7%的劳动力投入，产出6.1%的GDP，而闽西以23.5%的劳动力投入，产出10.7%的GDP；2022年，福建全省以13.8%的劳动力投入，产出5.8%的GDP，而闽西以20.2%的劳动力投入，产出9.4%的GDP。从一产产值占GDP比重和一产就业人员数占总就业人员数比重的商来看，闽西的劳动力要素投入相比福建全省更具有效率，产出相对较高，2017年高1.9%、2019年高9.2%、2022年高4.5%。

（二）资本要素投入产出效率分析

从农业机械动力与一产就业人员数的比较来看，2017年，福建全省以2.94千瓦／人的资本投入，产出6.6%的GDP，而闽西以2.39千瓦／人的资本投入，产出 10.5% 的 GDP；2019 年，福建全省以 3.35 千瓦 / 人的资本投入，产出 6.1% 的 GDP，而闽西以 3.15 千瓦 / 人的资本投入，产出 10.7% 的 GDP；2022 年，福建全省以 4.34 千瓦 / 人的资本投入，产出 5.8% 的 GDP，而闽西以 4.05 千瓦 / 人的资本投入，产出 9.4% 的 GDP。这里福建全省农业以较高的资本投入产出较低占比的 GDP，而闽西农业以较低的资本投入产出较高占比的 GDP，但这个结果是闽西以比全省资本投入比例更高的劳动力投入比例获得的，也就是闽西以高得多的劳动力占比投入替代资本投入所获得的结果。闽西一产就业人员数跟总就业人员数的比值和全省一产就业人员数跟总就业人员数的比值的商，2017 年为 1.51、2019 年为 1.41、2022 年为 1.46，而全省农业机械动力跟一产就业人员数的比值和闽西农业机械动力跟一产就业人员数的比值的商，2017 年为 1.23、2019 年为 1.06、2022 年为 1.07，也就是说，闽西农业与全省相比，相应年份分别以超过 28%、35%、39% 的劳动力投入替代资本投入，而一产产值占 GDP 的比重，闽西比全省分别高了 3.93%、4.63%、3.59%。由此可见，福建全省农业资本投入比闽西高，闽西农业以更高的劳动力投入替代资本投入，结果是闽西一产产值占 GDP 比重高于全省。

（三）要素总体投入产出效率分析

从要素总体投入来看，闽西农业的劳动力要素投入比全省高，福建全省农业的资本要素投入比闽西高。从一产就业人员数占总就业人员数比重来看，闽西农业的劳动力要素投入 2017 年比全省高 9.6%、2019 年高 6.8%、2022 年高 6.4%；从农业机械动力与一产就业人员数的比值来看，全省农业的资本要素投入 2017 年比闽西高 0.55 千瓦 / 人、2019 年高 0.2 千瓦 / 人、2022 年高 0.29 千瓦 / 人。从要素总体产出来看，闽西农业以更多的劳动力投入替代资本投入，克服了资本投入的不足，一产产值占 GDP 比与一产就业人员占总就业人员数比的商、一产就业人员人均产出都比全省高。从一产产值占 GDP 比与一产就业人员数占总就业人员数比的商来看，闽西 2017 年是全省的 1.054 倍、2019 年是全省的 1.252 倍、2022 年是全省的 1.107 倍；从一产就业人员人均产出来看，闽西 2017 年是全省的 1.103 倍、2019 年是全省的 1.318 倍、2022 年是全省的 1.164 倍。但从另外一个角度来看，闽西更多的劳动力要素投入第一产业，第一产业产值占 GDP 的比重也比全省高，意味着闽西乡村农民的收入与全省相比也更加依赖第一产业。

三、增加闽西乡村有效投入和产出的对策

（一）更好地利用市场化逻辑和行政化逻辑，推动更多要素协调有序进入乡村

乡村发展是在乡村禀赋与市场结合中实现的，必须遵循乡村禀赋的市场化逻辑，但是"八山一水一分田"的闽西，乡村聚落布局分散、人力资本匮乏，乡村发展急需的创新资源集聚、优质要素投入很难由自发市场自动实现，这就需要政府助力。必须分析乡村禀赋如何从发展的潜力转变为现实的发展，探讨如何把市场化逻辑和行政化逻辑结合起来，推动更多要素进入乡村。要依据《中华人民共和国乡村振兴促进法》和《乡村振兴责任制实施办法》，坚决贯彻落实党委统一领导、政府负责、党委农村工作部门统筹协调的农村工作领导体制，实实在在地把农业农村优先发展当作"三农"的必要工作，构建政府有为、市场有效、农民有力、集体有能、社会有爱的"五位一体"协同推进机制，促进内源吸引型乡村更有魅力、通道型乡村更有集聚力，发挥这两类乡村作为承载发展要素的主体作用，成为乡村振兴的典范。

偏远乡村属于外源吸引型乡村，无论是遵循市场化逻辑还是行政化逻辑，都是备受忽视的对象。偏远乡村的农民具有无力感，单凭偏远村的村民显然无法在地实现现代化。出于现代化和共同富裕的考虑，需要政府、市场、农民、集体、社会组织协力助推村民搬迁到具有要素集聚能力的地区（内源吸引型乡村、通道型乡村或城镇），让迁入地更有人气、更有发展潜力，针对小部分诸如孤寡老人等弱势群体，要利用数字技术手段，及时了解他们的困难，进一步打好"大爱龙岩"牌，通过社会公益组织或采取保底的方式给予他们更多关爱和人文关怀，体现社会有爱。

（二）提高区域性与非区域性要素的适宜程度，推动要素禀赋类型与发展模式匹配

区域经济增长是区域性要素和非区域性要素共同作用的过程与结果。区域性要素与非区域性要素的适宜程度对区域经济增长起着至关重要的作用。闽西乡村具有红色、生态等丰富的区域性要素和特色文化优势，但资本、技术等非区域性要素不足。要通过制度创新强化试点示范并借助"互联网＋"等现代数字科技手段，扩大金融的普惠面，促使区域性要素与非区域性要素得到更优配置、区域性

要素或非区域性要素各自以及它们之间的效率得到不断提升，从而提高闽西乡村要素禀赋类型与其发展模式的匹配程度，增加有效投入和产出。老区苏区在福建的占比高，全国老区分布的国土面积仅占 28.4%，而福建占 96%，闽西全境都是原中央苏区，《福建省红色旅游发展规划（2018—2022 年）》按照红色资源开发的方式及方向将福建主要红色旅游资源分为三类共一百多个代表性红色资源点，闽西共有革命旧址类红色文化遗存 753 处（818 个点），其中国保单位 7 处（27 个点）、省保单位 64 处（99 个点），有可移动馆藏革命文物 20623 件（套）、红军标语类革命文物 1329 条（则），烈士纪念设施 7529 处[①]。要深入挖掘红色文化与旅游融合发展的各类资源，总结提炼诸如古田精神、苏区精神、长征精神的丰富内涵并进行创意利用，完善红色文化与旅游融合发展的内外部环境，进一步厘清红色文化与旅游融合的技术短板，找准发力点，鼓励科研、创新引领、推动融合，使更多的新型技术在红色文化与旅游融合的过程中得到应用，让更多要素以红色文化旅游发展的形式在闽西汇集，并以产业园区、主题公园等形式示范带动闽西革命老区乡村振兴。闽西生态资源丰富且生态文明建设成效显著，涌现出水土流失治理"长汀经验"、集体林权制度改革"武平经验"等先进典型，要进一步抓住福建大力发展绿色经济的有利时机，落实《福建省推进绿色经济发展行动计划（2022—2025 年）》，在探索一批绿色产品价值可实现、绿色技术可应用、绿色生活成时尚的绿色发展新模式过程中展现闽西革命老区的作为，在"绿水青山"变"金山银山"的过程中促进闽西乡村振兴。

1. 充分利用闽西红色资源，不断创新红色旅游发展模式

红色是闽西最鲜明的底色。长期以来，闽西不断挖掘红色资源，以文塑旅、以旅彰文，在保护利用中坚定红色守护，在守正创新中深化红色传承，取得了显著的社会效益和旅游价值。近五年，龙岩全市红色旅游共接待游客近 5000 万人次，2023 年红色旅游人数增长 70%，红色旅游热度不断攀升[②]。但红色旅游的富民效应还需要通过模式创新进一步激发。

要改变传统的主要依靠政府投入发展红色旅游的局面，构建政府推动、市场导向、社会参与、项目带动、点线促面、全域发展的红色旅游产业发展模式，同时开拓红色旅游线路和开展市场营销。一是坚持政府推动。红色旅游产业发展需要发挥政府的原动力作用。龙岩市及其县（市、区）、乡镇三级政府及各职能部

---

①② 打好革命老区牌　深化红色基因传承——福建龙岩着力推进红色资源保护利用［EB/OL］. https://t.m.china.com.cn/convert/c_uQP8W7SN.html.

门要合理分工，相互协调，积极推动，在加大红色旅游基础设施建设与投资力度的同时，出台红色旅游产业融合政策，拓展红色旅游功能，组织红色旅游目的地对外宣传营销，创造良好的外部环境，引导红色旅游发展方向，提高红色旅游的经济、社会、生态综合效益。二是坚持市场导向。遵循市场经济发展规律，充分发挥政府财政投入红色旅游发展资金的撬动作用，结合红色旅游市场需求变化特征，采取奖补等措施吸引社会资本投向红色旅游延伸产业，优化红色旅游供给侧结构性改革，提高红色旅游产品的丰度和吸引力，激发红色旅游产业发展活力。三是坚持社会参与。社会作为红色旅游发展的主体之一，主要指公众或社会组织。一方面可以利用自身资源宣传红色旅游，捐资建设红色旅游项目，也可成为红色旅游消费者；另一方面可以监督红色旅游规划的落实情况，为红色旅游产业化发展提供社会舆论监督。四是坚持项目带动。以《龙岩市红色旅游专项规划》（龙文旅〔2022〕18号）和《大古田旅游发展总体规划（2016-2025）》的实施为契机，建设好列入省、市红色旅游的项目，结合民生工程、产业转型、生态建设、脱贫攻坚成果巩固与乡村振兴等生成一批与红色旅游相融合的项目，通过合理安排红色旅游项目建设进度，不断改善红色旅游发展环境，带动全市红色旅游产业持续健康发展。五是坚持点线促面。以重点景区和重点项目建设为基础，优化红色旅游吸引物的结构，结合城镇与旅游发展规划体系，改造提升旅游交通线路，形成通达方便的交通网络，提高红色景区的通达性与服务配套性，通过点线一体化扩大影响面，发挥红色旅游的集聚与扩散作用。六是坚持全域发展。红色旅游全域发展的核心要从仅重视景区景点建设转向围绕红色旅游产业化合理优化配置生产要素，要把红色旅游产业发展纳入全市经济社会发展全局进行统筹安排。一方面要从推动红色旅游产业化的角度进行政策体系建设，合理引导红色旅游发展方向；另一方面要从拓展红色旅游的功能与作用出发，扩大红色旅游外延，整合市域各类资源服务红色旅游发展，提升市域红色旅游产业发展水平。七是开拓旅游线路。红色文化旅游线路的开拓必须牢固树立并切实贯彻创新、协调、绿色、开放、共享的发展理念，在不放松红色经典线路打造的同时，挖掘并推出新的红色旅游线路，充分释放龙岩市融合了红色、客家、生态等特色旅游资源的优势，进一步与周边城市合作，共建共享能进能出、多环联动并可辐射的红色旅游线路，促进沿线红色文旅融合发展、经济绿色发展。①红色经典线路。开发"长汀红色旧址群—松毛岭战役旧址—新泉整训旧址—古田会议会址—新罗区红色旧址群"，建成进出江西省赣州市的红色经典线路。②红色康体线路。开发"连城冠豸山景区—天一温泉度假村—培田古民居—古田会议会址—漳平天台国家公园",建成进出福建省三明市的红色康体线路。③红色养生线路。开发"岩前定光佛景区—梁野山风景区—刘亚楼故居—三洲湿地公园—河田水土保持科教园—松毛岭战役旧址—培田古民居—天一温泉度假村—连城冠豸山景区",建成进出广东省梅州市的红色养生线路。④红色文化生态线路。开发"永定土楼群—永定金砂红色旧址群—高新区红色旧址群—新罗区红色旧址群—古田会议会址—连城冠豸山景区—长汀红色旧址群—梁野山风景区",建成进出福建省漳州市的红色文化生态线路。⑤红色旅游探险线路。开发中央红色交通线（龙岩段），恢复线路的历史景观，举办"重走红色交通线"活动，挖掘更多红色旅游资源，建成红色旅游探险线路。⑥红色主题调研线路。根据红色培训理论与实践相结合的需要，开发红色培训课程的实践线路，灵活设置红色主题调研线路，建成可交叉、可增减的红色主题调研辐射或环状线路，比如脱贫攻坚成果巩固与乡村振兴发展成就调研线路、生态文明建设成就调研线路、产业转型升级成就调研线路、数字红色文旅融合成就调研线路。

2. 充分利用闽西生态资源，更好促进生态产品价值实现

闽西具有非常丰富的有形和无形生态资源，有形的生态资源主要包括全省覆盖率最高的森林资源和作为"三江源"的水资源，无形的生态资源主要是习近平生态文明思想在闽西生动实践所形成的精神与生态财富。要在龙岩探索出的大量可资借鉴的经验的基础上（郑国诜，2021），进一步研究如何促进闽西生态资源转化为生态产品并实现其价值。

（1）强化生态补偿。要积极落实 2024 年 6 月 1 日起施行的《生态保护补偿条例》（国令第 779 号），通过财政纵向补偿、地区间横向补偿、市场机制补偿等机制促进生态产品价值实现。一是争取更多财政纵向补偿。闽西是汀江（广东境内称韩江）、闽江、九龙江重要的水源保护地和生态屏障，限制或禁止开发的区域占比高。龙岩森林覆盖率高，现有林业用地面积 2361 万亩，占土地面积的 82.6%，其中生态公益林 712 万亩、商品林 1649 万亩，生态公益林占比超过三成[①]。森林生态补偿方面，从 2001 年将森林划分为生态林和商品林开始，龙岩市森林生态补偿机制得以建立，2018 年实施的《福建省生态公益林条例》规定森林生态效益补偿标准应逐步提高。龙岩要结合我国生态环境领域的政策体系积极向上争取财政纵向生态补偿资金或项目，推动更多资金或项目落地闽西，特别

---

① 发挥生态优势　助力乡村振兴［EB/OL］. https://lyj.longyan.gov.cn/gzcy/ft/202309/t20230901_2031319. htm.

是要进一步发挥森林作为水库、粮库、钱库、碳库"四库"的联动作用。二是加强地区间横向补偿。龙岩市创新横向生态补偿机制提高跨流域生态产品价值。福建省与广东省签订汀江—韩江流域水环境补偿协议，采取上游提交水质"答卷"、下游"阅卷"评分的方式，取得显著成效，《同饮一江水 共护一江美》（汀江—韩江上下游补偿机制方面）典型经验在全国推广[①]。福建省《关于加强九龙江流域水生态环境协同保护的决定》建立了跨龙岩、泉州、漳州、厦门四个行政区域的协同保护制度，构建起"共饮一江水，共抓大保护"的格局；《闽江、九龙江流域保护管理条例》为加强闽江、九龙江流域生态环境保护和修复并保障生态安全提供了法律遵循。龙岩市要善于利用已有的协议、决定与管理条例，不断争取流域山水林田湖草生态保护资金、重点流域生态补偿资金、小流域治理资金、综合性生态补偿资金等地区间横向补偿资金，进一步改善龙岩市生态系统服务功能和生态环境质量。三是创新市场机制补偿。矿山生态恢复治理的"龙岩紫金山模式"是福建省首个市场化运作的废弃矿山治理项目，项目由政府主导、企业投资，打造教育、医养、文旅、商业四大配套模块，将紫金山打造成为龙岩规模最大、设施最完备的综合性主题公园和人居板块，形成一个美丽宜居的现代化幸福社区，是全国废弃矿区治理集约节约用地的典范，被列入《国家生态文明试验区改革举措和经验做法推广清单》。龙岩还创新碳汇补偿机制，促进生态补偿和生态价值实现。全国首单水土保持碳汇[②]交易项目在福建长汀成功签约，项目位于福建省龙岩市长汀县河田镇罗地河小流域，共交易小流域综合治理水土保持碳汇10万吨，总价180万元[③]。龙岩市林业系统坚决贯彻国家碳达峰、碳中和重大战略决策，创新思维、多措并举，发挥科技兴林、增强碳汇能力的优势，创新碳汇赔偿机制，推动受损森林资源从传统"补种复绿"直接修复拓展为林业碳汇损失赔偿全面修复，生态效益、社会效益、经济效益日益显现，所推出的林业碳汇保险项目荣获国务院国资委评选的"2022年度中国碳达峰碳中和典型案例"一等

---

① 全国生态日｜福建生态产品价值实现机制典型经验之龙岩市创新横向生态补偿机制 提高跨流域生态产品价值［EB/OL］．https://www.sohu.com/a/800120337_121106994．

② 水土保持碳汇是指在对自然因素和人为活动造成的水土流失采取预防和治理措施后，产生碳汇的过程或能力。

③ 全国首单水土保持项目碳汇交易成功［EB/OL］．http://finance.people.com.cn/n1/2023/1207/c1004-40134146.html．

奖[①]。要进一步创新碳汇等价值的实现机制，推动闽西更多生态产品价值能够通过市场机制得以实现。

（2）发展绿色产业。一是推动农业绿色发展。龙岩市着力打好"特色"现代农业发展牌，出台专项规划推动特色现代农业高质量发展，做大做强农业全产业链条，推出 7 个特色优势产业和 20 条以上重点产业链，持续打造形成 1 个国家级现代农业产业园（漳平），闽西蛋禽和"福九味"中药材 2 个国家级特色优势产业集群，9 个国家农业产业强镇，139 个省级"一村一品"专业村，2023 年七大特色优势产业全产业链实现产值 1070 亿元[②]。2024 年 2 月，龙岩市林业局印发《龙岩市加快推进林下经济高质量发展助推乡村振兴的实施意见》，促进龙岩林下经济加快发展，全市林下经济经营面积及产值增长明显，2020 年经营面积 1010 万亩，产值 220 亿元；2022 年经营面积 1072 万亩，产值 252.19 亿元，辐射带动 18.7 万户农户增收致富；2024 年上半年，经营面积达 1024.3 万亩，产值达 131.31 亿元，带动 15.52 万户农户参与[③]。要进一步发展生态农业、特色现代农业、林下经济，探讨生态产品价值实现的更多形式，助推农业高效优质发展，这将在后面做进一步阐述。二是推动矿业绿色转型。龙岩的煤炭、铁矿、金铜矿、高岭土等矿业资源丰富，在福建矿业版图中占据重要位置。龙岩推动矿业绿色转型的成效已显现。紫金矿业集团重视对龙岩世界地质公园内的紫金山金铜矿区的"绿色矿山"样板打造，持续开展矿渣废弃地和边坡治理及生态恢复技术等研究，"紫金山绿色矿山建设案例"被写入联合国教科文组织世界地质公园相关出版物。如今，矿区内由地质矿产博物馆、露天采矿工业园、植物园、游艇码头、玫瑰园等组成的旅游线，已成为热门矿山公园研学旅游点。[④]龙岩市永定区对龙潭镇等地实施了历史遗留废弃矿山生态修复工程，以蝴蝶兰产业为抓手，村村种

---

① 福建龙岩林业碳汇保险项目荣获一等奖［EB/OL］. http://www.cfgw.net.cn/2023-01/16/content_25033118.htm.

② 龙岩市大力发展七大特色优势产业，走出一条特色现代农业发展新路［EB/OL］. https://new.qq.com/rain/a/20240407A064N300.

③ "三绿"并举 "四库"联动，助力乡村振兴［EB/OL］. https://lyj.longyan.gov.cn/xxgk/dt/mt/202407/t20240730_2142170.htm.

④ 高质量发展调研行｜福建龙岩：跨国矿企打造"绿色竞争力"［EB/OL］. http://www.news.cn/fortune/20240811/43f35b826de64fdca49846604b3331c8/c.html.

蝴蝶兰，人人参与蝴蝶兰产业链，昔日的"黑煤山"正变为"花果山"。①福能矿山公园是在废弃的矿区基础上打造而成的福建省首家以矿业工业旅游为主题的矿山公园，使废弃矿区蝶变成网红景区、工业旅游新标杆！②要进一步丰富矿业绿色转型的路径与模式，通过发展替代性产业促进龙岩的矿业转型与乡村振兴有机结合。三是推动生态服务业发展。提高有效投入和产出的手段主要有两个：一个是增加有效的注入，即开源；另一个是减少不必要的损失，即节流。一方面要大力发展以生态旅游为主的生活性生态服务业。发展生态旅游是乡村增加有效投入的重要方式。龙岩生态旅游资源丰富，已有 1 个世界地质公园、3 个国家湿地公园、4 个国家森林公园、8 个省级森林公园、3 个中国森林氧吧，有冠豸山、梁野山、梅花山、天一温泉、天子温泉、九鹏溪等以生态旅游为特色品牌的国家4A 级景区，有永定湖坑、漳平永福、上杭古田、长汀三洲、武平城厢等福建省全域生态旅游小镇，有上杭古田吴地社区、长汀南山中复村、连城宣和培田村、武平城厢尧禄等福建省金牌旅游村，要把生态旅游资源开发融入全市生态和旅游产业发展的大格局中，促使更多资源注入乡村，带动乡村旅游发展，全面助推闽西乡村振兴。另一方面要发展以绿色物流为主体的生产性生态服务业。发展绿色物流有助于乡村降低物流成本并扩大乡村的交易范围，是乡村提高有效产出的重要手段。《龙岩市"十四五"现代服务业发展规划》对物流基础设施建设、现代物流产业布局、现代物流平台建设、现代物流企业发展、交通物流结构、物流新业态新模式发展等方面进行了规划。《龙岩市加快建立健全绿色低碳循环发展经济体系实施方案》提出，积极优化交通能源结构，加强物流运输组织管理，打造绿色物流。《龙岩市推动交通物流业高质量发展九条政策措施》旨在打造闽粤赣边区域物流和供应链中心，降低全社会物流成本，更好地服务企业生产和群众生产生活。要结合"碳达峰""碳中和"战略的实施，大力推动物流相关规划与政策的落实，持续打造绿色低碳循环发展的物流供应链体系，助力闽西美丽乡村建设和乡村振兴。

（3）促进无形生态资源的价值转化。闽西龙岩是习近平总书记十分熟悉和牵

---

① （高质量发展调研行）龙岩永定矿区乡镇的绿色"蝶变"："黑煤山"成"花果山"［EB/OL］. http://www.chinanews.com.cn/cj/2024/08-10/10266783.shtml.

② 废弃矿区蝶变网红景区，打造工业旅游新标杆！［EB/OL］. https://www.sohu.com/a/591852348_100094911.

挂的地方，先后20次亲自来闽西，擘画发展蓝图①。闽西是习近平生态文明思想的重要孕育地和实践地。水土流失治理"长汀经验"倾注了习近平同志的大量心血，他先后5次赴长汀调研，两次对长汀水土流失治理作出重要指示，强调"进则全胜，不进则退"，形成的水土流失治理长汀模式成功入选联合国生态修复典型案例并向全球推广。林改"武平经验"是习近平同志亲自抓起、亲自推动的。2002年6月，时任福建省省长的习近平同志到武平捷文村调研，作出"集体林权制度改革要像家庭联产承包责任制那样从山下转向山上"的重要指示，捷文村成为全国第一个开展林权改革的试点村。2018年，习近平总书记还给捷文村村民回了信。多年来，武平牢记嘱托，勇毅前行，先后打造了梁野山国家级自然保护区、武夷山国家森林步道武平段等国家级生态名片，成为福建省首个全国森林旅游示范县，持续提升的林改"武平经验"以绿色发展示范案例的形式作为践行习近平生态文明思想、协同推进高质量发展与高水平保护的鲜活案例和先进经验予以展示推广。集体林权制度改革是习近平主政福建期间亲自谋划、亲自部署、亲自推动的，因成果巨大、影响深远，被认为是"继家庭联产承包责任制后，中国农村的又一次伟大革命"②。针对龙岩乡村地处山区和农业产业小、散、杂以及现代农业难成规模、不成气候的实际，要把特色做足，向"特"要市场；要让农产品更优质更鲜美，向"鲜"要品质；要因地制宜，走小而精、小而美之路，向"精"要价值③。生态是龙岩最亮的名片。习近平生态文明思想的理论指导力和实践拓展力蕴含着丰富的无形生态资源。要组织更强大的力量深入挖掘习近平生态文明思想在闽西孕育与实践的成果，总结提炼经验，提出更多可供学习借鉴的典型，讲好生态文明建设"龙岩实践"的真实故事，向世人展示龙岩生态文明建设过程中感人的优秀成果，促进更多无形的生态资源和精神财富向有形的载体和产品转化，把龙岩的生态财富与精神财富更多地转化为经济财富与物质财富。

3. 充分挖掘闽西农业潜力，加力推动农业高效优质发展

通过强化耕地保护与粮食稳产保供、建立健全农业全产业链"链长"制、打

---

① 新思想引领新征程·红色足迹｜精神永放光芒　初心照耀未来——习近平总书记到过的红色圣地之福建篇［EB/OL］. https://baijiahao.baidu.com/s?id=1700086714514421339&wfr=spider&for=pc.

② 习近平改革方法论｜尊重群众首创精神［EB/OL］. https://baijiahao.baidu.com/s?id=1785625770096454251&wfr=spider&for=pc.

③【践行习近平经济思想调研行】龙岩奋发［EB/OL］. http://www.ce.cn/xwzx/gnsz/gdxw/202407/17/t20240717_39072042.shtml.

响"龙字号"农产品品牌、深入实施新时代科技特派员制度等措施，推动闽西农业高效优质发展。

（1）强化耕地保护与粮食稳产保供，为粮食安全做出更多"龙岩贡献"。龙岩市农作物播种面积由 2000 年的 5043400 亩降到 2022 年的 3363550 亩，总体情况是耕地少、碎片化严重，农民种粮成本高、意愿低。随着城镇化进程加快，农村人口流失严重，农村"空心化""农田撂荒"问题凸显，持续强化耕地保护与粮食稳产保供面临严峻形势。一是在全市探索实施"田长制"，进一步压实耕地保护党政同责体系。借鉴"河湖长制""林长制"等经验做法，建立健全市、县、乡、村四级分层共管的"田长制"，层层压实责任，及时发现并协调解决耕地与永久基本农田保护管理存在的问题，推动年度复耕复垦、粮菜生产、高标准农田建设等重点任务落实落细，坚决遏制耕地"非农化"、防止"非粮化"。二是建立健全抛荒耕地分类引导、恢复利用机制。组织开展耕地抛荒情况调查，建立到村、到户、到点、到主体的台账清册和数据库，特别是要把永久基本农田、粮食生产功能区的抛荒底数调查清楚，确保数据翔实、准确。因地制宜研究制定抛荒耕地恢复利用的具体方案，对具备耕种条件的，及时组织复耕复种；对暂时不具备耕种条件的，制定整改方案，明确时间表和路线图，分期分批推进复耕复种；对因土地流转不畅导致撂荒的耕地，由乡镇、村集中统一组织有序规范引导土地流转；鼓励和支持各类新型经营主体对撂荒耕地进行全程托管或主要生产环节托管。探索建立耕地抛荒负面清单制度。推动将长期抛荒耕地却又不委托他人或组织进行管理的行为纳入社会信用体系的不良信用记录，确保全市粮食年播种面积只增不减。三是夯实耕地质量稳产优产基础。优化农业生产布局，加强水稻生产功能区监管，引导粮食生产功能区至少生产一季粮食。抓住生产补贴政策机遇，进一步优化种植结构，扩大优质粮食作物播种面积，确保稳步提高粮食自给率。精准、分类细化耕地质量提升方案，以解决耕地酸化、潜育化等突出问题为导向，以示范区为平台，立足本区域生产实际，进行技术产品和应用方案的开发。结合土地整治、高标准农田建设合理规划项目建设内容，强化中小型水利、农机通道等设施建设；推广绿肥种植、秸秆还田、退化耕地修复等先进技术，提高耕地的地力和等级；加强对污染源的监管，强化对肥、药、水的科学管理与指导，促进耕地休养生息、生态修复和可持续发展。

（2）建立健全农业全产业链"链长"制，推动农业产业高质量发展。2020年，龙岩全市实现七大特色产业全产业链产值 834.2 亿元；林下经济经营面积 1019 万亩，实现产值 229 亿元；66 个现代农业重点建设项目累计完成投资 24.77

亿元，完成年度计划投资的 116%。全市累计共有 7 镇入选全国产业强镇建设名录。但就农业整体而言，产业断链、缺链，开发层次较浅，质量效益不高的问题仍然存在。农产品精深加工度与发达国家的 90% 以上相比仍有一定差距，产业链利益分配不均，农民收入增长缓慢。建议在全市推行农业全产业链"链长"制。一是建立全市三级农业产业链"链长"制工作推进体系。借鉴广东省的做法，建立市、县、乡镇三级农业产业链"链长"制工作推进体系，通过平台建设和激励措施，推动形成横向协同、上下联动的抓农业产业链的工作格局。二是利用农业资源多样性因地制宜打造多业态富民特色农业产业链。以县为主体，充分调研，统筹兼顾，依据县域农业资源禀赋，组建指导团队，编制多业态农业产业链推进实施方案，采取"一链一策一团队"的工作方式，推动铁皮石斛、金线莲、花生、茶等闽西"八大珍"和鸡、鸭、猪、兔等闽西"八大鲜"以及闽西其他特产的产业链延伸、产业集群发展。三是探索建立与农业产业链各个环节紧密相连的利益共同体。培育扶持农业产业化龙头企业、农村合作社担任"链主"，打造"集群 + 龙头企业（农村合作社）+ 综合服务"的"宽界面、短路径"平台型组织，形成平台在县、集群在镇、种养在乡村的"蒲公英"式产业布局，链入更多的农户，并采取惠农举措确保农民在农业产业链增值中的收益。四是打造一批农业产业链示范园区。协同整体推进产业园与产业链建设，以县（市、区）为单位积极创建农业现代化示范区，加快推进现代农业智慧园建设，综合运用大数据、区块链、卫星遥感等最新技术，抓住大力推进数字农业农村建设的时机，加快农业大数据应用服务创新，强化配套服务，完善农业产业链链条管理，打造全产业链载体平台，实现重点产业链区域化本地化布局。

（3）打响"龙字号"农产品品牌，让"红色龙岩·绿色农业"有口皆碑。品牌是农业市场化、现代化的重要标志。龙岩市打造绿色生态农业具有独特优势，近年来绿色农业品牌建设取得较好成效，如河田鸡入选 2019 年度福建十大农产品区域公用品牌，武平富贵籽、河田牌河田鸡入选 2019 年度福建名牌农产品。2020 年，龙岩市新增国家级龙头企业 1 家，市级龙头企业 38 家；新增无公害农产品 29 个，绿色食品 12 个；新增地理标志农产品 6 个，累计 23 个，新增数和总数均居全省第一；"红古田"农产品区域公用品牌商标已获注册；长汀县河田镇等 6 个镇、新罗区小池镇培斜村等 36 个村入选第十批全国"一村一品"示范镇、村。截至 2023 年底，龙岩全市累计认证"三品一标"农产品 528 个，7 个农产品地理标志、9 个农产品相继获得"福建省十大区域公用品牌""福建名牌农产品"等称号 ①。龙岩市农产品品牌建设虽然取得了一定成效，但除了"河田鸡"等少数品牌享有较高知名度外，水果、菌类等其他"龙字号"农产品品牌规模小、产品知名度不高，均还比较缺乏品牌竞争力。打造"红色龙岩·绿色农业"品牌，有利于将"龙字号"农产品卖向全国，为提升农产品价值打开新空间。一是支持创建一批行业领先、全国知名的农产品区域公用品牌。大力实施品牌强农战略，鼓励龙岩市农业龙头企业紧密围绕地方区域特色农产品优势，策划生成、高端打造一批区域公用品牌、企业品牌或产品品牌。培育农产品营销初创企业，发挥"互联网＋"乘数效应，通过外包农产品加工业务，解决"上路难"；与大型综合性商超如永辉超市、大润发等共享物流，解决"路上难"；与事业单位、大型国有企业等签订职工福利产品合约，解决"路难到"，培育和壮大一批"龙字号"农产品品牌。二是实施龙岩农产品品牌提升行动。建立市级农产品品牌建设联席会议制度，大力推行健全品牌培育体系、提升农产品质量、保障食品安全、加强商标监管保护、提升社会多方协作、推进品牌"走出去"等工作举措，打造符合龙岩市实际、达到国内领先水平的农产品品牌建设标准体系。整体谋划"龙字号"农产品品牌发展，实施农产品地理标志保护工程，推动农产品"增产—提质—增收"顺利转化。三是大力推进农产品质量安全示范市建设。积极落实食用农产品合格证制度，创建一批优质农产品标准化示范基地，带动规模生产基地全部按标生产，认定一批质量安全追溯标杆企业，确保"一品一码"扎实推进。以家庭农场、农业合作社为抓手，发展一批星级合作组织保障高质量农产品供应，定期量化考核、灵活进退机制。根据农产品生产、质检、消费者评价等综合评定不同星级，不断培育特色鲜明、质量过硬、信誉可靠的农业星级品牌走上国人餐桌。分级设置建立农产品质量安全管理网络，明确各级网格管理机构，加快推行农产品质量安全村级协管员制度，实现区域定格、网格定人、人员定责，形成从市级到村级完整的农产品质量安全管理网格布局图。四是深入推进"品牌强农营销富民"工程。龙岩市特色农产品多，但是大多为地方小品牌，各县（市、区）同类农产品多头经营，缺乏统筹，存在诸如漳平水仙、武平绿茶以及河田鸡、象洞鸡等农产品品牌各自为政的情况。建议实施"品牌强农营销富民"工程，推出"红色龙岩·绿色农业"农产品整体品牌形象标识和卡通形象，建立龙岩市知名农产品品牌目录制度，持续开展"舌尖龙岩"系列营销活动，打

---

① 龙岩市大力发展七大特色优势产业，走出一条特色现代农业发展新路［EB/OL］. https://new.qq.com/rain/a/20240407A064N300.

造一批"闽西精品"农业品牌、知名农产品区域公用品牌和企业产品品牌，提高"龙字号"绿色有机优质农产品知名度和竞争力。

（4）深入实施新时代科技特派员制度，把创新动能扩散到闽西田间地头。源自福建南平的科技特派员制度是习近平同志当年亲自指导创立和推动发展的农村工作机制创新，是福建省农村改革的重要品牌，现已成为全国科技创新人才服务乡村振兴的重要制度安排。龙岩市 2020 年已形成省、市和县三个级别的个人、团体和法人三种类别的科技特派员体系，实现了科技特派员创业和技术服务乡镇全覆盖、一二三产业全覆盖，2021 年底实现了科技特派员创业和技术服务行政村全覆盖。龙岩市通过持续深化改革、创新机制、拓展领域，构筑了现代农村科技服务体系，助力乡村经济和特色产业发展。但调研发现，龙岩市科技特派员制度在满足区域经济发展需求上还有一定差距，存在一些不足和困难。比如，与地方产业的匹配度还不够精准，科技对农业发展的贡献度还不高；科技特派员下沉基层、服务农业的动力和激励机制也不够完善，服务基层的年限比较短，实际服务时长也比较有限，与农业企业或农户对科技应用的预期还有差距；科技人员力量分散，个人、团体、法人三类科技特派员各自为战、单打独斗的现象还比较明显，区域或团队服务优势资源整合力度不够，需要进一步发挥科技特派员协同服务的作用。一是完善"龙岩市科技创新服务平台"功能，推进农业科技与产业需求无缝对接。龙岩市科技创新服务平台是借助"互联网＋"技术促进科技特派员与服务对象便利对接的重要载体，是"科技特派员制度"与"数字龙岩"有机结合的重要体现。从目前平台的内容、功能来看，尽管信息量不小，但在精准对接、动态更新、菜单式服务方面还不够。建议加大对平台的建设和投入力度，围绕当前用户反映的问题和困难，对平台的功能和结构做进一步调整、优化，提高平台的智能化水平，增强平台吸引力，优化用户体验，把平台建成需求方、供给方、管理方都想使用的生态科技系统。围绕科技需求与供给匹配度不高的问题，充分发挥平台的数字化和服务功能，按照"订单式需求发布与菜单式服务"的对接要求，精准细化供给方与需求方动态对接方案，促进科技特派员与"三农"之间建立人才、技术、信息等要素与传统农业生产要素的有效对接机制。可进一步健全平台各大功能模块，上下互动，推动市、县各级科技特派员加强交流合作，畅通科技人才在区域内按需流动、协同服务渠道。二是探索科技特派员与农户、企业的利益联结机制，接续科技特派员振兴乡村干事创业发展新动能。采取政府引导与市场运作"两轮"驱动的方式，积极探索科技特派员以技术和成果为纽带，与农民、企业建立共担风险、共享收益的机制，使科技特派员引得来、沉得下、干得好。实施"科技特派员+"行动，让科技特派员以科技入股的形式，与农业园区、农业企业、农民合作社、家庭农场等服务对象建立固定关系，通过实地指导、蹲点服务等服务模式，增强主人翁意识，帮助服务对象引技术、引人才、引资金、引成果、引效益，实现服务方与需求方的共享共赢。三是适当延长科技特派员基层服务年限，持续提升科技在乡村振兴中的助推器作用。目前，龙岩市科技特派员服务期限大多为2年，但无论是农业生产技术在实践层面的推广还是农村产业链建链补链、科技成果转化，均非一时之计，而是具有延续性，需要扎根实践，长期跟踪服务才能结出累累硕果。建议适当延长科技特派员服务期限至3~5年，让广大科技人员可以科学规划、有效安排服务项目的进度和时间节点，也让他们在实际服务中有充足的时间加强对该领域产业科技的深度研究，切实解决当地农业发展中的科技瓶颈和问题。四是优化整合科技特派员优势力量，推动农业科技服务和价值提升。目前，龙岩市科技特派员一产占比高、二三产占比低；个人科技特派员较多，团体和法人科技特派员较少，三类科技特派员各自为战、单打独斗的现象还比较明显，理工专业与经管专业科技特派员联合的团队不多，相互合作开展跨区域、跨单位服务的比例较低，围绕各地优势特色产业开展全产业链技术服务的比重偏低。要优化科技特派员队伍结构，鼓励具有一定专业技能的高校毕业生、退休技术人员、退役军人、大学生村官、第一书记、农村青年、农村妇女等参与科技服务和创新创业，支持组建跨部门、跨学科、跨区域、跨所有制的特色产业科技特派员联合服务团，通过优化科技特派员队伍的专业结构、能力结构，协同解决共性与个性科技服务难题，形成示范。结合闽西乡村发展和农业产业链延伸与效益提升的需要，支持个人、团体、法人科技特派员优化重组并深度合作，鼓励法人按需遴选覆盖一二三产、能够服务全产业链的人员队伍，推动三类科技特派员优势互补，协同促进一二三产深度融合，服务全产业链。五是构建渠道畅通、服务高效的互动机制，有效解决科技落地的"最后一公里"问题。调研反映，科技特派员大部分以兼职形式存在，管理相对松散，有关部门服务也还不够到位，科技特派员、服务对象、管理者三方之间沟通的渠道不多，彼此互动不足。有必要建立和完善科技特派员分级协调管理机制，建立健全市、县科技特派员信息沟通和协调管理体系，建议每个县（市、区）成立一个科技特派员营，设营长1名、副营长2名，全市组织各县（市、区）科技特派员营成立一个科技特派员团，设团长1名、副团长2名。创新建立"揭榜挂帅"等运作机制，针对服务对象所需而个人、某一团体或法人科技特派员无法解决的问题，推动有关部门灵活抽调人员或采取"揭榜挂帅"等形式调度其他科技服务力量协同处理，更有效地解决科技落地的"最后一公里"问题，促进更多创新动能扩散到闽西田间地头。多元搭建科技特派员沟通交流平台，建立健全线上线下交流平台，利用微信、腾讯会议等方式开展线上交流，举办科技服务成果展，丰富沟通形式，拓宽线下沟通渠道。编制科技特派员创新经验与典型案例库，组织召开学习交流会或现场观摩会，推动科技特派员、服务对象、管理者之间深度交流协作，通过思想交流、经验分享，发现解决科技供需矛盾问题的新点子、新举措，推动科技服务水平提升。

第三节　促进更多的收益留在闽西乡村

从交易成本和主体博弈两个方面来看，闽西乡村要增加收益存在困难。促进更多的收益留在闽西乡村，需要通过多方协同构建城乡要素平等交换体制机制，围绕小农户如何与大市场对接来寻找路径创新。习近平总书记提出，要积极发展农产品加工业，优化产业布局，推动农村由卖原字号向卖制成品转变，把增值收益更多留在县域（中央农村工作领导小组办公室，2023）。

一、闽西乡村难以增加收益的原因分析

（一）从交易成本视角分析

从交易成本视角来看，闽西老区苏区乡村农民的货币化收入严重依赖城市市场体系、农民人力资本提升和乡村的现代化服务严重依赖城市组织体系的"三重依赖"，导致农民多承担"三重成本"，即由于依赖城市市场体系和城市组织体系，下乡的城货（工业品等）以及现代化服务要比城市成本更高，进城的乡货（农产品）需要更高的物流成本，农民进城提升人力资本要自己承担大部分成本，并且农民的收益受到"双重挤压"，即乡村到城市需要跨越空间与社会关系的中间地带，乡村的产品在转化为城市的消费品的过程中，利润受到中介组织的挤压，也受到城市市场组织的挤压。闽西革命老区远离大城市，交通等现代基础设施虽然得到很大程度的改善，但因为地处山区，总体还较不便或交通成本更高，现代公共服务设施投入增加不少，但因为人口分布密度低，所以影响到使用频率，进而影响到服务质量，到城市提升人力资本或邀请专家到乡村现场进行

专业培训的成本比较高，农产品售卖难且存在农产品物流不够通畅以及农资贵等问题。许双双等（2007）研究指出，农用生产资料价格增长8%~20%，以小麦、稻谷等为代表的粮食主产品价却会下降17%，禽蛋、猪肉价格则会下降22%、34%，仅农资上涨与粮价下跌就会造成人均收入减少93.21元；农村劳动力流向城市，主因在于同样的劳动，农业收益更低，农村劳动力剩余是相对于农业收益而言的（许双双、张永利、林树义，2007）。笔者曾做过龙岩市传统村落可持续发展的问卷调查，"您家庭成员常住本村的比例"的问卷选项，36.59%选择"很低，基本外出"、28.05%选择"20%~50%"，说明近65%的家庭成员不在本村常住；"城镇化对本村的影响"的问卷多选题中，54.88%选择"传统活动难以进行、传统文化难以传承"、50%选择"农村经济发展后劲不足"、36.59%选择"造成本村缺少人气"（郑国诜，2016）。

（二）从主体博弈视角分析

从主体博弈视角来看，缺乏组织的农民一方面难以对接市场，在市场博弈中缺乏竞争力；另一方面难以对接政府，在政府制定规则或实施政策时，农民的利益诉求难以被获取。家庭联产承包责任制解构了人民公社"政社合一"体系，开始实施市场经济制度以后，小农户与市场之间、小农户与大政府之间的对接非常困难（郭冠清，2020）。闽西老区苏区农民作为一个社会群体长期处于高度"碎片化"的状态，尚未能充分地"组织化"。在对接市场过程中，一方面，缺乏组织的农民获取市场信息的渠道与能力都受到限制，信息的不足使其与市场主体博弈时处于劣势地位，加之是个体与群体的博弈，因此就更多显示出劣势。现代农业发展要求将科技转化为现实生产力，对农业生产经营提出更高要求，去组织化的小农户无力有效对接市场（李超，2023）。另一方面，由于农民生产的产品大多为生活必需品，缺乏需求弹性，处于博弈劣势的农民往往要承担"谷贱伤农""增产不增收"的代价。在对接政府过程中，一方面，农民的诉求因缺乏组织而难以统一且难以进入决策层，切实符合农民诉求的政策可能占比不高。农民的组织化程度偏低影响个体利益的维护，单个个体利益诉求难以受到决策层重视（李超，2023），加之存在治理异化的情况，普通村民的意见建议和真实需求容易被忽略，得不到足够重视（张红阳、魏长青，2022）。另一方面，即使利好政策已出台，如果农民获取政策的渠道不够畅通，可能迟迟都无法了解政策内容，或者因为政策多，存在对政策理解不到位却难以获得政策咨询机会的情况，利好政策的作用对农民来说可能也难以得到充分发挥。上级政策出台以后或下达后，没有直接的渠道和途径传达到农民身上或农户家里的情况不少，有些优农惠农政策没有直达农民，有的政策在乡政府办公室躺着，有的政策在乡村干部的口袋里兜着（杨希双、罗建文，2023）。闽西老区苏区乡村大量壮劳动力外流也影响了其在市场竞争中的地位以及对政府政策的及时有效了解和充分利用。

二、促进更多收益留在闽西乡村的对策

乡村振兴不仅要消除要素在城乡间流动的阻碍，还要从根本上消除城乡要素在权利上的差异和分配上的不公平，通过多方协同构建城乡要素平等交换体制机制，建立起包括权利平等、交换过程平等、交换结果平等三个维度在内的城乡要素平等交换系统。闽西老区苏区农民行动能力不足的重要原因在于农民缺乏获得信息和进行合作的能力和途径，以及小农户难以对接大市场，要围绕小农户如何与大市场对接来寻找路径创新。

（一）通过多方协同构建城乡要素平等交换体制机制

习近平总书记指出，要顺应城乡融合发展大趋势，破除妨碍城乡要素平等交换、双向流动的制度壁垒，促进发展要素、各类服务更多下乡，率先在县域内破除城乡二元结构（中共中央党史和文献研究院，2023）。劳动力流动有助于促使地区间要素收入相等，也有助于削平地区间要素禀赋差异，最终促进地区间人均收入均等（姚枝仲、周素芳，2003）。发达地区市场机会更多，分工体系更发达，生产效率更高，允许资本自由流动以后，落后地区的资本反而流向发达地区；资本流动如果不伴随着资本所有者的流动，资本收益就会返回流出地；落后地区如果不加速资本积累，不加快产业结构升级，不改变劳动力相对剩余的状态，其人均收入是难以赶上发达地区的（姚枝仲、周素芳，2003）。政策支撑体系作为外部因素推引，为乡村振兴注入了强大动能，但政策推引过程是相关政策从中心到边缘、从城市到乡村的过程，一方面要求政府有能力进行政策操控，另一方面要求企业和社会各主体有能力捕获和领悟到政策所蕴含的信息，因此，政策的落实除了外部资源的输入与带动，还要发挥乡村自身的组织力量（李志强，2020）。要通过地方政府、新闻媒体、企业、农户、院校与科研机构、非政府组织或社会组织等多方协同构建城乡要素平等交换体制机制，加强沟通协调，强化过程监督，以城乡要素平等交换促进乡村振兴（见图7-1）。

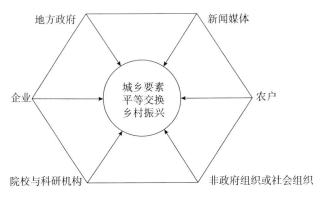

图 7-1　多方协同构建城乡要素平等交换体制机制

地方政府的作用主要在于：一是向上争取支持，对下统筹协调。一方面要与上级政府沟通协调，争取顶层制度创设，以便乡村振兴与老区苏区政策更与时俱进地满足闽西老区发展需要；另一方面要出台配套政策与措施，协调"有着多重目标和不同利益"的政府各个部门，把县域统筹乡村运营的"大盘子"做大（沙垚，2023），推动乡村振兴与老区苏区政策叠加效应更有效地落地，避免"以工补农""城市反哺农村""财政支农"等资源在转移的过程中被"蒸发"掉（张兆曙，2010）。从组织层面看，乡村振兴是"一把手"工程。习近平总书记强调，县委书记要把主要精力放在"三农"工作上，当好乡村振兴的"一线总指挥"（习近平，2022）。二是动员农民再组织化，培育要素交换主体。一方面要打造农民利益共同体。汇聚乡土精英骨干力量，鼓励农民组团式发展，动员农民参加各类经济合作组织，支持家庭农场组建农民合作社，进一步发挥龙岩市新农人协会的示范带动作用，组织动员成立农民协会等，培育农民的组织基础；建立以维护农民利益为核心的组织管理机制，为农民组织构建创造良好的制度环境，协助各类农民组织获取所需国家资源，根据农民的个体意愿、需求和能力协助其加入不同类型的组织，推动农民组织发展。另一方面要通过集体产权制度改革、发展合作经济等方式提高农户的组织化程度，推动企业与农户更多以合作社等集体经济组织作为桥梁进行交换，实现规模经济，提高农户的市场竞争能力。三是提升乡村治理水平，推动要素平等交换。一方面要做好微观主体行为引导和改革风险防控工作，避免乡村治理异化。乡村治理的主体、规则、关系、行为、目标等诸多要素偏离初衷，甚至走向反面的危险情况，可称为乡村治理异化，乡村治理一旦异化，作为治理服务对象的农民反而成为利益受损的一方，无法增进福祉（张红阳、魏长青，2022）。另一方面要为制度变迁或组织创新提供激励，吸引企业和市场主体参与乡村建设，推动要素平等交换。

新闻媒体的作用主要在于：一是进行舆论监督。新闻媒体因为自身拥有受众平台和信息优势，现实操作中通常被视为舆论监督的主体。二是宣传乡村振兴的成功经验，推广典型案例，让市场交换主体获得更多学习机会，吸取有益经验，为政策制定者提供鲜活的决策参考信息。三是发现揭露问题，激发公众参与，同时对政府有关部门的行政不作为进行披露，借助舆论监督的力量推动政府积极行政、企业自律。

企业是重要的要素交换主体，其作用主要在于：一是塑造具有社会责任的企业文化。乡村振兴、城乡要素平等交换需要负责任的企业，通过参与乡村建设、助力农业农村现代化，体现企业的社会价值。二是通过内部调整提高组织效率。乡村面广事杂，需要交往的主体多元且分散，单个项目往往规模不大，需要组织调整，提高企业运行效率，及时适应环境变化。三是加强企业运营能力建设。企业参与乡村振兴也需要获取必要的经济利益，项目总体能否盈利是企业是否具有生命力的体现，要提高运营能力，善于发现市场机会并成功开拓市场，奠定企业服务乡村振兴的基础。

农户是乡村振兴的重要主体，影响其要素平等交换及参与乡村振兴的因素主要在于：一是参与乡村振兴的意识。乡村主要是农户的乡村，乡村振兴需要农户的积极参与，农户的自我意识与参与是农业农村现代化的不绝动力源，农户要自觉提高自我意识，积极进行要素交换，投身于和美乡村建设。二是自身能力和参与度。农户占有的资源要素、拥有的基本技能、获取社会资源的能力是其进行要素交换及参与乡村振兴的关键，农户也可以通过资源变资产、资金变股金、农民变股东"三变"的形式提高乡村振兴的参与度。三是积极监督反馈。农户身处乡村，是乡村振兴战略实践与城乡要素交换的亲历者，对存在的问题感同身受，应积极监督反馈问题，以便在解决一个个问题的过程中提高要素交换公平度和乡村发展水平。

院校与科研机构的作用主要在于：一是发挥科研攻关能力强的优势，为乡村市场主体提供科研支撑与科技服务。二是为乡村振兴培育人才，为乡村人力资本提升提供培训服务。三是通过调查研究，评价乡村振兴政策实施的有效性及论证新政策出台的必要性和可行性，为政府提供决策咨询服务。

非政府组织或社会组织的作用主要在于：非政府组织因为直接联系公众而更清楚社会的现实需求，又因为以组织的形式跟政府联系而显得更有力量，一方面汇集公众分散的意见，为个体提供利益诉求的平台，解决个体无法解决的问题；另一方面通过这一平台与政府沟通，使政府能够高效地了解公众需求并获得决策参考意见，提高公共政策的针对性和有效性。乡村组织建设需要依赖的是社会的力量而不是政府的政治力量，社会力量可以激发民众参与乡村建设的积极性，节约乡村建设的成本，政府的作用在于当乡村组织建设遇到难题时可以作为求助的对象（胡玲玲，2016）。农村社会组织自主管理同样能够促进城乡协调发展，以村民自治等形式鼓励农民参与公共事务治理，一方面能够克服政府官僚机制中的消极特征，另一方面通过第三部门组织能够获得相比官僚制更为有效的行动工具（郁建兴、高翔，2009）。

（二）围绕小农户如何与大市场对接来寻找路径创新

分散的小农户与市场对接的成本太高、与政府交易的成本太高、利用科技等社会生产力的成本太高（郭冠清，2020）。实现乡村振兴既要利用乡村内部关系网络有效整合内生资源，又要在激烈的市场竞争中获取外部关系网络的注意力（郭珍、刘法威，2018）。在市场经济条件下，缺乏组织的闽西老区苏区的农民与市场对接，面临极高的交易成本和极大的违约风险。因此，要围绕小农户如何与大市场对接来寻找路径创新，促进小农户增产增收。

1. 加强农业社会化服务，提升小农户组织化程度

龙岩市"八山一水一分田"，很多都是"斗笠田"，人均耕地少，小农户生产将长期存在。关键要加强农业社会化服务，提升小农户组织化程度，促进传统小农户向现代小农户转变，使小农户成为发展现代农业的主动参与者和直接受益者，拓宽小农户增收空间。

一是精准制定政策体系，把小农户纳入"大农业"范畴。时任宁德地委书记习近平同志撰写的《走一条发展大农业的路子》指出，"大农业是朝着多功能、开放式、综合性方向发展的立体农业。它区别于传统的、主要集中在耕地经营的、单一的、平面的小农业"。[①] 根据 2021 年福建省农业农村厅工作报告的数据，1562 万亩承包地确权到 471 万农户，也就是每户承包地才 3 亩多，规模小，闽西老区的情况也类似。农业具有脆弱性，"靠天吃饭"的状况难以改变，需要政策的大力扶持，小农生产更是如此。针对当前闽西老区苏区对小农生产的政策扶持精准性不够，存在人为"垒大户""造盆景"的倾向，需要进一步掌握各县（市、区）小农户的生产现状、经营特点、发展趋向、现实难题和政策需求，按

---

① 习近平.走一条发展大农业的路子［EB/OL］.http://www.gongwei.org.cn/n1/2020/0628/c433091-31761465.html.

照中央"服务小农户、提高小农户、富裕小农户"的要求，精准制定符合闽西老区苏区的小农户政策保障体系，畅通小农户"输血"通道，强化政策针对性和可操作性。比如，土地流转政策应更多支持适度规模经营，加快把有潜力的小农户培育成更加专业化的"新农人""新中农"。又比如，可以把新型农业经营主体带动小农户的成效作为对其进行政策扶持、项目倾斜等的重要依据。

二是组建闽西老区苏区新型农业经营组织联合会。引导同一区域同一产业的小农户加入农业联合会，将联合会建成一种按合作制原则组建、会员共建共享、能够提供平台性服务的非营利性社会组织，让闽西老区苏区农民合作社、家庭农场等在更高层次、更大平台、更广范围合作与联合，带领更多农民走上共建共享共富道路。

三是健全新型农业社会化服务体系。大力发展现代农业生产性服务业，推动通用性服务资源向区域新农联聚合、专业性服务资源向产业新农联聚合。实施"全链条服务＋小农户""互联网＋小农户""农合联＋小农户"等计划，支持小农户通过联户经营、联耕联种等方式开展生产，大力培育受小农户欢迎的农业生产性服务组织，鼓励小农户接受统耕统收、统销统结等生产性服务。

四是完善小农户与现代新型农业组织的利益联结机制。建立健全家庭农场、农民合作社与小农户联动发展、利益联结机制。完善农业产业化带农惠农机制，支持农业龙头企业通过多种形式带动小农户共同发展、增产增收。强化土地流转规范管理与服务，建立土地流转规模经营审查、监管等制度，同时建立土地流转风险处置机制，留足小农户发展空间。

2. 提高乡村人才管理水平，推动乡村更好引才聚才并厚植成才基础

乡村人才是实现乡村振兴的十分稀缺且宝贵的关键要素，要通过精细化管理、配套服务、价值实现来吸引更多人才服务乡村发展。

一是建立乡村人才数据库并精细化管理。首先，启动乡村人才普查工作，摸清龙岩市乡村人才的家底，建设乡村人才数据库，再结合各地实际和发展需要制定乡村人才专项规划，明确乡村人才振兴的总体要求、重点任务、政策措施。其次，应基于乡村人才区域性差异制定乡村人才政策，避免政策"一刀切"。龙岩市乡村资源禀赋存在明显的区域差异，乡村人才的结构和质量也存在显著差别，在制定或落实政策的过程中，要充分了解乡村人才的区域差异，适当对县级政府进行授权，留出足够的政策创新空间，引导基层政府制定更具科学性和可执行性的乡村人才政策。最后，针对不同类型乡村人才的特点和需要，设计人才精细化管理机制，促进人尽其才，激励各类乡村人才积极做出有利于乡村振兴的行动和贡献。

二是改善配套设施与公共服务，提高乡村对人才的吸引力。一方面是加快推动硬件环境改善，为乡村人才提供更加便捷的生产生活设施配套。加强城乡道路交通网络建设，切实改善乡村交通物流基础设施；大力提高农村移动通信网络覆盖面并提升带宽，切实缩小数字经济时代的城乡数字化差距；加强购物休闲娱乐设施建设，切实改善乡村消费环境。另一方面是完善公共服务体系，为"乡村引人""乡村留人"提供更高品质的服务保障。深化城乡学校互助共同体建设，有效提升乡村教育质量和水平；全面推进县域优质医疗资源共建共享，提高乡村医疗服务水平；改善乡村其他公共服务水平，推动乡村能够享受到与城市基本相当的公共服务。

三是促进资源集聚与效率提升，推动乡村人才价值实现。首先，呼应乡村居民对便利生活的诉求，重点提高集镇或中心村的要素集聚能力，建设"乡村人才公寓"或转移人口安置房，以乡村人才带动家庭向集镇或中心村迁居，推动居住、生活适当集中，"居业"适当分离。其次，注重人才与产业的对接，聚焦发展"三标一品"及农产品精深加工、农村电商与物流融合、乡村文旅康养、智慧农业、生态碳汇等重点方向，采取"优质项目＋领军人才＋创新团队""龙头企业＋基地＋能人""定向培养＋校地合作＋柔性借智"等人才引进模式，促进乡村产业创新和产业融合以及"产供销"有机衔接，以模式创新引领乡村特色优势产业发展，提高乡村产业的效率与效益。最后，重视人力资源持续开发，加快培养农业生产经营人才、物流与电商人才、公共服务人才、乡村治理人才等农业农村现代化所需的人才，建立健全乡村人才学习、交流、培训机制，推动乡村人才素质提升、结构优化，提振乡村人才精气神，通过自治、法治、德治有机结合提高闽西乡村善治水平，在不断提高乡村人才能力建设与服务乡村振兴的过程中，提高乡村人才价值的实现程度。

3. 合力打造乡村全域旅游目的地，促使闽西乡村分享更多旅游发展红利

龙岩市连续 40 多年森林覆盖率全省最高，"红色古田·养生龙岩"品牌持续打响，但需要进一步合力打造乡村全域旅游目的地，促使旅游发展红利更加普惠。

一是大力培育旅游精品线路。发挥闽西南旅游合作联盟作用，通过资源共享、市场共拓、线路互推、客源互送等形式，构建闽西南全域旅游共同市场。组织策划"闽西特色文化＋生态"的旅游精品线路，持续加强与长三角地区、粤港澳大湾区旅游交流，在台湾地区设立并推广"养生龙岩"旅游形象店，吸引更多游客到闽西大地旅游度假，推动旅游资源共享互补、旅游线路共建互通、旅游客源共引互送、旅游合作共赢互惠，不断把旅游资源优势转化为旅游经济发展优势。

二是大力打造旅游度假康养基地。进一步发挥闽西乡村生态资源丰富而城市技术力量雄厚的互补优势，以生态研学、气候康养、温泉养生、中草药养生等项目为龙头，谋划生成针对不同群体的休闲、研学、旅居、康养等度假体验与养生养老产业项目，持续挖掘"生态龙岩＋"内涵，探索"旅游吸引物权"界定，吸引实力强、意愿高的社会资本投资建设运营，加大市场营销力度，推动游客更多在闽西乡村消费。

第四节　致力推动闽西城乡等值化发展

乡村振兴关键是培育以内生能力为核心的内源发展模式，城乡融合是实现乡村振兴的一种手段或路径，最终目标是提升乡村主体价值和能力（李志强，2020）。习近平总书记指出，要瞄准"农村基本具备现代生活条件"的目标，提高乡村基础设施完备度、公共服务便利度、人居环境舒适度，让农民就地过上现代文明生活（中央农村工作领导小组办公室，2023）。《龙岩市国民经济和社会发展第十四个五年规划和2035年远景目标纲要》提出：推动城乡要素平等交换、双向流动，增强农业农村发展活力。要把握闽西乡村发展趋势，把准农业农村现代化目标，创新城乡融合路径，打造城乡等值外部发展环境，致力缩小县域内部城乡差距，创建数字乡村助推城乡等值。

一、打造城乡等值外部发展环境

（一）大力缩小龙岩市各县（市、区）与沿海发达地区的差距

从人口密度、常住人口与户籍人口比、城镇化率、人均GDP、地均GDP、农村与城镇居民人均可支配收入比、第二产业产值占比、第三产业产值占比、公路密度、普通高中师生比、万人卫生机构床位数、万人卫生技术人员数12个指标来看（福建省2020年的统计数据），龙岩市没有一个县（市、区）所有的指标都超过福建全省的平均值，新罗区有9个指标超过、连城县有5个指标超过、上杭县和武平县有4个指标超过、永定区和长汀县有3个指标超过、漳平市只有2个指标超过。要以促进龙岩市各县（市、区）更多指标超过全省平均值为重要抓手，梳理城乡融合和以县城为重要载体的城镇化发展质量的主要指标，加快推进《福建省新型城镇化规划（2021—2035年）》《福建省"十四五"老区苏区振兴发展专项规划》落实落细，抢抓闽西革命老区高质量发展示范区建设机遇，策划生

成更多好项目大项目，带动龙岩市各县（市、区）更好更快发展，让龙岩市各县（市、区）城镇化与经济发展速度比全省更快，城乡融合和以县城为重要载体的城镇化发展质量不断提高。一是提升内外互联互通水平。一方面要完善交通基础设施，推动龙龙高速铁路武平到梅州段以及赣龙厦高铁加快建设进度，进一步完善高速公路网络，促进冠豸山机场改造升级，确保龙岩机场顺利开工建设，提升龙岩市各县（市、区）交通网络"外通内联"便利度；另一方面要提高交通运作管理水平，争取更多铁路班次和航线航班，加强智慧交通建设。二是促进山海联动、区域协同。以山海联动把福建打造成世界级旅游目的地为契机，将龙岩市各县（市、区）的红色、客家、生态等自然、人文资源优势与沿海发达地区的人才、科技、资本等生产要素优势有机对接，推动产业分工协作、文旅产品创新、公共服务共享、环境协同保护等重点领域实现新突破，形成互补互帮、互促共进的区域协同发展新局面（郑国诜、林夏竹、黄可权等，2020）。三是主动对接国家发展战略。龙岩市各县（市、区）要创新体制、机制、举措，加大改革开放力度，主动对接国家发展战略，积极寻求与长三角生态绿色一体化发展示范区、粤港澳大湾区、共建"一带一路"国家和地区的联动，以广州市与龙岩市对口合作和中央国家机关及有关单位对口支援闽西革命老区为契机，争取更好的合作共赢机会和更优的外部发展环境，设法通过融入国家发展大局助力龙岩市各县（市、区）城乡融合和以县城为重要载体的城镇化高质量发展。

（二）大力缩小龙岩市各县（市、区）与其他苏区县之间的差距

利用前面提到的 12 个指标（福建省 2020 年的统计数据）进行因子分析，从医疗卫生条件与城镇吸引力因子、城镇集聚因子、城镇产业与经济发展因子、城镇师资水平因子以及综合评价 5 个方面评价结果来看，《福建省"十四五"老区苏区振兴发展专项规划》（闽发改区域〔2022〕85 号）所列的福建省 41 个原中央苏区县（市、区）[①]，如果按照指标数值从高到低分为上、中上、中下、下 4 组（前三组每组各 10 个县域，最后一组 11 个县域），新罗区有 3 个方面、上杭县只

---

① 福建省原中央苏区县（市、区）共 41 个，包括龙岩全市 7 个县（市、区），三明全市 12 个县（市、区），南平全市 10 个县（市、区），漳州市的芗城区、龙海市、平和县、诏安县、南靖县、漳浦县、云霄县、华安县 8 个县（市、区），泉州市的安溪县、南安市、永春县、德化县 4 个县（市）。2021 年 2 月 3 日，福建省人民政府同意撤销三明市梅列区、三元区，设立新的三明市三元区，以原梅列、三元区的行政区域为新的三元区的行政区域；2021 年 2 月 2 日龙海撤市设区；这里使用的是 2020 年数据，因此福建省原中央苏区县（市、区）还是 41 个，梅列区、三元区分开，龙海尚未市改区。

有1个方面排在"上"等级；新罗区和连城县都有1个方面排在"中下"等级，永定区、漳平市、上杭县和武平县都有2个方面排在"中下"等级；长汀县有4个方面排在"中下"等级，综合评价还排在"下"等级。可见，大力缩小龙岩市各县（市、区）与其他苏区县之间的差距是提高龙岩市城乡融合和以县城为重要载体的城镇化发展质量的重要抓手。一是协调好县域横向之间的发展关系。首先要共建共享特色品牌。福建的苏区老区县域存在不少共性，都具有红色与生态优势，各县（市、区）在寻找差异与特色的同时，要珍惜区域共有品牌，避免恶性竞争，推动品牌共建共享。其次要共铸共享产业链条。各县（市、区）要做好产业强链、延链、补链工作，协同开发市场，通过共铸产业链条做大产业，提高产品附加值和产业经济效益，打造优势互补的产业集群，共享产业集聚带来的好处和增益。最后要共搭共享发展平台。平台搭建需要成本也需要一定的规模才有效益（郑国诜，2021），各县（市、区）要充分挖掘现有平台的功能并协同搭建急需的平台，通过共搭共享发展平台，创造规模经济和范围经济，提质并降本增效。二是协调好纵向上下级的关系。一方面要充分释放政策红利。党中央、国务院出台了支持苏区老区加快发展的一系列政策文件，福建省也出台了大量支持苏区老区振兴的配套政策文件，各县（市、区）要加强调查，及时把握政策落实的堵点难点问题并主动与上级各相关部门沟通协调，推动政策红利更充分释放。另一方面要协同争取新政策。支持苏区老区发展的政策涉及面广，比如《闽西革命老区高质量发展示范区建设方案》就涉及经济高质量发展、城乡融合、公共服务、内外双向开放、精神文明建设、生态文明建设等多个领域多个层面，但有些政策只是原则性的、有些政策具有实施的时限，在具体实施过程中需要动态调整或补充新政策，这就要求各县（市、区）加强政策梳理，了解包括教育医疗等在内的公共服务、产业发展、新型城镇化、区域协调等现实所需，协同向上争取新政策并及时掌握政策动向，向下抓好政策落实，不断推动闽西老区苏区高质量发展。

二、致力缩小县域内部城乡差距

结合闽西城乡的发展实际，缩小县域城乡差距必须做到减少农民、提升农民、富裕农民，促进城乡有机融合。

一要推动农民数量减少。闽西以约占全市总就业人数20%的农业就业人数创造出占GDP比重不到10%的农业增加值。要提高闽西农民收入，必须减少农民数量。首先是提高县城（市区）的承接能力和发展质量。一方面要促使闽西老区苏区的县城（市区）承载更多人口。闽西总体城镇化率相比同期福建省平均水平低得多，各县（市、区）加快城镇化进程以吸纳更多农业转移人口，县城（市区）应发挥更大作用，其承接能力建设尤为重要。比如，漳平市普通高中师生排在福建省原中央苏区各县域"下"的等级、新罗区排在"中下"，普通高中教师明显偏少，亟须补充；又比如，永定区和连城县的城镇化率排在福建省原中央苏区各县域"下"的等级，补短板的任务重。要加强县城（市区）的公共基础设施和公共服务能力建设，同时通过制度创新推动更多农村转移人口市民化，进一步完善农民市民化公共成本分担机制，实施农业转移人口市民化行动计划，支持加快新型城镇化进程，尽量降低农业转移人口市民化落户成本。另一方面要促使县城（市区）创造更多就业机会。加强产业园区建设，大力发展现代服务业，推动数字经济与实体经济深度融合，支持地摊经济、夜间经济发展，提升园区承载力和县城（市区）包容度，吸纳更多人口就业。其次是协调好城乡关系。进入全面小康社会之后，人们已从求生存转为求发展，在受教育水平提高而人口出生率下降的背景下，生活不便的偏远乡村无法留住年轻人或壮劳力。要推动城乡空间重组与治理重构，加快城乡融合发展步伐，支持引导村民向城镇或中心村集中，推动公共服务更加普惠均等，改善乡村生产生活条件；创新农村土地所有权、承包权、经营权分置形式，鼓励承包权、经营权转移，提高适度规模经营比例；推广"种养＋加工＋电商"模式，促进农业产业链延伸和三产融合，吸收更多农民在乡村进行非纯农就业；优化物流与商贸组织，降低城货下乡、乡货进城成本，促使乡村留住更多收益；健全生态产品价值实现机制，壮大新型农村集体经济，提高村民收入水平；学习运用浙江"千万工程"经验，打造美丽乡村，为以县城为重要载体的城镇化高质量提升创建良好的生态空间，进而在城乡融合的过程中，促进城乡等值化，带动乡村振兴。

二要促使农民能力提升。要通过组织农民和武装农民来提升农民能力。一方面要围绕农业产业链延伸和拓展来组织农民。提高闽西农民接受现代社会化服务的机会，培育新型职业农民，推动传统农户向现代农户转变。贯彻习近平总书记提出的"积极延伸和拓展农业产业链，培育发展农村新产业新业态"的精神，通过"村党组织＋农业龙头企业＋农户""产业党支部＋基地＋公司＋联合社＋农户"等方式把闽西农民组织起来，促进各类"土特产"从田间地头不断变成产品和商品，在延伸和拓展产业链的过程中提高"土特产"价值，让有组织的农民在产业链中发力并分享农业产业化的红利。另一方面要围绕生产效率效益提升来武装农民。闽西农民在生产过程中的科技装备还比较落后，需要在技术上大力武装农民。习近平总书记指出，"耕地就那么多，稳产增产根本出路在科技"（习近平，2022）！解决粮食生产成本偏高的问题要靠经营方式创新和科技含量提高。全面实施乡村振兴战略必须加强顶层设计，以更有力的举措、汇聚更强大的力量来推进（中共中央宣传部，2022）。要加快打通科技进村入户的通道，促进政府公益性服务和市场社会化服务协同发力，把农业现代化示范区作为推进农业现代化的重要抓手，以县为单位开展创建，形成梯次推进农业现代化的格局（习近平，2022）。闽西要进一步立足资源特色，开发适应山区发展的农业应用技术，向农业多种功能要潜力，向现代化农业要效率，向现代服务业与现代农业深度融合要效益。

三要助力农民共同富裕。一是调动外部力量不断支援闽西乡村。要推动有为政府、有效市场和友爱社会共同发挥作用，在改善和优化公共基础设施、乡村布局等影响交易成本和集聚经济的外部环境方面，市场难以做到，需要政府因势利导、积极作为，要以乡镇作为乡村振兴单元有规划地撤并居民点，提高乡镇人民政府驻地和生产生活较便利的中心村的聚居程度，避免因规模过小造成公共基础设施投入与公共服务运行成本太高而导致市场主体无法或不愿参与；政府要引导社区、非营利组织等社会主体参与教育、医疗、公共卫生和社会保障等乡村公共服务的均等化供给，但在社会未能履行供给职能的领域要主动承担责任；政府既要重视对市场、社会能力的培育和发展，也要重视强化制度建设，避免市场、社会失灵（郁建兴、高翔，2009）；政府的有效作为也要限制边界，目的是支持生产性企业家而不是非生产性企业家，推动传统农民向现代农民、职业农民发展，让农民有能力和发展动力，提高市场的有效程度和社会的友爱程度。二是促使闽西乡村振兴的内部动能持续生成。一方面要更好地利用市场化逻辑和行政化逻辑，推动更多要素协调有序进入乡村。构建政府有为、市场有效、农民有力、集体有能、社会有爱的"五位一体"协同推进机制，促进内源吸引型乡村更有魅力、通道型乡村更有集聚力，发挥这两类乡村承载发展要素的主体作用，使其成为乡村振兴的典范和主要载体。针对外源吸引型的偏远乡村，需要政府、市场、农民、集体、社会组织协力助推村民搬迁到具有要素集聚能力的地区（内源吸引型乡村、通道型乡村或城镇），对于那些无法或不愿搬离的弱势群体，要利用数字技术手段，及时了解他们的困难，进一步打好"大爱龙岩"牌，通过社会公益组织或采取保底的方式给予他们更多关爱和人文关怀，体现社会有爱。另一方面要提高区域与非区域要素的适宜程度，推动要素禀赋类型与发展模式匹配。充分利用闽西红色资源，创新红色旅游发展模式，激发红色旅游的富民效应；充分利用闽西生态资源，加快构建和完善生态产品价值实现机制，通过争取更多财政纵向补偿和地区间横向补偿等方式强化生态补偿，推动生态农业、低碳循环工业、生态服务业等绿色产业发展，建设"森林生态银行""文化生态银行"等各种类型的"生态银行"（杜健勋、卿悦，2023），拓展生态产品价值实现路径；组织更强大的力量深入挖掘习近平生态文明思想在闽西孕育与实践的成果，总结提炼经验，提出更多可供学习借鉴的典型，讲好生态文明建设"龙岩实践"的真实故事，向世人展示龙岩生态文明建设过程中感人的优秀成果，促进更多无形的生态资源和精神财富向有形的载体和产品转化，把龙岩的生态财富与精神财富更多地转化为经济财富与物质财富，从而带动村民致富、村财增收、乡村共富。

三、创建数字乡村助推城乡等值

国务院总理李强在《2024年国务院政府工作报告》中指出：深入推进数字经济创新发展，制定支持数字经济高质量发展政策，推进服务业数字化，建设数字乡村。要抓住数字经济和数字乡村发展机遇，创新机制和技术应用，提高数字赋能和数字乡村治理水平，助推闽西老区苏区乡村振兴、城乡等值。

一要加快完善乡村数字经济基础设施。落实数字龙岩年度工作要点和新型基础设施建设计划，深入实施"信号升格"专项行动，促进网络基础设施加快建设；优化算力基础设施布局，推进行业数据中心集约化；加快乡村基础设施智能化改造，建设智慧农业、智慧物流等融合基础设施。不断完善闽西乡村数字经济基础设施，加快缩小城乡"数字鸿沟"。

二要培育乡村数字经济人才。一方面要充分发挥"龙岩互联网返乡工程"数字人才创业就业的示范带动作用，通过城乡对口帮扶等形式，为乡村发展数字经济提供人才支持；另一方面要采取外出考察或邀请专家到闽西乡村定期开展数字经济培训与交流活动的形式，提升闽西乡村在地人才的数字化素养，加快补齐闽西乡村数字人才短板。

三要强化数字技术应用。总结上杭县国家数字乡村试点建设经验，推广北斗智慧农业系统应用，建设智慧农业大棚设施基地，利用大数据技术改良土壤、防治病虫害、优化种植结构、智能化监控养殖情况、对农业灾害进行预测预警，提升农业智慧化、现代化水平并进一步丰富数字技术应用场景，提高农业活动的开展效率，增加农业经营的效益，带动闽西乡村增收。

四要推动电商与物流融合发展。鼓励发展乡村电子商务和直播带货，促进闽西农产品和乡村旅游产品供需有效对接；优化乡村物流组织，推动电商与物流融合发展，通过提高物流智慧化水平，更好地实现共同配送和柔性配送，降低农产品出村进城和工业品下乡进村成本，通过降低城乡交易成本助力更多收益留在闽西乡村。

五要提升乡村治理的数字化水平。推动闽西数字乡村治理服务一体化平台建设，不断丰富数字乡村治理工具箱。一方面通过数字技术为乡村居民提供便利的公共服务，促进公共服务均等化；另一方面助推乡村居民利用数字技术参与村民自治和民主监督，提高乡村数字治理水平，优化城乡融合治理格局。

第八章

主要结论和政策建议

第一节　主要结论

本书主要探讨了闽西乡村振兴实践进展情况怎么样、闽西乡村振兴面临什么样的发展环境、闽西乡村振兴为什么要进行路径创新、闽西乡村振兴遵循什么逻辑进行路径创新、闽西乡村振兴可以借鉴什么经验以及闽西乡村振兴如何进行路径创新的问题。

1. 闽西乡村振兴实践进展情况怎么样

闽西龙岩强化党政一把手在实施乡村振兴战略中的领导作用，通过组织建设、要素保障、规划管理、社会参与、政策配套等举措促使乡村振兴工作持续推进，同时以试点示范的形式带动乡村振兴总体水平提升。通过乡村振兴实践，闽西老区的农村居民人均可支配收入增幅较大、农林牧渔业产值总体呈增长态势、美丽乡村与生态建设富有成效，乡村振兴试点示范不断推进。福建省委农村工作领导小组公布的 2023 年度福建省乡村振兴实绩考核结果显示，龙岩市排名第一，实现两连冠。但闽西乡村振兴在实践过程中也还存在城乡差距较大、区域差距明显、人口流失难以控制、数字经济发展相对滞后、试点示范不易推广等难题。

2. 闽西乡村振兴面临什么样的发展环境

（1）闽西龙岩乡村人口还会大量流向发达地区。在开放环境下，闽西乡村逐渐融入全国的开放大格局，闽西乡村发展要素也朝着更有收益的地方流动。龙岩的人均地区生产总值还不到国内发达地区主要城市的 70%，龙岩城镇居民人均可支配收入也还不到国内发达地区主要城市的 70%，可见，龙岩属于相对落后的地区，收入方面与国内发达地区主要城市相比劣势明显。国内发达地区主要城市的城镇居民人均可支配收入都是龙岩农村居民人均可支配收入（农民人均纯收入）的 3.21 倍以上，收入差距非常大，即使国内发达地区主要城市的农村居民人均可支配收入（农民人均纯收入）也是龙岩农村居民人均可支配收入（农民人均纯收入）的 1.58 倍以上，明显的差距会给龙岩乡村人民带来很强的预期收入向往。国内发达地区主要城市居民的预期收入具有很强的吸引力，在开放的环境下，龙岩的农村居民追求更高收入的预期空间还较大，尽管龙岩乡村人口流向发达地区的增长率可能会下降，但龙岩乡村人口大量流向发达地区的趋势还不会变，这种情况从国家统计局发布的相关年度的农民工监测调查报告的数据中也可以得到验证。

（2）闽西龙岩县域很多指标达不到福建全省的平均值。从人口密度、常住人口与户籍人口比、公路密度、普通高中师生比等 12 个指标来看，龙岩市的县（市、区）中没有一个县（市、区）所有的指标都超过福建全省的平均值，新罗区有 9 个指标超过、连城县有 5 个指标超过、上杭县和武平县有 4 个指标超过、永定区和长汀县有 3 个指标超过、漳平市只有 2 个指标超过。

（3）闽西龙岩的县域在福建苏区县的竞争力一般或较强。选择 GDP（亿元）、卫生技术人员数（人）、普通初中教师数（人）、常住人口数（万人）等 10 个指标对 37 个福建苏区县进行因子分析。从城镇化水平和收入因子来看，闽西龙岩的县域总体竞争力一般；从产业规模与公共服务因子来看，闽西龙岩的县域总体竞争力较强；从综合指数来看，闽西龙岩的县域综合竞争力较强。

（4）从几个分项指标角度对 37 个福建苏区县进行比较分析，发现闽西龙岩的县域总体竞争力有强有弱。从第一产业产值来看，闽西龙岩的县域总体竞争力较强；从人均 GDP 增长率来看，闽西龙岩的县域总体发展后劲一般；从城镇居民人均可支配收入来看，闽西龙岩的县域总体竞争力较强，但内部差距大；从农村居民人均可支配收入来看，闽西龙岩的县域总体竞争力较强；从社会消费品零售总额来看，闽西龙岩的县域总体竞争力强；从卫生技术人员与卫生机构床位比来看，闽西龙岩的县域总体竞争力较弱；从普通初中师生比来看，闽西龙岩的县域总体竞争力强；从小学师生比来看，闽西龙岩的县域总体竞争力弱。

（5）闽西龙岩各县（市、区）在 33 个闽粤赣边区县域中的竞争力有强有弱。选取 GDP（亿元）、地方一般公共预算收入（万元）、地方一般公共预算收入与预算支出比、社会消费品零售总额（万元）等 14 个指标，对包括闽西龙岩各县（市、区）在内的 33 个闽粤赣边区县域进行因子分析。从收入因子来看，闽西龙岩的县域总体竞争力很强；从产业发展与经济规模因子来看，闽西龙岩的县域总体竞争力一般；从经济增长因子来看，闽西龙岩的县域总体竞争力一般；从城镇化因子来看，闽西龙岩的县域总体竞争力偏弱；从综合指数来看，闽西龙岩的县域综合竞争力强。

3. 闽西乡村振兴为什么要进行路径创新

乡村衰落严重影响到中国式现代化的实现，实施乡村振兴战略旨在扭转乡村衰落的局面。闽西不少乡村人口大量外流，衰落明显，离乡村振兴的"20字总要求"尚远，闽西要实现乡村振兴、农业农村现代化，必须寻求路径创新。闽西乡村振兴路径创新是历史发展的必然推演，也是应对现实的必然要求，更是迎接未来的必然选择。

乡村振兴发展路径应根据时代的变化进行创新。改革开放以来，闽西龙岩已先后经历了摆脱贫困、追求温饱、总体小康、相对富裕、全面小康的阶段，现在正处于巩固脱贫攻坚成果与乡村振兴有机衔接、致力于共同富裕的阶段。闽西乡村已实现了全面小康，随之而来的是要进行中国式现代化建设，历史发展阶段不同，乡村振兴发展路径需要与时俱进地进行创新。

闽西乡村振兴还存在不少问题，如城乡差距较大、乡村难以留住要素、数字乡村建设滞后、乡村仍是闽西革命老区高质量发展示范区建设的短板，缩小城乡差距、增加乡村要素供给、建设数字乡村和革命老区高质量发展示范区，都需要闽西创新乡村振兴发展路径。

在全面推进中国式现代化的新征程中，"三农"必须尽快现代化。随着发展阶段的变化，闽西为了更好更快推动农业、农村和农民实现现代化，必然需要推动乡村更好更快发展，遵循旧的发展路径适应不了现实需求，也不能够迎接未来的挑战，应对挑战必须大力创新乡村振兴的发展路径。

4. 闽西乡村振兴应遵循什么逻辑进行路径创新

乡村振兴必须紧扣近代以来中国乡村发展的历史轨迹，闽西乡村为中华人民共和国的成立和发展做出重要的历史贡献，闽西乡村人民已全面小康并致力于中国式现代化建设，这是闽西乡村振兴路径创新应遵循的历史逻辑；马克思主义农业农村发展理论、马克思主义城乡融合发展理论、人民立场和人的全面发展理论以及习近平总书记关于乡村振兴的重要论述，这是闽西乡村振兴路径创新应遵循的理论逻辑；外部力量不断支援、内部动力持续生成、合力推动城乡等值，这是闽西乡村振兴路径创新应遵循的现实逻辑。

城乡不等值造成乡村要素严重流失进而使乡村衰落，在党和政府适时启动乡村振兴战略之后，以及新时代支持革命老区振兴发展的背景下，闽西老区苏区乡村振兴应朝什么方向努力？从城乡等值视角来看，乡村要振兴，必须回答以下三个问题：一是乡村能否有效增加投入产出，二是乡村能否留住更多收益，三是城乡能否等值化。闽西革命老区乡村振兴的逻辑机制如下：城乡不等值—乡村衰落—党和政府启动乡村振兴战略—老区苏区政策支持—乡村增产—乡村增收—城乡差距缩小—乡村与城镇等值化—乡村振兴。

5. 闽西乡村振兴可以借鉴什么经验

从以四川省成都市"小组微生"新农村综合体建设为代表的超大城市带动乡村振兴的典型来看，乡村建设要进行统一规划与布局优化，要方便农民生产生活、推动农村自治管理、适应农村发展趋势；乡村建设要注重土地组团化发展，要促进农业规模经营、提高资源利用效率和土地经济效益、优化用地布局以实现城乡统筹；乡村建设要注重田园景观提升，要重构乡村生活空间、保护乡村风貌并提升景观功能、促进建管并重；乡村建设要注重生态环境保护，要保护耕地根本地位、实现生态资源的有效利用、保护地域特色及传统文化。

从以浙江省安吉县鲁家村田园综合体项目为代表的特色小镇带动乡村振兴的典型来看，乡村要有效盘活各种资源，有为政府通过制度创新吸引市场主体投资，资源资产化使市场有效，进而激励农民主体积极主动参与，采取类似众筹的方式，借助社会化的力量，解决资金、人才短缺问题；乡村要统一规划并分工合作，对村庄的脉络进行梳理，解决规划的统一性和定位的差异化问题，让乡村各组成部分既能合理分工又能相互合作；乡村要建立合理的利益分配机制，村集体与投资方按照约定的占股成立新公司，再吸引外部资本投资家庭农场，形成村集体、外部资本、公司、村民的利益共享、合作共赢机制，为鲁家村的成功运作与持续发展奠定了机制基础。

从以陕西省袁家村模式为代表的三产融合带动乡村振兴的典型来看，要通过兼顾公平的股权设置和收益分配机制，促进集体经济壮大和利益共享；要强化信誉承诺与监督，并通过强化供应链管理来严控质量，解决游客因安全质量问题而不敢放心消费的乡村旅游"痛点"问题；要围绕市场的现实需求并深挖市场的潜在需求，突出核心卖点，打造爆款产品；要保持产业兴旺，在彰显地方特色文化的同时，持续创新业态并拓展产业链是关键。

从生态农业带动乡村振兴的典型来看，生态农业值得大力推广，发展生态农业具有生态价值、经济价值和社会价值；生态农业需要科技支撑，生态农业不同于传统农业，既向土地要效益，也向生物多样性要效益，其效益要得到有效发挥，必须依靠科技创新；生态农业需要政策支持，生态农业固碳减排和改善生态环境的功能具有很强的正外部性，要更好发挥国家涉农、涉环保、涉健康等资金在发展生态农业和保护生态环境方面的作用，出台政策大力推广高效生态农业模式；要扶持优质生态农产品营销，一方面要规范市场行为，建立诚信机制，保证生态农产品的信誉与优质优价，另一方面要资助网络营销平台建设，推动生态名优农产品电子商务发展，进一步释放城市居民的购买力；要选择有良好条件的农业大县或乡村，建立高效生态农业实验示范区，开展试点示范并大范围推广高效生态农业技术。

从以江西省丫山景区为代表的旅游产业带动乡村振兴的典型来看，要坚持龙头带动发展，需求的激发与供给的有效相结合是村民无能为力的，需要龙头企业带动，通过土地流转、"公司＋农户"、在公司就业、指导创业等方式，鼓励、引导当地农户参与景区的建设与运营，通过丫山旅游公司不断发掘、整合、激活山区生态资源以先富带动后富；要不断创新旅游业态，丫山自旅游立项时，便开始以市场为导向，不断创新旅游发展业态，从观光型生态旅游起步，到生态度假型景区，再到瞄准一站式全龄化休闲康养度假目的地；要完善利益分享机制，丫山景区的成功在于坚持"政府引导、企业主体、要素融合、机制创新"的思路，不断完善利益分享机制，构建了生态产品"产业链""创新链""价值链"，成功的秘诀在于以"共创"实现"共进"、以"共建"实现"共享"、以"共谋"实现"共赢"。

6.闽西乡村振兴如何进行路径创新

（1）优化闽西乡村布局与人居环境。闽西乡村人口会进一步减少，有些村庄甚至会消亡，在这样的背景下，优化调整乡村布局、改善人居环境是必要的，需统筹谋划。现有的乡村布局适应不了社会发展需要，乡村不再是农民工实际回流区位或意愿地，布局调整有窗口期且不能只在乡村内优化，要分类优化闽西乡村布局与人居环境。在市域范围内开展乡村振兴，要以县域作为基本单元，而在具体实践操作时，有效的乡村振兴单元宜以乡（镇）为单位，乡镇作为乡村振兴单元在实践中体现了可行性。①内源吸引型乡村主要有两种情况，一种情况是能够吸引外来人口常住的城郊融合型乡村，另一种情况是能够吸引外来人口观光休闲度假的特色保护类乡村，要设法巩固内源吸引型乡村的发展成效。城郊融合型乡村振兴的政策要点是理顺城乡关系、化解城乡融合阻点；针对特色保护类的乡村振兴，政策要点在于发挥乡土特色，做好农文旅融合文章，推动"＋旅游"和"旅游＋"互促互进，激发乡村发展内生动力。②通道便利型乡村主要是乡镇的政府驻地和生产生活较便利的村，需要大力提升集聚能力才有望实现振兴，要抓住乡村布局调整的机遇期和窗口期，政策要点是以乡镇作为乡村振兴单元，使之成为乡村振兴的主力军和带动者，一要改善乡村生产生活环境，二要提高乡村的就业与发展机会，三要增强乡村组织活力和文化吸引力。③外源吸引型乡村的劳动、资本等生产要素较稀缺，而土地（自然资源）较丰富，要防止要素过量流失并发挥自然资源丰富的优势，要助推外源吸引型乡村"居业分离"，政策重点在于有退有进，从难点中寻求突破。一方面是做好"退"的工作，腾退原有宅基地，在迁入地既要通过产业发展吸纳搬迁户就业，保证收入来源，也要通过在安置区设立小区自治委员会或志愿者服务队解决邻里日常问题，化解邻里矛盾，让搬迁群众能安居且改善生活；另一方面是做好"进"的工作，要助力迁出地必要的交通改善，适当在生产性基础设施方面进行投入而应避免诸如休闲、娱乐等生活性设施的投入，进一步拓展龙岩市"供销农场"全托管模式，不但要按照农业生产托管社会化服务模式种粮，还要探讨迁出地如何以托管或者互助组织的形式推动生态补偿与生态产品价值实现，通过迁出地创造更多价值，让搬出的村民能够乐业且分享更多"绿水青山"带来的价值。

（2）提高闽西乡村有效投入和产出。首先，革命老区与乡村振兴双重支持政策的叠加效应成为要素进入闽西老区乡村的制度基础。要素进入闽西乡村的实践主要遵循市场化逻辑和行政化逻辑。市场化逻辑方面，在投入乡村的要素中，如果无利可图，逐利的市场主体就没有积极性。行政化逻辑方面，上级政策需要下级进行贯彻落实，为避免投入的财政资金产生不了预期的效果或者达不到上级部门的要求，地方政府往往"点"上采取易于见成效的乡村作为示范典型，"面"上通过遴选出优先批次和后续批次作为乡村振兴的优先次序。其次，从第一产业的劳动力要素投入产出效率来看，闽西的劳动力要素投入相比福建全省更具有效率，产出相对较高；从第一产业的资本要素投入产出效率来看，福建全省农业资本投入比闽西高，闽西农业以更高的劳动力投入替代资本投入，结果是闽西一产产值占 GDP 比重高于全省；从要素总体投入来看，闽西农业的劳动力要素投入比全省高，福建全省农业的资本要素投入比闽西高，闽西更多的劳动力要素投入到第一产业，第一产业产业占 GDP 的比重也比全省高，意味着闽西乡村农民的收入与全省相比也更加依赖第一产业。最后，要采取有效措施增加闽西乡村有效投入和产出。一方面，要更好地利用市场化逻辑和行政化逻辑，推动更多要素协调有序进入乡村。要构建政府有为、市场有效、农民有力、集体有能、社会有爱的"五位一体"协同推进机制，促进内源吸引型乡村更有魅力、通道型乡村更有集聚力，发挥这两类乡村承载发展要素的主体作用，使其成为乡村振兴的典范；针对偏远乡村，要协力助推村民搬迁到具有要素集聚能力的地区（内源吸引型乡村、通道型乡村或城镇）。另一方面，提高区域与非区域要素的适宜程度，推动要素禀赋类型与发展模式匹配。要充分利用闽西红色资源，不断创新红色旅游发展模式；充分利用闽西生态资源，更好促进生态产品价值实现；充分挖掘闽西农业潜力，加力推动农业高效优质发展。

（3）促进更多的收益留在闽西乡村。首先，闽西乡村农民因"三重依赖"而多承担"三重成本"，因缺乏组织而难以对接市场和政府，从交易成本和主体博弈两方面来看，闽西乡村要增加收益存在困难。其次，促进更多的收益留在闽西乡村，需要通过多方协同构建城乡要素平等交换体制机制，围绕小农户如何与大市场对接来寻找路径创新。一方面，要通过地方政府、新闻媒体、企业、农户、院校与科研机构、非政府组织等多方协同构建城乡要素平等交换体制机制，加强沟通协调，强化过程监督，以城乡要素平等交换促进乡村振兴。另一方面，要加强农业社会化服务，提升小农户组织化程度；提高乡村人才管理水平，推动乡村更好引才聚才并厚植成才基础；合力打造乡村全域旅游目的地，促使闽西乡村分享更多旅游发展红利。

（4）致力推动闽西城乡等值化发展。从城乡经济活动的各大环节来看，以劳动力要素为例，城乡从生产到再生产会形成如下非等值的过程：生产环节，乡村优质生产要素到城市打工，以农民工形式参与城市生产时则成为普通的劳动者，留在乡村从事生产的则是次优生产要素；分配环节，农民工作为普通生产要素只能获得较低占比的分配，在乡村获得的收入也较低；交换流通环节，城市生产的工业品下乡需要更多的成本，同样质量的工业品在乡村就会更贵或者质量更差才可能同价，乡村生产的农产品主要是必需品且消费市场主要在城市，需要城乡的物流成本，加之受国际市场冲击，农产品的收益不高；消费环节，在城市，农民工收入较低，在乡村的村民收入也较低，村民的物质消费水平也就比城市居民的低，在教育、保健等提升人力资本方面的精神文化消费水平也较低；再生产环节，消费水平较低造成乡村的人力资本积累不足，城市继续留用之前的大多数农民工且进一步吸收更多的优质民工，数量减少了的次优要素留在乡村从事生产，新的城乡经济活动环节再次展开。首先，要打造城乡等值外部发展环境。通过提升内外部互联互通水平、促进山海联动区域协同、主动对接国家发展战略等措施，大力缩小龙岩市各县（市、区）与沿海发达地区的差距；通过共建共享特色品牌、共铸共享产业链条来协调好县域横向之间的发展关系，并通过充分释放政策红利、协同争取新政策来协调好纵向上下级的关系，大力缩小龙岩市各县（市、区）与其他苏区县之间的差距。其次，要致力缩小县域内部城乡差距。结合闽西城乡的发展实际，缩小县域城乡差距必须推动农民数量减少、促使农民能力提升、助力农民共同富裕，促进城乡有机融合。①减少农民数量方面：要促使闽西老区苏区的县城（市区）创造更多就业机会、承载更多人口，提高县城（市区）的承接能力和发展质量，增加机会让更多农村转移人口市民化；推动城乡空间重组与治理重构，支持引导村民向城镇或中心村集中，促进农业产业链延伸和三产融合，吸收更多农民在乡村进行非纯农就业。②提升农民能力方面：要通过组织农民和武装农民来提升农民能力，一方面要围绕农业产业链延伸和拓展来组织农民，另一方面要围绕生产效率效益提升来武装农民。③助农共富方面：要推动有为政府、有效市场和友爱社会共同发挥作用，调动外部力量不断支援闽西乡村；既要更好地利用市场化逻辑和行政化逻辑推动更多要素协调有序进入闽西乡村，又要通过区域与非区域要素适宜程度的提高来推动要素禀赋类型与发展模式相匹配，促使闽西乡村振兴的内部动能持续生成。最后，要创建数字乡村助推城乡等值。要抓住数字经济发展机遇，加快完善乡村数字经济基础设施、培育乡村数字经济人才、强化数字技术应用、推动电商与物流融合发展、提升乡村治理的数字化水平，创新数字乡村发展，助推闽西老区苏区乡村振兴、城乡等值。

第二节   政策建议

创新乡村振兴路径，促进闽西乡村振兴，需要政策支持闽西农民数量减少、能力提升、共同富裕，需要提高闽西乡村善治水平、促进政策叠加效应的红利充分释放。

1. 推动闽西农民数量减少

要出台政策推动闽西农民数量减少。从闽西农业就业人数占全市总就业人数比重及其所创造的农业增加值占全市 GDP 的比重来看，闽西农民数量还有相当大的减幅空间。一方面要加快新型城镇化进程，加强公共基础设施、公共服务能力以及产业园区建设，增加就业岗位，提高县城（市区）承载更多人口的能力，建立农民市民化公共成本分担机制，实施农业转移人口市民化行动计划，推动更多农村转移人口市民化；另一方面要推动城乡空间重组与治理重构，支持引导村民向城镇或中心村集中，促进农业产业链延伸和一二三产融合，优化物流与商贸组织并大力发展农村电子商务，通过加快城乡融合发展步伐，助力闽西村民增加在乡村进行非农就业的机会与可能性。

2. 促使闽西农民能力提升

要出台政策通过组织农民和武装农民来提升闽西农民的能力，促使城乡要素平等交换。一要围绕农业产业链延伸和拓展来组织农民。加强农业社会化服务，提升小农户组织化程度，培育新型职业农民，促进传统小农户向现代小农户转变，完善小农户与现代新型农业组织的利益联结机制。通过"村党组织＋农业龙头企业＋农户""产业党支部＋基地＋公司＋联合社＋农户"等方式把闽西农民组织起来，促进各类"土特产"从田间地头不断延伸到餐桌，通过产业链延伸和拓展提高"土特产"价值，让有组织的农民在产业链中发力并分享农业产业化的红利。二要围绕生产效率效益提升来武装农民。要在县域统筹，以乡镇作为乡村振兴单元，把农业现代化示范区作为提升农业生产效率效益的重要抓手，进一步立足资源特色，开发适应闽西山区发展的农业应用技术，大力发展农业新质生产力，向农业多种功能要潜力，向现代化农业要效率，向现代服务业与现代农业深度融合要效益。三要促使城乡要素平等交换。要采取更有力的措施消除闽西城乡要素在权利上的差异和分配上的不公平，消除要素在城乡间流动的阻碍，推动地方政府、新闻媒体、企业、农户、院校与科研机构、非政府组织等多方协同构建城乡要素平等交换体制机制，加强沟通协调，强化过程监督，以城乡要素平等交换促进乡村振兴。

3. 助力闽西农民共同富裕

要出台政策降低城乡交易成本并减少乡村对城市的依赖。一要分类优化闽西乡村布局与人居环境。巩固内源吸引型乡村的发展成效，提升通道型乡村的集聚能力，助推外源吸引型乡村"居业分离"。二要调动外部力量不断支援闽西乡村。要充分认识到，在改善和优化公共基础设施、乡村布局等影响交易成本和集聚经济的外部环境方面，市场难以做到，需要政府因势利导、积极作为；当务之急是要以乡镇作为乡村振兴单元有规划地撤并偏远乡村，提高乡镇人民政府驻地和生产生活较便利的中心村的集聚程度，避免因规模过小造成公共基础设施投入与公共服务运行成本太高而导致市场主体无法或不愿参与；政府要重视对市场、社会能力的培育和发展，引导社区、非营利组织等社会主体参与教育、医疗、公共卫生和社会保障等乡村公共服务均等化的供给，但在社会未能履行供给职能的领域要主动承担责任；要大力支持生产性企业家，推动传统农民向现代农民、职业农民发展，让农民有能力和发展动力，提高市场的有效程度。三要促使闽西乡村振兴的内部动能持续生成。一方面要更好地利用市场化逻辑和行政化逻辑，推动更多要素协调有序进入乡村。构建政府有为、市场有效、农民有力、集体有能、社会有爱的"五位一体"协同推进机制，促进内源吸引型乡村更有魅力、通道型乡村更有集聚力，发挥这两类乡村承载发展要素的主体作用，成为乡村振兴的典范。针对外源吸引型的偏远乡村，需要政府、市场、农民、集体、社会组织协力助推村民搬迁到具有要素集聚能力的地区（内源吸引型乡村、通道型乡村或城镇），对那些无法或不愿搬离的弱势群体，要利用数字技术手段，及时了解他们的困难，并通过社会公益组织或采取保底的方式给予他们更多关爱和人文关怀，体现社会有爱。另一方面要提高区域与非区域要素的适宜程度，推动要素禀赋类型与发展模式匹配。充分利用闽西红色资源，创新红色旅游发展模式，激发红色旅游的富民效应；充分利用闽西生态资源，加快构建和完善生态产品价值实现机制，通过争取更多财政纵向补偿和地区间横向补偿等方式强化生态补偿，推动生态农业、低碳循环工业、生态服务业等绿色产业发展，建设森林、耕地、文化、水、竹等各种类型的"生态银行"，拓展生态产品价值实现路径；组织更强大的力量深入挖掘习近平生态文明思想在闽西孕育与实践的成果，总结提炼经验，提出更多可供学习借鉴的典型，讲好生态文明建设"龙岩实践"的真实故事，向世人展示龙岩生态文明建设过程中感人的优秀成果，促进更多无形的生态资源和精神财富向有形的载体和产品转化，把龙岩的生态财富与精神财富更多地转化为经济财富与物质财富，从而带动村民致富、村财增收、乡村共富。

4. 以治理创新提高闽西乡村善治水平

要创新乡村治理方式，设立"公德积分超市"，对好人好事、善行义举、文明行为进行量化赋分，让德者有得，释放出乡村善治的活力，推动自治、法治、德治有机结合。要推动城乡空间重组与治理重构，加快城乡融合发展步伐，支持引导村民向城镇或中心村集中，并通过在安置区设立小区自治委员会或志愿者服务队解决邻里日常问题，推动公共服务更加普惠均等，改善乡村生产生活条件。重视乡村人力资源持续开发，加快培养赋能农业生产经营、农村一二三产业融合发展的人才以及乡村治理人才，建立健全乡村人才学习、交流、培训机制，推动乡村人才素质提升、结构优化，提振乡村人才精气神。鼓励以村民自治等形式支持农民参与公共事务治理，促进城乡协调和村民福利增进。做好治理创新和改革风险防控工作，避免乡村治理异化，避免作为治理服务对象的农民在治理创新中成为利益受损的一方。推动闽西数字乡村治理服务一体化平台建设，不断丰富数字乡村治理工具箱，既要通过数字技术为乡村居民提供便利的公共服务，又要助推乡村居民利用数字技术参与村民自治和民主监督，提高乡村数字治理水平。

5.促进政策叠加效应的红利充分释放

要避免政策可能产生的负面影响，提高政策的有效性，不断争取政策叠加效应。一方面要推动政策红利充分释放。闽西各级政府必须抓住机遇并充分利用国家与省级层面的政策，及时把握政策落实的堵点难点问题并主动与上级各相关部门沟通协调，及时出台配套政策并做好落实工作，更好地发挥政策叠加效应，推动闽西革命老区与乡村振兴的政策红利更充分释放。另一方面要协同争取新政策。要及时梳理国家和省级层面出台的相关政策，对原则性的政策要出台配套措施进行细化，对有实施时限的政策在具体实施过程中要动态调整或及时向上反馈。龙岩市及其所辖各县（市、区）要加强沟通，了解闽西乡村振兴及其路径创新的现实所需和政策诉求，协同向上争取新政策，向下层层抓好政策落实，不断推动新旧政策有效对接，提高政策的有效性。

参考文献

一、期刊论文类

［1］余封亮，郑冬芳.乡村振兴高质量发展推动中国式现代化的逻辑理路［J］.学术探索，2024（5）：30-36.

［2］曹银忠.走好新时代革命老区乡村振兴之路——深入学习习近平总书记关于革命老区建设发展的重要论述［J］.国家治理，2024（4）：2-9.

［3］蔡海龙，李静媛.从农业支持工业到农业农村优先发展——结构转型视角下的农业发展与政策逻辑［J］.江西社会科学，2024，44（2）：50-61.

［4］李慧敏.中国式现代化视野下的乡村振兴特征、关键议题与路径安排［J］.理论探讨，2024（1）：150-157.

［5］潘建屯，李子君，徐强.历史、理论、实践：现代化强国进程中乡村振兴战略的三重逻辑［J］.广州社会主义学院学报，2024（1）：87-92.

［6］孙迎联.乡村振兴促进农民增收的逻辑理路——基于"势能—效能—动能"框架的分析［J］.中州学刊，2024（1）：88-96.

［7］蒋南平，蒋晋.共同富裕进程中的乡村振兴：农村居民收入状况改善问题研究［J］.改革与战略，2024，40（1）：88-107.

［8］陈锡文.当前推进乡村振兴应注意的几个关键问题［J］.农业经济问题，2024（1）：4-8.

［9］李华旭.数字农业赋能革命老区乡村振兴的机理和路径研究［J］.老区建设，2024（4）：41-48.

［10］黄承伟.新征程上乡村振兴前沿问题研究［J］.华中农业大学学报（社会科学版），2023（5）：1-10.

［11］黄承伟.中国式现代化视野下的乡村振兴：现实逻辑与高质量发展［J］.新视野，2023（3）：67-75.

［12］郭占锋，张森，乔鑫.参与式行动：中国乡村振兴实践的路径选择［J］.南京农业大学学报（社会科学版），2023，23（2）：24-32+102.

［13］韩旭东，李德阳，郑风田．政府、市场、农民"三位一体"乡村振兴机制探究——基于浙江省安吉县鲁家村的案例剖析［J］．西北农林科技大学学报（社会科学版），2023，23（3）：52-61.

［14］王永生，刘彦随．绿水青山视域下中国乡村振兴模式提炼与分类研究［J］．地理研究，2023，42（8）：2005-2017.

［15］胡学英，罗海平．全面推进乡村振兴视域下的革命老区高质量发展路径研究——以五大革命老区为例［J］．山东农业工程学院学报，2023，40（12）：18-26.

［16］郑瑞强，瞿硕．革命老区构建乡村振兴新格局的理论蕴涵与实践进路——基于赣州革命老区的考察［J］．苏区研究，2023（2）：107-119.

［17］陈秀红．从"外源"到"内生"：新时代中国共产党推进乡村振兴的实践逻辑［J］．中共中央党校（国家行政学院）学报，2023，27（2）：44-54.

［18］杨希双，罗建文．基于乡村振兴内生发展动力的农民主体性问题研究［J］．重庆大学学报（社会科学版），2023（3）：261-274.

［19］沙垚．可沟通关系：化解乡村振兴多元主体关系的内在张力——基于A县的田野观察［J］．新闻与传播研究，2023，30（8）：80-95+127-128.

［20］李超．乡村振兴背景下农民主体性发挥的制约因素与培育路径［J］．贵州社会科学，2023（12）：137-144.

［21］李丽莉，曾亿武，郭红东．数字乡村建设：底层逻辑、实践误区与优化路径［J］．中国农村经济，2023（1）：77-92.

［22］洪银兴，陈雯．由城镇化转向新型城市化：中国式现代化征程中的探索［J］．经济研究，2023，58（6）：4-18.

［23］王立胜，朱鹏华．以县城为重要载体的城镇化建设的内涵、挑战与路径［J］．中央财经大学学报，2023（6）：2-11.

［24］谢若扬，王树梅，梁伟军．习近平关于农业农村现代化重要论述的理论内涵、内在逻辑与价值意蕴［J］．华中农业大学学报（社会科学版），2023（5）：11-19.

［25］郑国诜．城乡等值视角下闽西革命老区乡村振兴的路径创新研究［J］．山西农经，2023（13）：33-35.

［26］杜健勋，卿悦．"生态银行"制度的形成、定位与展开［J］．中国人口·资源与环境，2023，33（2）：188-200.

［27］陈锡文．在乡村振兴中实现农村农民富裕［J］．农村·农业·农民，

2023（3）：8-11.

［28］贺雪峰.资源下乡与基层治理悬浮［J］.中南民族大学学报（人文社会科学版），2022，42（7）：91-99+184.

［29］李小云.现代化进程中的乡村问题和振兴路径［J］.贵州社会科学，2022（1）：143-151.

［30］贺卫华，赵琭嘉.数字经济赋能乡村振兴：内在机理与实现路径［J］.石河子大学学报（哲学社会科学版），2022，36（6）：14-21.

［31］张红阳，方圆.新时代乡村振兴的核心实践逻辑［J］.农业经济，2022（12）：19-21.

［32］张红阳，魏长青.治理异化：农村发展内卷困境的一个解释框架［J］.云南社会科学，2022（2）：153-158.

［33］黄振华.县域、县城与乡村振兴［J］.理论与改革，2022（4）：156-165+168.

［34］纪丽娟.乡村振兴的内生动力与路径创新研究——以陕西省袁村为例［J］.乡村论丛，2022（4）：43-49.

［35］冯兴元，鲍曙光，孙同全.社会资本参与乡村振兴和农业农村现代化——基于扩展的威廉姆森经济治理分析框架［J］.财经问题研究，2022（1）：3-13.

［36］李卓，张森，李轶星，等."乐业"与"安居"：乡村人才振兴的动力机制研究——基于陕西省元村的个案分析［J］.中国农业大学学报（社会科学版），2021，38（6）：56-68.

［37］郭燕，李家家，杜志雄.城乡居民收入差距的演变趋势：国际经验及其对中国的启示［J］.世界农业，2022（6）：5-17.

［38］史乃聚，杨卓，李海源.析乡村振兴战略现实逻辑与实践路径［J］.智库理论与实践，2022，7（6）：166-175.

［39］张丙宣，王怡宁.转化与回馈：艺术催化乡村共同富裕的实践机制研究［J］.中共杭州市委党校学报，2022（6）：36-43.

［40］赵杰.红色文化资源助力乡村振兴的路径探析——以大别山革命老区为例［J］.老区建设，2022（5）：18-24.

［41］陈明.乡村振兴中的城乡空间重组与治理重构［J］.南京农业大学学报（社会科学版），2021，21（4）：9-18.

［42］陈明.中国乡村现代化的政治经济学引论［J］.学术月刊，2021，53（9）：

72-84.

［43］张慧泽，高启杰.新农人现象与乡村人才振兴机制构建——基于社会与产业双重网络视角［J］.现代经济探讨，2021（2）：121-125.

［44］林聚任，刘佳.空间不平等与城乡融合发展：一个空间社会学分析框架［J］.江海学刊，2021（2）：120-128.

［45］郑国诜.龙岩市县域经济高质量发展的困境与路径研究［J］.龙岩学院学报，2021，39（3）：70-77.

［46］高帆.推进城乡融合发展的四重逻辑［J］.国家治理，2021（16）：12-17.

［47］郭远智，刘彦随.中国乡村发展进程与乡村振兴路径［J］.地理学报，2021，76（6）：1408-1421.

［48］柴国生.科技精准供给驱动乡村振兴的时代必然与现实路径［J］.科学管理研究，2021，39（1）：132-141.

［49］李平，吴陈舒.优势视角下革命老区乡村振兴路径研究——以江西省莲花县沿背村为例［J］.老区建设，2021（2）：26-34.

［50］王文彬.“三轮驱动”型乡村振兴实践考察与优化路径［J］.西南民族大学学报（人文社会科学版），2021，42（1）：190-196.

［51］周立，奚云霄，马荟，等.资源匮乏型村庄如何发展新型集体经济？——基于公共治理说的陕西袁家村案例分析［J］.中国农村经济，2021（1）：91-111.

［52］唐丽桂.“城归”、“新村民”与乡村人才回流机制构建［J］.现代经济探讨，2020（3）：117-122.

［53］刘守英，龙婷玉.城乡转型的政治经济学［J］.政治经济学评论，2020，11（1）：97-115.

［54］曹宗平，李宗悦.乡村振兴战略：认识偏差与推进路径［J］.华南师范大学学报（社会科学版），2020（1）：123-133+192.

［55］邓雁玲，雷博，陈树文.实施乡村振兴战略的逻辑理路分析［J］.经济问题，2020（1）：20-26.

［56］何雪峰.农民工返乡创业的逻辑与风险［J］.求索，2020（2）：4-10.

［57］仲德涛.马克思主义城乡理论视域下城乡融合发展探析［J］.理论导刊，2020（8）：63-67.

［58］刘儒，刘江，王舒弘.乡村振兴战略：历史脉络、理论逻辑、推进路

径［J］.西北农林科技大学学报（社会科学版），2020，20（2）：1-9.

［59］刘非，曹哲.新时代乡村振兴战略的内在逻辑研究［J］.内蒙古大学学报（哲学社会科学版），2020，52（3）：50-55.

［60］武小龙.英国乡村振兴的政策框架与实践逻辑［J］.华南农业大学学报（社会科学版），2020，19（6）：23-33.

［61］郭冠清.新中国农业农村现代化的政治经济学分析［J］.经济与管理评论，2020，36（5）：14-26.

［62］邓雁玲，雷博，陈树文.实施乡村振兴战略的逻辑理路分析［J］.经济问题，2020（1）：20-26.

［63］李志强.城乡融合演进历程的乡村振兴：阶段特征、动力逻辑与发展导向［J］.贵州社会科学，2020（9）：162-168.

［64］郑国诜，林夏竹，黄可权，蔡立雄.福建苏区老区发展的实践经验与振兴的重点举措研究［J］.百色学院学报，2020，33（2）：101-107.

［65］邓遂.城镇化背景下的乡村衰败现象分析——基于Q自然村落的思考［J］.社科纵横，2020，35（2）：41-43.

［66］王元聪.乡村振兴战略的逻辑理据、价值意蕴及推进思路——基于社会主要矛盾转化视角［J］.牡丹江师范学院学报（社会科学版），2020（3）：28-36.

［67］方帅，党亚飞.乡村振兴战略下农民组织化的有效实现——基于规则供给的视角［J］.西安财经大学学报，2020，33（4）：64-70.

［68］马威.城乡组织互嵌与乡村振兴的路径研究——基于湖北省BL村的实践调研［J］.中央民族大学学报（哲学社会科学版），2020，47（2）：78-85.

［69］傅忠贤，易江莹.川陕革命老区乡村振兴重点、难题和推进思路研究——以达州市为例［J］.四川文理学院学报，2020，30（1）：24-31.

［70］郭倩楠，林少敏.乡村振兴的内生动力：乡村精英、乡村文明和乡村生态的三维逻辑分析［J］.长春理工大学学报（社会科学版），2020，33（1）：39-42+74.

［71］牛坤玉，钟钰，普蕙喆.乡村振兴战略研究进展及未来发展前瞻［J］.新疆师范大学学报（哲学社会科学版），2020，41（1）：48-62.

［72］丁少平，陶伦，吴晶晶.以三产融合、示范引领为导向的乡镇单元产业振兴建设研究——基于浙江省温州市乡村振兴示范带的规划、调研实践［J］.农业科学研究，2020，41（2）：71-76.

［73］胡平江 . 乡村振兴背景下"行政村"的性质转型与治理逻辑——以湘、粤等地村民自治"基本单元"的改革为例［J］. 河南大学学报（社会科学版），2020，60（2）：22-27.

［74］刘传喜，唐代剑 . 双创背景下新农人乡村旅游创新活动类型、空间分布与影响因素——以浙江省为例［J］. 江苏农业科学，2019，47（21）：44-49.

［75］高更和，曾文凤，罗庆 . 国内外农民工空间回流及其区位研究进展［J］. 人文地理，2019（5）：9-14.

［76］杨华 . 论以县域为基本单元的乡村振兴［J］. 重庆社会科学，2019（6）：18-32.

［77］徐虹，王彩彩 . 包容性发展视域下乡村旅游脱贫致富机制研究——陕西省袁家村的案例启示［J］. 经济问题探索，2019（6）：59-70.

［78］贺立龙 . 乡村振兴的学术脉络与时代逻辑：一个经济学视角［J］. 四川大学学报（哲学社会科学版），2019（5）：136-150.

［79］陈丹，张越 . 乡村振兴战略下城乡融合的逻辑、关键与路径［J］. 宏观经济管理，2019（1）：57-64.

［80］崔莉，厉新建，程哲 . 自然资源资本化实现机制研究——以南平市"生态银行"为例［J］. 管理世界，2019，35（9）：95-100.

［81］陈锡文 . 充分发挥乡村功能是实施乡村振兴战略的核心［J］. 中国乡村发现，2019（1）：1-15.

［82］孔祥利，夏金梅 . 乡村振兴战略与农村三产融合发展的价值逻辑关联及协同路径选择［J］. 西北大学学报（哲学社会科学版），2019，49（2）：10-18.

［83］刘碧，王国敏 . 新时代乡村振兴中的农民主体性研究［J］. 探索，2019（5）：116-123.

［84］刘长江 . 乡村振兴战略视域下美丽乡村建设对策研究——以四川革命老区D市为例［J］. 四川理工学院学报（社会科学版），2019，34（1）：20-39.

［85］李华胤 . 乡村振兴视野下的单元有效与自治有效：历史变迁与当代选择［J］. 南京农业大学学报（社会科学版），2019，19（3）：55-62+157.

［86］李长学 . "乡村振兴"的本质内涵与逻辑成因［J］. 社会科学家，2018（5）：36-41.

［87］王景新，支晓娟 . 中国乡村振兴及其地域空间重构——特色小镇与美丽乡村同建振兴乡村的案例、经验及未来［J］. 南京农业大学学报（社会科学版），2018，18（2）：17-26+157-158.

［88］刘彦随.中国新时代城乡融合与乡村振兴［J］.地理学报,2018,73（4）:637-650.

［89］姜德波,彭程.城市化进程中的乡村衰落现象:成因及治理——"乡村振兴战略"实施视角的分析［J］.南京审计大学学报,2018,15（1）:16-24.

［90］刘守英,王一鸽.从乡土中国到城乡中国——中国转型的乡村变迁视角［J］.管理世界,2018,34（10）:128-146+232.

［91］聂飞.农民工返乡困境的制度分析［J］.湖北社会科学,2018（3）:46-56.

［92］张加辉.红色文化资源开发与乡村振兴战略的实施——以乌山革命老区基点村为中心［J］.闽南师范大学学报（哲学社会科学版）,2018,32（4）:104-108.

［93］武小龙.城乡对称互惠共生发展:一种新型城乡关系的解释框架［J］.农业经济问题,2018（4）:14-22.

［94］陈学云,程长明.乡村振兴战略的三产融合路径:逻辑必然与实证判定［J］.农业经济问题,2018（11）:91-100.

［95］郭珍,刘法威.内部资源整合、外部注意力竞争与乡村振兴［J］.吉首大学学报（社会科学版）,2018,39（5）:102-108.

［96］陈晓莉,吴海燕.创新城乡融合机制:乡村振兴的理念与路径［J］.中共福建省委党校学报,2018（12）:54-60.

［97］纪倩.城市化进程中乡村衰落成因与对策分析［J］.广东农工商职业技术学院学报,2018,34（4）:9-14.

［98］何建宁.新时代乡村振兴的核心要义与路径选择［J］.开发研究,2018（2）:8-12.

［99］张强,张怀超,刘占芳.乡村振兴:从衰落走向复兴的战略选择［J］.经济与管理,2018,32（1）:6-11.

［100］谈慧娟,罗家为.乡村振兴战略:新时代"三农"问题的破解与发展路径［J］.江西社会科学,2018,38（9）:209-217+256.

［101］钟钰.实施乡村振兴战略的科学内涵与实现路径［J］.新疆师范大学学报（哲学社会科学版）,2018,39（5）:71-76+2.

［102］韩俊.乡村振兴要循序渐进地撤并一批衰退村庄［J］.农村工作通讯,2018（7）:52.

［103］叶兴庆.新时代中国乡村振兴战略论纲［J］.改革,2018（1）:

65-73.

［104］周立，李彦岩，王彩虹，等.乡村振兴战略中的产业融合和六次产业发展［J］.新疆师范大学学报（哲学社会科学版），2018，39（3）：16-24.

［105］贺雪峰.关于实施乡村振兴战略的几个问题［J］.南京农业大学学报（社会科学版），2018，18（3）：19-26+152.

［106］何仁伟.城乡融合与乡村振兴：理论探讨、机理阐释与实现路径［J］.地理研究，2018，37（11）：2127-2140.

［107］张甜，朱宇，林李月.就地城镇化背景下回流农民工居住区位选择［J］.经济地理，2017（4）：84-91.

［108］汪锦军，丁丁.乡村衰败与乡村社会治理资源的重构——基于浙江乡村社会治理创新的整体性思考［J］.中共杭州市委党校学报，2017（3）：49-55.

［109］王勇，李广斌.乡村衰败与复兴之辩［J］.规划师，2016，32（12）：142-147.

［110］胡玲玲.民国时期"乡村建设运动"经验对当前乡村治理的启示［J］.淮海工学院学报（人文社会科学版），2016，14（5）：100-103.

［111］郑国诜.城镇化背景下传统村落可持续发展研究——基于龙岩市传统村落的调查［J］.嘉应学院学报，2016，34（1）：24-29.

［112］张红宇，张海阳，李伟毅，等.中国特色农业现代化：目标定位与改革创新［J］.中国农村经济，2015（1）：4-13.

［113］张红宇.克服农业现代化短板［J］.人民论坛，2015（30）：44-45.

［114］李练军.新生代农民工融入中小城镇的市民化能力研究——基于人力资本、社会资本与制度因素的考察［J］.农业经济问题，2015（9）：46-53.

［115］周振，伍振军，孔祥智.中国农村资金净流出的机理、规模与趋势：1978~2012年［J］.管理世界，2015（1）：62-74.

［116］白永秀，王颂吉.马克思主义城乡关系理论与中国城乡发展一体化探索［J］.当代经济研究，2014（2）：22-27.

［117］龙花楼.论土地整治与乡村空间重构［J］.地理学报，2013，68（8）：1019-1028.

［118］殷江滨，李郇.农村劳动力回流的影响因素分析——以广东省云浮市为例［J］.热带地理，2012（2）：128-133.

［119］王桂新，潘泽瀚，陆燕秋.中国省际人口迁移区域模式变化及其影响因素——基于2000和2010年人口普查资料的分析［J］.中国人口科学，2012

（5）：2-13+111.

［120］张兆曙."大树进城"中的城乡关系［J］.人文杂志，2010（4）：148-154.

［121］郁建兴，高翔.农业农村发展中的政府与市场、社会：一个分析框架［J］.中国社会科学，2009（6）：89-103.

［122］许双双，张永利，林树义.城乡之间资源不等值配置问题及对策［J］.农民致富之友，2007（1）：39.

［123］姚枝仲，周素芳.劳动力流动与地区差距［J］.世界经济，2003（4）：35-44.

［124］韩庆祥，亢安毅.马克思人的全面发展思想及其当代意义［J］.中共杭州市委党校学报，2002（4）：14-19.

二、专著与学位论文类

［1］习近平.习近平著作选读（第一卷）（第二卷）［M］.北京：人民出版社，2023.

［2］中共中央党史和文献研究院.习近平关于城市工作论述摘编［M］.北京：中央文献出版社，2023.

［3］中央农村工作领导小组办公室.习近平关于"三农"工作的重要论述学习读本［M］.北京：人民出版社，2023.

［4］宋洪远.新时代中国农村发展与制度变迁（2012—2022）［M］.北京：人民出版社，2023.

［5］陈文胜.中国乡村何以兴［M］.北京：中国农业出版社，2023.

［6］杨国永，温铁军，林建鸿，等.福建乡村振兴报告（2020-2022）［M］.北京：社会科学文献出版社，2023.

［7］习近平.论"三农"工作［M］.北京：中央文献出版社，2022.

［8］习近平.习近平谈治国理政（第四卷）［M］.北京：外文出版社，2022.

［9］中共中央宣传部.习近平经济思想学习纲要［M］.北京：人民出版社，2022.

［10］本书编写组.闽山闽水物华新——习近平福建足迹（上册）［M］.福州：福建人民出版社，2022.

［11］刘守英，程国强.中国乡村振兴之路——理论、制度与政策［M］.北京：科学出版社，2022.

［12］本书编写组．干在实处　勇立潮头——习近平浙江足迹［M］.杭州：浙江人民出版社，2022.

［13］朱鹏华．新时代城乡融合发展的机理与路径［M］.北京：经济科学出版社，2022.

［14］中共中央宣传部．习近平新时代中国特色社会主义思想学习问答［M］.北京：学习出版社，2021.

［15］习近平．习近平谈治国理政（第三卷）［M］.北京：外文出版社，2020.

［16］中共中央党史和文献研究院．习近平关于"三农"工作论述摘编［M］.北京：中央文献出版社，2019.

［17］陈锡文，罗丹，张征．中国农村改革40年［M］.北京：人民出版社，2018.

［18］马克思，恩格斯．马克思恩格斯选集（第2卷）［M］.北京：人民出版社，2012.

［19］中共中央文献研究室．毛泽东思想形成与发展大事记［M］.北京：中央文献出版社，2011.

［20］辛承越．经济全球化与中国商务发展［M］.北京：人民出版社，2005.

［21］徐维群，吴盛汉，陈琳．1994-2004龙岩经济发展报告［M］.北京：中国文史出版社，2005.

［22］龙岩市地方志编纂委员会．龙岩年鉴（2002年）［M］.福州：海潮摄影艺术出版社，2002.

［23］龙岩市地方志编纂委员会．龙岩年鉴（2001年）［M］.福州：海潮摄影艺术出版社，2001.

［24］中共龙岩市委党史研究室．闽西新时期农村的变革［M］.北京：中华工商联合出版社，1997.

［25］龙岩地区地方志编纂委员会．龙岩地区年鉴（1997年）［M］.北京：中国大百科全书出版社，1997.

［26］龙岩地区地方志编纂委员会．龙岩地区年鉴（1995-1996年）［M］.北京：方志出版社，1996.

［27］龙岩地区地方志编纂委员会．龙岩地区年鉴（1988-1992年）［M］.北京：中国大百科全书出版社，1994.

［28］邓小平．邓小平文选（第3卷）［M］.北京：人民出版社，1993.

［29］康虹雯.红色资源助推闽西革命老区乡村振兴研究［D］.福建师范大学硕士学位论文，2023.

［30］晏虹.井冈山革命老区旅游助力乡村振兴案例调查研究［D］.桂林理工大学硕士学位论文，2023.

［31］张登霞.红色文化推动革命老区乡村振兴研究［D］.湖南大学硕士学位论文，2022.

［32］张怡.成都市"小组微生"新农村建设的案例研究［D］.电子科技大学硕士学位论文，2020.

［33］熊晴桠.成都市郫都区青杠树村"小组微生"综合体建设案例研究［D］.电子科技大学硕士学位论文，2020.

［34］谢长庚.赣南丫山运动休闲特色小镇体育旅游资源开发与应用研究［D］.江西师范大学硕士学位论文，2020.

［35］陈方.贫困山区乡村衰落与人口迁移——以酉阳县典型乡镇为例［D］.西南大学硕士学位论文，2018.

附录　龙岩市有关乡村振兴的主要政策法规文件

1. 2017 年 11 月，龙岩市人民政府印发《关于加快七大优势特色农业产业发展的实施意见》（龙政综〔2017〕216 号）。

2. 2017 年 11 月，龙岩市人民代表大会常务委员会公布《龙岩市红色文化遗存保护条例》。

3. 2018 年 2 月，龙岩市人民政府印发《关于全面推进"四好农村路"的实施意见》（龙政综〔2018〕32 号）。

4. 2018 年 2 月，龙岩市农业局印发《关于农药经营审批工作的通知》（龙农〔2018〕25 号）。

5. 2018 年 3 月，龙岩市农业局办公室印发《龙岩市养殖环节病死猪无害化处理补助经费监管办法》（龙农办〔2018〕35 号）。

6. 2018 年 3 月，龙岩市国土资源局印发《关于促进绿色矿业发展若干措施的通知》（龙国土资〔2018〕121 号）。

7. 2018 年 8 月，中共龙岩市委、龙岩市人民政府印发《龙岩市推进乡村振兴十条措施》（岩委发〔2018〕9 号）。

8. 2018 年 9 月，龙岩市人民政府印发《龙岩市统筹整合市本级涉农资金助推乡村振兴战略实施方案》。

9. 2018 年 10 月，龙岩市人民政府办公室印发《龙岩市自然资源产权制度改革工作实施方案》（龙政办〔2018〕178 号）。

10. 2018 年 10 月，龙岩市经济和信息化委员会、龙岩市发展和改革委员会、龙岩市财政局等八部门印发《龙岩市加快推进天然气利用的实施意见》（龙经信原料〔2018〕38 号）。

11. 2018 年 11 月，龙岩市人民政府印发《龙岩市深入推行科技特派员制度实施办法》（龙政综〔2018〕212 号）。

12. 2018 年 11 月，龙岩市林业局印发《关于推进乡村振兴战略的意见》（龙林综〔2018〕25 号）。

13. 2018 年 11 月，龙岩市人民代表大会常务委员会公布《龙岩市饮用水水源保护条例》（〔五届〕第三号）。

14. 2018 年 11 月，龙岩市国土资源局印发《关于保障乡村振兴战略实施若干政策措施的通知》（龙国土资〔2018〕490 号）。

15. 2018 年 11 月，龙岩市城乡规划局、龙岩市民政局印发《关于加强利用闲置社会资源新建、改建和改造养老机构规划建设管理的实施意见（试行）的通知》（岩城规〔2018〕575 号）。

16. 2018 年 12 月，中共龙岩市委办公室、龙岩市人民政府办公室印发《龙岩市农村人居环境整治三年行动实施方案》（岩委办发〔2018〕19 号）。

17. 2018 年 12 月，龙岩市乡村生态振兴专项小组（龙岩市环境保护局）印发《龙岩市乡村生态振兴专项小组工作方案》（龙环〔2018〕646 号）。

18. 2019 年 1 月，龙岩市农业农村局印发《关于公布渔业生产安全负面清单的通知》（龙农〔2019〕2 号）。

19. 2019 年 2 月，中共龙岩市委实施乡村振兴战略领导小组办公室印发《龙岩市乡村旅游和农村人居环境整治试点村激励措施实施办法（试行）》（岩委振兴办〔2019〕3 号）。

20. 中共龙岩市委办公室、龙岩市人民政府办公室印发《高标准推进乡村振兴战略打造一批乡村旅游试点村三年行动方案》（岩委办〔2019〕7 号）。

21. 2019 年 2 月，龙岩市人力资源和社会保障局印发《龙岩市专家服务乡村、服务产业实施意见》（龙人社〔2019〕66 号）。

22. 2019 年 4 月，龙岩市教育局印发《龙岩市加强乡村小规模学校和乡镇寄宿制学校建设实施方案》（岩教综〔2019〕44 号）。

23. 2019 年 7 月，中共龙岩市委实施乡村振兴战略领导小组办公室印发《〈龙岩市实施乡村振兴战略规划（2018–2022）〉主要任务分工方案》（岩委振兴办〔2019〕7 号）。

24. 2019 年 9 月，龙岩市人民政府办公室印发《龙岩市农业产业化市级龙头企业认定和运行监测管理办法》（龙政办〔2020〕14 号）。

25. 2019 年 9 月，龙岩市人民政府办公室印发《龙岩市推进城乡供水一体化三年行动方案》（龙政办〔2019〕98 号）。

26. 2019 年 10 月，龙岩市人民政府办公室印发《关于加快"三品一标"特色产业发展五条措施的通知》（龙政办〔2019〕114号）。

27. 2019年10月，龙岩市水利局印发《龙岩市水利局审批的规划和建设项目节水评价工作方案》（岩水河湖〔2019〕6号）。

28. 2019年10月，龙岩市生态环境局、龙岩市财政局印发《龙岩市汀江—韩江流域上下游横向生态补偿项目管理办法》（龙环〔2019〕327号）。

29. 2019年12月，《龙岩市养殖水域滩涂规划（2018—2030年）》（龙政办〔2019〕140号）。

30. 2019年12月，龙岩市农业农村局、龙岩市财政局、龙岩市地方金融监管局印发《关于进一步完善农业贷款担保机制推动我市现代农业发展的指导意见》（龙农〔2019〕122号）。

31. 2019年12月，龙岩市住房和城乡建设局、龙岩市发展和改革委员会、龙岩市财政局、龙岩市自然资源局印发《关于支持县乡建设保障性住房和周转住房的实施意见（试行）》（龙建住〔2019〕1号）。

32. 2020年1月，龙岩市人民政府印发《龙岩市生态文明示范市建设规划（2019—2035）》（龙政综〔2020〕7号）。

33. 2020年2月，龙岩市财政局、龙岩市生态环境局印发《龙岩市汀江—韩江流域上下游横向生态补偿资金水质改善情况考核办法（试行）》（龙环〔2020〕29号）。

34. 2020年3月，龙岩市文化和旅游局印发《龙岩市乡村旅游示范村标准》（龙文旅综〔2020〕2号）。

35. 2020年3月，龙岩市人民代表大会常务委员会公布《龙岩市实施河长制条例》（〔五届〕第六号）。

36. 2020年3月，龙岩市财政局、中共龙岩市委实施乡村振兴战略领导小组办公室印发《进一步加强涉农资金统筹整合推动乡村振兴的指导意见》（龙财农〔2020〕8号）。

37. 2020年3月，龙岩市农业农村局、龙岩市财政局出台《龙岩市高素质农民典型认定管理办法》（龙农〔2020〕21号）。

38. 2020年4月，龙岩市生态环境局印发《关于土壤污染重点监管单位名录的通知》（龙环〔2020〕60号）。

39. 2020年5月，龙岩市人民政府办公室印发《关于进一步加快革命基点村脱贫攻坚全面建成小康社会十六条措施的通知》（龙政办〔2020〕42号）。

40. 2020年5月，龙岩市农业农村局办公室印发《关于对编制我市农田建设项目初步设计等文件的机构开展服务评价的通知》（龙农办〔2020〕33号）。

41. 2020年6月，龙岩市人民政府办公室印发《"三农"综合保险"龙岩模式"巩固提升实施方案》（龙政办〔2020〕52号）。

42. 2020年6月，龙岩市人民政府办公室印发《龙岩市加强和规范农村宅基地管理实施方案（试行）》（龙政办〔2020〕56号）。

43. 2020年7月，龙岩市人民政府办公室印发《龙岩市推进养老服务发展（2020—2022年）行动计划》（龙政办〔2020〕63号）。

44. 2020年7月，龙岩市人民政府印发《关于支持龙岩电网高质量发展十五条措施的通知》（龙政综〔2020〕63号）。

45. 2020年7月，龙岩市人民代表大会常务委员会公布《龙岩市长汀水土流失区生态文明建设促进条例》（〔五届〕第七号）。

46. 2020年7月，龙岩市水利局印发《关于进一步加强河道采砂管理的通知》（岩水〔2020〕7号）。

47. 2020年7月，龙岩市商务局印发《龙岩市城市副食品调控基地管理办法》（岩商务业〔2020〕60号）。

48. 2020年8月，龙岩市人民政府办公室印发《龙岩市进一步推进商标品牌工作若干措施》（龙政办〔2020〕74号）。

49. 2020年9月，龙岩市人民政府印发《龙岩市开展"两治一拆"农村人居环境整治专项行动工作方案》（龙政综〔2020〕73号）。

50. 2020年9月，龙岩市水利局印发《龙岩市大中型水库移民后期扶持项目管理实施细则》（岩水移民〔2020〕27号）。

51. 2020年9月，龙岩市人民政府印发《龙岩市开展"两治一拆"农村人居环境整治专项行动工作方案》（龙政综〔2020〕73号）。

52. 2020年11月，龙岩市人民政府办公室印发《龙岩市新型基础设施建设三年行动计划（2020—2022年）》（龙政办〔2020〕96号）。

53. 2020年11月，龙岩市农业农村局印发《龙岩市市级示范家庭农场创建办法》（龙农〔2020〕79号）。

54. 2020年11月，龙岩市财政局、中共龙岩市委实施乡村振兴战略领导小组办公室、龙岩市农业农村局印发《关于下达龙岩市乡村振兴旅游试点村以奖代补资金的通知》（龙财农指〔2020〕56号）。

55. 2020年12月，龙岩市人民政府办公室印发《龙岩市促进交通物流产业加快发展八条措施》（龙政办〔2020〕100号）。

56. 2020 年 12 月，龙岩市人民政府印发《龙岩市加快推进健康养老产业发展（2021—2025 年）二十条措施》（龙政综〔2020〕122 号）。

57. 2021 年 1 月，龙岩市农业农村局办公室印发《关于建立和完善农田建设项目市级专家库的通知》（龙农办〔2021〕3 号）。

58. 2021 年 1 月，龙岩市医疗保障局、龙岩市财政局、龙岩市卫生健康委员会印发《关于完善城乡居民高血压糖尿病门诊用药保障机制和调整部分城乡居民医保待遇的通知》（龙医保〔532021〕5 号）。

59. 2021 年 2 月，龙岩市人民政府办公室印发《2021 年龙岩市城乡建设品质提升实施方案》（龙政办〔2021〕25 号）。

60. 2021 年 2 月，龙岩市人民政府办公室印发《关于提升大众创业万众创新示范基地带动作用进一步促改革稳就业强动能十二条措施的通知》（龙政办〔2021〕30 号）。

61. 2021 年 3 月，中共龙岩市委实施乡村振兴战略领导小组办公室印发《龙岩市乡村振兴"一县一片区"建设实施方案》（岩委振兴办〔2021〕5 号）。

62. 2021 年 3 月，龙岩市卫生健康委员会印发《龙岩市 2022 年度"百名医师下基层"对口支援工作方案》（龙卫医政〔2022〕2 号）。

63. 2021 年 4 月，龙岩市人民政府印发《龙岩市进一步加强农村宅基地和村民住宅建设管理实施办法（试行）》（龙政综〔2021〕34 号）。

64. 2021 年 4 月，龙岩市卫生健康委员会印发《2021 年龙岩市基层卫生健康工作要点》（龙卫基妇〔2021〕4 号）。

65. 2021 年 4 月，龙岩市生态环境局印发《关于进一步规范土壤污染重点监管单位土壤污染隐患排查工作的通知》（龙环〔2021〕46 号）。

66. 2021 年 4 月，龙岩市林业局、中国农业银行股份有限公司龙岩分行印发《关于创新林业金融产品 共同推进"兴林贷"业务的通知》（龙林综〔2021〕9 号）。

67. 2021 年 5 月，龙岩市人民政府办公室印发《龙岩市加强公共卫生应急管理体系建设实施意见》（龙政办〔2021〕52 号）。

68. 2021 年 6 月，中共龙岩市委扶贫开发成果巩固与乡村振兴工作领导小组印发《龙岩市落实 2021 年福建省实施乡村振兴战略十大行动重点任务分解表》（岩委振兴组〔2021〕4 号）。

69. 2021 年 6 月，龙岩市财政局、龙岩市农业农村局、龙岩市乡村振兴局、龙岩市供销合作社转发《关于深入开展政府采购脱贫地区农副产品工作推进乡村产业振兴的实施意见》（龙财购〔2021〕7号）。

70. 2021年6月，龙岩市人民政府办公室印发《关于深入推进闽江流域（龙岩段）生态环境综合治理工作的通知》（龙政办〔2021〕57号）。

71. 2021年6月，龙岩市卫生健康委员会、龙岩市农业农村局、龙岩市计划生育协会印发《关于服务乡村振兴促进家庭健康行动的实施意见》（龙卫宣发〔2021〕3号）。

72. 2021年6月，龙岩市人力资源和社会保障局印发《关于开展"龙岩工匠工作室"、"乡村振兴工匠工作室"和"党员工匠工作室"创建工作的通知》（龙人社〔2021〕156号）。

73. 2021年6月，龙岩市民政局印发《巩固拓展脱贫攻坚成果同乡村振兴有效衔接的十五条措施》（龙民〔2021〕73号）。

74. 2021年7月，龙岩市人民政府办公室印发《龙岩市推行土长制实施方案（试行）》（龙政办〔2021〕64号）。

75. 2021年7月，龙岩市卫生健康委员会、龙岩市医疗保障局印发《关于规范我市家庭病床管理和服务的通知》（龙卫老龄〔2021〕3号）。

76. 2021年7月，龙岩市人民政府办公室印发《龙岩市改革完善社会救助制度工作七条措施》（龙政办〔2021〕65号）。

77. 2021年7月，龙岩市应急管理局印发《龙岩市金属非金属地下矿山顶板管理暂行规定》（龙应急〔2021〕36号）。

78. 2021年8月，龙岩市人民政府印发《龙岩市"三线一单"生态环境分区管控方案》（龙政综〔2021〕72号）。

79. 2021年9月，龙岩市农业农村局印发《龙岩市乡村振兴农业生产经营优秀人才遴选暂行办法》（龙农〔2021〕51号）。

80. 2021年9月，龙岩市财政局、龙岩市农业农村局印发《龙岩市市级财政衔接推进乡村振兴补助资金管理办法》（龙财农〔2021〕19号）。

81. 2021年9月，龙岩市生态环境局等七部门印发《关于加强秸秆禁烧管理工作的通知》（龙环〔2021〕115号）。

82. 2021年9月，龙岩市文化和旅游局、龙岩市财政局印发《龙岩市文物保护专项资金使用管理办法（试行）》（龙文旅〔2021〕47号）。

83. 2021年10月，龙岩市人民政府办公室印发《龙岩市农村生活污水提升治理五年行动计划（2021—2025年）》（龙政办〔2021〕77号）。

84. 2021年10月，龙岩市农业农村局印发《龙岩市高标准农田建设专项规划（2021–2030 年）》（龙农〔2021〕60 号）。

85. 2021 年 10 月，龙岩市人力资源和社会保障局印发《关于推进乡村人才振兴若干措施》（龙人社〔2021〕319 号）。

86. 2021 年 10 月，中共龙岩市委组织部、龙岩市人力资源和社会保障局等十部门印发《关于实施第四轮高校毕业生"三支一扶"计划的通知》（龙人社〔2021〕301 号）。

87. 2021 年 10 月，龙岩市商务局印发《"龙岩老字号"认定管理办法》（岩商务业〔2021〕98 号）。

88. 2021 年 11 月，龙岩市人民政府办公室印发《关于实施龙岩市"幸福家园"村社互助工程的通知》（龙政办〔2021〕78 号）。

89. 2021 年 11 月，龙岩市人民政府办公室印发《关于防止耕地"非粮化"稳定粮食生产的通知》（龙政办〔2021〕79 号）。

90. 2021 年 11 月，龙岩市人民政府印发《龙岩市全国林业改革发展综合试点实施方案》（龙政综〔2021〕107 号）。

91. 2021 年 12 月，龙岩市农业农村局等 11 部门印发《龙岩市农业产业化市级龙头企业认定和运行监测管理办法》（龙农〔2021〕63 号）。

92. 2021 年 12 月，龙岩市农业农村局、龙岩市司法局印发《关于做好农村学法用法示范户培育工作的通知》（龙农〔2021〕64 号）。

93. 2021 年 12 月，龙岩市农业农村局印发《龙岩市生猪产能调控实施方案（暂行）》（龙农〔2021〕67 号）。

94. 2021 年 12 月，龙岩市农业农村局等 4 部门印发《试点推进稻田综合种养发展指导意见》（龙农〔2021〕73 号）。

95. 2021 年 12 月，龙岩市农业农村局印发《龙岩市农业（不含渔业）综合行政执法事项目录清单（2021 年版）》（龙农〔2021〕79 号）。

96. 2021 年 12 月，龙岩市住房和城乡建设局印发《龙岩市"十四五"城乡基础设施建设专项规划》（龙建综〔2021〕26 号）。

97. 2022 年 1 月，中共龙岩市委办公室、龙岩市人民政府办公室印发《龙岩市实现巩固拓展脱贫攻坚成果同乡村振兴有效衔接实施方案》。

98. 2022 年 2 月，龙岩市人民政府办公室印发《关于稳定发展 2022 年粮食生产的若干措施》（龙政办规〔2022〕2 号）。

99. 2022 年 3 月，龙岩市人民政府办公室印发《关于进一步推动旅游业高质量发展的实施意见》（龙政办规〔2022〕4 号）。

100. 2022 年 3 月，龙岩市农业农村局公布《2021 年度龙岩市乡村振兴农业生产经营优秀人才名单》（龙农〔2022〕17 号）。

101. 2022 年 3 月，龙岩市农业农村局印发《龙岩市加快水产种业发展指导意见》（龙农〔2022〕14 号）。

102. 2022 年 3 月，龙岩市医疗保障局、龙岩市财政局印发《龙岩市城乡居民基本医疗保障制度实施办法》（龙医保规〔2022〕1 号）。

103. 2022 年 5 月，龙岩市人民政府印发《关于调整城乡低保标准和特困人员供养标准的通知》（龙政规〔2022〕3 号）。

104. 2022 年 7 月，龙岩市人民政府办公室印发《龙岩市加快推动全市农村寄递物流体系建设实施方案》（龙政办规〔2022〕8 号）。

105. 2022 年 7 月，龙岩市农业农村局、龙岩市财政局印发《龙岩市渔业互助保险方案》（龙农规〔2022〕3 号）。

106. 2022 年 7 月，龙岩市农业农村局、龙岩市财政局印发《龙岩市 2022 年特色现代农业高质量发展若干措施》（龙农规〔2022〕4 号）。

107. 2022 年 7 月，龙岩市民政局、龙岩市乡村振兴局印发《龙岩市动员引导社会组织参与乡村振兴实施方案》（龙民〔2022〕97 号）。

108. 2022 年 9 月，龙岩市人民代表大会常务委员会公布《关于加强闽江流域水生态环境协同保护的决定》（〔六届〕第二号）。

109. 2022 年 9 月，龙岩市人民代表大会常务委员会公布《龙岩市农村人居环境治理条例》（〔六届〕第三号）。

110. 2022 年 9 月，龙岩市农业农村局、龙岩市财政局印发《龙岩市高素质农民典型（实训基地）认定办法》（龙农规〔2022〕6 号）。

111. 2022 年 9 月，龙岩市医疗保障局印发《关于调整我市参保人员在 DRG 试点医院及市外城乡居民单病种医保报销比例的通知》（龙医保规〔2022〕8 号）。

112. 2022 年 10 月，龙岩市生态环境局等 3 部门印发《龙岩市"十四五"地下水污染防治规划》（龙环〔2022〕127 号）。

113. 2022 年 10 月，龙岩市民政局、中共龙岩市委组织部等 17 部门印发《关于进一步加强社会工作专业人才队伍建设　提升基层服务能力的若干措施》（龙民〔2022〕156 号）。

114. 2022 年 11 月，龙岩市人民政府办公室印发《深入推进科技特派员制度服务乡村振兴的若干措施》（龙政办规〔2022〕11 号）。

115. 2022 年 11 月，龙岩市人民政府办公室印发《关于支持烟草产业发展若干措施的通知》（龙政办规〔2022〕13号）。

116. 2022年11月，龙岩市工业和信息化局、中共龙岩市委统战部、龙岩市发展和改革委员会、龙岩市财政局、龙岩市工商业联合会印发《龙岩市推动民营经济创新发展若干措施》（龙工信企〔2022〕35号）。

117. 2022年11月，龙岩市县域商业建设行动工作领导小组办公室印发《关于龙岩市县域商业建设行动项目管理办法等文件的通知》（龙商务规〔2022〕2号）。

118. 2022年12月，龙岩市人民代表大会常务委员会公布《龙岩市农村人居环境治理条例》（〔六届〕第三号）。

119. 2022年12月，龙岩市人民代表大会常务委员会公布《龙岩市客家文化保护条例》（〔六届〕第五号）。

120. 2022年12月，龙岩市农业农村局、龙岩市林业局、龙岩市供销合作社联合社印发《龙岩市特色现代农业"链主"企业招商配套政策》（龙农规〔2022〕7号）。

121. 2022年12月，龙岩市生态环境局等五部门印发《深化九龙江流域保护修复攻坚实施方案》（龙环〔2022〕157号）。

122. 2023年1月，龙岩市人民政府办公室印发《关于通报表扬2022年度粮食生产先进县（区）及种粮大户的通知》（龙政办〔2023〕5号）。

123. 2023年1月，龙岩市老龄工作委员会印发《龙岩市"十四五"老龄事业发展和养老服务体系规划》（龙老龄委〔2023〕1号）。

124. 2023年2月，龙岩市商务局、龙岩市文化和旅游局印发《2023年促进消费提质升级若干措施》（岩商务规〔2023〕1号）。

125. 2023年2月，龙岩市体育局、龙岩市教育局印发《龙岩市深化体教融合促进青少年健康发展实施方案》（龙体规〔2023〕1号）。

126. 2023年2月，龙岩市体育局、龙岩市教育局印发《龙岩市深化体教融合推动青少年"三大球"运动发展实施意见》（龙体规〔2023〕2号）。

127. 2023年3月，龙岩市人民政府办公室印发《关于稳定发展2023年粮食和油料生产的九条措施》（龙政办规〔2023〕4号）。

128. 2023年4月，龙岩市文化和旅游局、龙岩市财政局印发《龙岩市推动文化旅游产业高质量发展八条政策措施实施细则》（龙文旅规〔2023〕1号）。

129. 2023年4月，龙岩市教育局、中共龙岩市委机构编制委员会办公室、龙岩市财政局、龙岩市人力资源和社会保障局印发《龙岩市师范生公费教育培养指导意见》（岩教综〔2023〕83号）。

130.2023年4月，中共龙岩市委、龙岩市人民政府印发《龙岩市巩固提升水土流失治理"长汀经验"进一步加强水土保持工作的实施意见》（岩委发〔2023〕4号）。

131.2023年4月，中共龙岩市委、龙岩市人民政府印发《龙岩市拓展提升林改"武平经验"进一步深化林业综合改革发展的实施意见》（岩委发〔2023〕5号）。

132.2023年4月，中共龙岩市委农村工作领导小组印发《龙岩市推进乡村建设行动实施方案（2023-2025年）》（岩委农组〔2023〕1号）。

133.2023年5月，龙岩市人民政府办公室印发《龙岩市2023年"供销农场"推广实施方案》（龙政办〔2023〕29号）。

134.2023年6月，中共龙岩市委扶贫开发成果巩固与乡村振兴工作领导小组印发《龙岩市落实2023年福建省实施乡村振兴战略十大行动重点任务分解表》（岩委振兴组〔2023〕3号）。

135.2023年6月，龙岩市人民代表大会常务委员会公布《龙岩市汀江保护条例》（〔六届〕第八号）。

136.2023年6月，龙岩市民政局、龙岩市财政局印发《龙岩市长者食堂建设运营管理暂行办法》（龙民规〔2023〕1号）。

137.2023年7月，龙岩市卫生健康委员会印发《"2023年度深化整治边远地区和特殊人群'看病难'问题，建立巡诊机制服务群众"工作方案》（龙卫医政〔2023〕14号）。

138.2023年7月，龙岩市财政局、龙岩市自然资源局、龙岩市生态环境局印发《龙岩市九龙江流域山水林田湖草沙一体化保护和修复工程资金管理办法》（龙财规〔2023〕2号）。

139.2023年7月，龙岩市交通运输局、龙岩市财政局印发《龙岩市推动交通物流业高质量发展九条政策措施》（龙交规〔2023〕5号）。

140.2023年8月，龙岩市人民政府办公室印发《龙岩市推进国家林业碳汇试点市建设实施方案》（龙政办〔2023〕43号）。

141.2023年8月，龙岩市商务局、龙岩市财政局印发《2023年龙岩市促进商务发展十条措施》（岩商务规〔2023〕3号）。

142.2023年8月，龙岩市人民政府办公室印发《龙岩市加快生物医药产业高质量发展十四条措施》（龙政办规〔2023〕9号）。

143. 2023 年 8 月，龙岩市文化和旅游局印发《龙岩市乡村旅游规划》（龙文旅〔2023〕39 号）。

144. 2023 年 8 月，中共龙岩市委办公室、龙岩市人民政府办公室印发《关于开展乡村振兴特派员选聘工作的通知》（岩委办〔2023〕17 号）。

145. 2023 年 9 月，龙岩市农业农村局、龙岩市财政局印发《推动龙岩市特色现代农业加快发展若干措施》（龙农规〔2023〕3 号）。

146. 2023 年 9 月，中共龙岩市委办公室、龙岩市人民政府办公室印发《关于推行"156"乡村建设工作机制促进乡村全面振兴的实施意见》（岩委办发〔2023〕4 号）。

147. 2023 年 9 月，龙岩市住房和城乡建设局等 7 部门印发《深入推动城乡建设绿色发展实施方案》（龙建设〔2023〕7 号）。

148. 2023 年 9 月，龙岩市农业农村局印发《2023 年龙岩市稻田综合种养奖励项目申报及考核验收暂行办法》（龙农〔2023〕42 号）。

149. 2023 年 11 月，龙岩市人民政府办公室印发《龙岩市进一步深化畜禽养殖污染防治　促进生猪养殖业高质量发展的实施方》（龙政办规〔2023〕14 号）。

150. 2023 年 11 月，龙岩市人民政府办公室印发《龙岩市新型基础设施建设三年行动计划（2023—2025 年）》（龙政办〔2023〕60 号）。

151. 2023 年 11 月，龙岩市自然资源局印发《龙岩市农村一二三产业融合发展用地保障实施方案》。

152. 2023 年 12 月，龙岩市交通运输局、龙岩市财政局印发《龙岩市农村道路客运和城市交通发展奖励涨价补贴资金实施细则》（龙交规〔2023〕8 号）。

153. 2023 年 12 月，龙岩市人民政府办公室印发《关于公布"红古田杯"龙岩十大特色农产品名单的通知》（龙政办〔2023〕71 号）。

154. 2023 年 12 月，龙岩市生态环境局、龙岩市水利局、龙岩市自然资源局印发《龙岩市地下水污染防治重点区划定方案（试行）》（龙环规〔2023〕3 号）。

155. 2024 年 1 月，龙岩市交通运输局、龙岩市财政局印发《龙岩市岛际和农村水路客运费改税补贴资金管理实施细则》和《龙岩市岛际和农村水路客运涨价补贴资金管理实施细则》（龙交规〔2024〕1 号）。

156. 2024 年 1 月，龙岩市发展和改革委员会印发《龙岩市中心城区农副产品平价商店实施方案》（龙发改规〔2024〕1 号）。

157. 2024 年 2 月，龙岩市林业局印发《关于推进花卉苗木产业做优做强的意见》（龙林规〔2024〕1 号）。

158. 2024 年 2 月，龙岩市林业局、龙岩市工业和信息化局印发《加快推进全市竹产业高质量发展十条措施》。

159. 2024 年 2 月，龙岩市水利局印发《龙岩市市级重点监控用水单位名录（2024 年版）》（岩水河湖〔2024〕3 号）。

160. 2024 年 2 月，龙岩市商务局印发《关于做好 2024–2026 年度城市副食品调控基地推荐工作的通知》（岩商务业〔2024〕15 号）。

161. 2024 年 3 月，龙岩市林业局印发《龙岩市加快推进林下经济高质量发展　助推乡村振兴的实施意见》（龙林规〔2024〕2 号）。

162. 2024 年 3 月，中共龙岩市委、龙岩市人民政府印发《关于学习运用"千村示范、万村整治"工程经验有力有效推进乡村全面振兴的实施意见》。

163. 2024 年 3 月，中共龙岩市委扶贫开发成果巩固与乡村振兴工作领导小组印发《龙岩市贯彻落实"千村示范引领、万村共富共美"工程走有龙岩特色乡村振兴之路的若干措施》（岩委振兴组〔2024〕2 号）。

164. 2024 年 4 月，龙岩市农业农村局、龙岩市财政局印发《关于 2024 年稳定发展粮油生产扶持措施》。

165. 2024 年 4 月，龙岩市水利局印发《2024 年水资源与河湖管理工作要点》（岩水河湖〔2024〕7 号）。

166. 2024 年 5 月，中共龙岩市委扶贫开发成果巩固与乡村振兴工作领导小组办公室印发《龙岩市乡村振兴示范乡镇、示范村申报创建对象储备工作计划》。

167. 2024 年 6 月，龙岩市农业农村局印发《龙岩市"机智耕"农业生产社会化服务联盟实施方案》（龙农〔2024〕32 号）。

168. 2024 年 6 月，龙岩市农业农村局印发《龙岩市生猪产能调控实施方案（2024 年修订）》（龙农规〔2024〕2 号）。

169. 2024 年 6 月，龙岩市林业局印发《关于进一步完善集体林权管理工作的意见》（龙林规〔2024〕5 号）。

170. 2024 年 7 月，龙岩市农业农村局办公室印发《2024 年龙岩市粮食生产专项——粮油绿色高质高效生产基地建设方案》（龙农办〔2024〕24 号）。

171. 2024 年 7 月，龙岩市人力资源和社会保障局、龙岩市农业农村局、龙岩市文化和旅游局印发《关于开展第六批农村实用人才中级专业技术职称考核认定工作的通知》（龙人社〔2024〕271 号）。